파라-독사의 사유

장자와 철학

지은이 이정우

소운(逍雲) 이정우(李正雨)는 1959년 충청북도 영동에서 태어났고 서울에서 자랐다. 서울대학교
에서 공학과 미학 그리고 철학을 공부했으며, 아리스토텔레스 연구로 석사학위를, 푸코 연구로
박사학위를 받았다. 1995~1998년 서강대학교 철학과 교수, 2000~2007년 철학아카데미 원장,
2009~2011년 어시스트윤리경영연구소 소장을 역임했으며, 현재 소운서원 원장(2008~)과 경희
사이버대학교 교수(2012~)로 활동하고 있다.

소운의 사유는 '전통, 근대, 탈근대'를 화두로 한 보편적인 세계사의 서술, '시간, 사건, 생명, ……'
을 중심으로 하는 사건의 철학, 그리고 '진보의 새로운 조건들'을 탐색하는 실천철학의 세 갈래로
진행되어 왔다. 철학사적 저작으로는『신족과 거인족의 투쟁』(한길사, 2008),『세계철학사 1: 지중
해세계의 철학』(길, 2011),『세계철학사 2: 아시아세계의 철학』(길, 2018),『소은 박홍규와 서구 존재
론사』(길, 2016) 등이 있으며, 존재론적 저작으로는『사건의 철학』(그린비, 2011),『접힘과 펼쳐짐』
(그린비, 2012) 등이, 실천철학적 저작으로는『천하나의 고원』(돌베개, 2008),『전통, 근대, 탈근대』
(그린비, 2011),『진보의 새로운 조건들』(인간사랑, 2012) 등이 있다. 현재는『세계철학사 4: 탈근대
사유의 갈래들』,『무위인-되기: 세계, 주체, 윤리』를 집필하고 있다.

파라-독사의 사유: 장자와 철학

초판1쇄 펴냄 2021년 11월 30일

지은이 이정우 | **펴낸이** 유재건 | **펴낸곳** 그린비 | **주소** 서울시 마포구 와우산로 180, 4층 | **대표전화** 02-702-2717
팩스 02-703-0272 | **홈페이지** www.greenbee.co.kr | **원고투고 및 문의** editor@greenbee.co.kr

주간 임유진 | **편집** 홍민기, 신효섭, 구세주, 송예진 | **디자인** 권희원 | **마케팅** 유하나
물류유통 유재영, 한동훈 | **경영관리** 유수진

ISBN 978-89-7682-667-1 93150

學問思辨行: 배우고 묻고 생각하고 판단하고 행동하고

독자의 학문사변행을 돕는 든든한 가이드 _그린비 출판그룹

그린비 철학, 예술, 고전, 인문교양 브랜드
엑스북스 책읽기, 글쓰기에 대한 거의 모든 것
곰세마리 책으로 통하는 세대공감, 가족이 함께 읽는 책

파라-독사의 사유

장자와 철학

이정우 지음

그린비

샘이 말라 육지에 버려진 물고기들은 습기를 내뿜어
서로의 몸을 적셔 주지만,
그것이 어찌 강호에서 서로를 잊고 지내는 것만 하겠는가.

泉涸魚相與處於陸, 相呴以濕 相濡以沫, 不如相忘於江湖.

차례

1부
대붕이 품은 무하유지향의 꿈

『장자』(莊子)의 도입부를 장식하는 「소요유」(逍遙遊)라는 제목에서는 낭만적인 분위기가 물씬 풍긴다. 그러나 사정이 그리 간단할 리는 없다. 국가들 사이의 전쟁이 삶의 기본 틀이었던 전국 시대에 '소요유'를 논하는 것은 어떤 의미였을까?

'천하'가 통일되어야 한다는 강박이 시대를 짓눌렀다. 천하가 다원적이어도 상관없다는 생각이 용인될 수 없는 시대였다. 춘추 시대의 그 많던 나라들이 하나둘 사라져 일곱 나라만이 남은 상황에서 사람들은 그런 강박을 피할 수가 없었다. 결국 승자가 될 한 나라가 다른 여섯 나라의 백골들 위에 세워질 것이 명약관화했다. 각 국가는 필사적으로 '부국강병'에 매달렸다. 당시 사람들은 모두 이런 시대의 희생물이었다.

한 시대의 상황에 정확히 상반되는 대안을 제시하는 집단들이 있게 마련이다. 이 시대의 양극은 바로 법가와 도가였다. 『장자』에서 주로 언급되는 것은 유가와 묵가이지만, 시대의 흐름은 법가의 흐름이었다. 가장 효율적인 방식으로 사람들의 노동력을 최대한 착취해 천하통일을 앞당기려고 했던 법가 사상이 있었고, 그 반대편에는 '포획 장치'로서의 국가로부터, 나아가 '인간세'(人間世) 자체로부터 탈주하려고 한 도가 사상이 있었다. 이 점에서 『장자』의 맞은편에는 『한비자』가 있다.

법가는 진(晉) 문공 시대에 이르러 등장한, 국인과 야인의 경계를 철폐하고 총력전으로 나아간 당대의 흐름을 극단으로 밀어붙였다. '병농 일치'를 통해 군사의 수가 엄청나게 늘어나고 전투의 규모도 점점 커져 갔으며, 군사들을 완벽한 '킬링 머신'으로 만들려는 각종 장치들이 개발되었다. 이런 흐름을 극한으로 밀어붙인 진(秦)의 상앙은 '연좌제'를 만들어서 사람들을 옥죄는 등 갖가지 국가장치들을 만들어냈다. 법가 사상가들은 '형명지학'(刑名之學)을 만들어, 말한 바와 행한 바를 빈틈없이 일치시키는 정치적-군사적 규칙을 정립하기도 했다. 이처럼 국가를 완벽한 전쟁기계로 만들려 한 진이 결국 천하를 통일하기에 이른다.(B.C. 221)

장자(B.C. 369?~B.C. 286)는 이런 흐름의 한가운데에서 삶을 영위해야 했던 인물이다. 이런 배경을 놓고 보면, "소요유"라는 제목은 낭만적인 느낌보다는 역설적으로 어떤 처절한 느낌, 또는 다른 각도에서 보면 강렬하게 저항적인 분위기로 다가온다. 법가적인 세계가 점차 일반화되고 있는 세계에서 소요유를 역설하는 행위가 무엇을 뜻하는지 깊이 음미해 보며 이 편을 읽어야 하지 않을까. 그리고 이는 또한 지금 여기에서, 이 후기 자본주의 사회에서 살아가는 우리에게 『장자』를 읽는다는 것이 어떤 의미인가 하는 것과도 연관될 것이다.

「소요유」는 크게 세 부분으로 구성된다. 첫 번째 부분(1, 2)에서는 큰 것과 작은 것이 대비된다. 두 번째 부분(3, 4, 5)에서는 네 수준의 '格'들이, 세 번째 부분(6)에서는 '무용지용'(無用之用)이 논의된다.

1장 큰 것과 작은 것

장자는 「소요유」에서 처음부터 끝까지 큰 것과 작은 것을, 큰 존재와 작은 존재를 대비시킨다. 큰 것과 작은 것의 대비는 그의 사유 전체를 관류한다. 작은 것에 갇혀 왜소하고 편협해지는 삶을 극복하고 큰 것을 추구하면서 비상하고 홍소(哄笑)코자 하는 것이다.

"화이위조"(化而爲鳥)

『장자』를 처음부터 끝까지 관류하고 있는 핵심적인 사유들 중 하나로서 '화'(化)의 사유에 주목할 수 있다. 큰 것으로 나아감은 곧 '化'를 실천하는 것이다. 이 사유는 『장자』의 도입부에서부터 나타난다.

> 北冥[溟]有魚 其名爲鯤. 鯤之大 不知其幾千里也. 化而爲鳥 其名爲鵬. 鵬之背 不知其幾千里也. 怒而飛 其翼若垂天之雲. 是鳥也 海運則將徙於南冥[溟]. 南冥[溟]者 天池也.

齊諧者 志[知]怪者也. 諧之言曰, "鵬之徙於南冥[溟]也, 手擊三千里 搏[搏=拍]扶搖而上者九萬里, 去而六月息者也". 野馬也 塵埃也, 生物之以息 相吹也. 天地蒼蒼, 其正色邪 其遠而無所至極邪. 其視下也 亦若是則已矣.——且夫水之積也不厚 則其負大舟也無力. 覆杯水於坳堂之上, 則芥爲之舟 置杯焉則膠. 水淺而舟大也. 風之積也不厚 則其負大翼也無力. 故九萬里則風斯在下矣 而後乃今培風, 背負青天而莫之天[折]閼[止/塞]者 而後乃今將圖南.(「逍遙遊一」)[1]

북녘 검푸른 바다에 물고기 하나 있어, 그 이름 곤(鯤)이라 했다. 그 고기가 엄청나 얼마인지 알 수가 없었다. 화(化)함으로써 새가 되어 '붕'(鵬)이라 불리게 되니, 그 길이가 얼마나 되는지 알 길이 없었다. 붕이 날개를 활짝 펴 날아오를 때면, 흡사 하늘에 드리운 거대한 구름과도 같았다. 이 새가 바다 기운 일변(一變)할 때 남녘 바다로 날아가니, 이 남녘 바다는 하늘못[天池]이다.

괴이한 일을 많이 아는 제해[2]라는 자가 일러 주길, "붕이 남녘 바다로 날아갈 때면 바닷물 때리기를 삼천 리요, 회오리바람 일으키며 치솟기를 구만 리라. 날기 시작한 지 여섯 달이 지나서야 큰 숨 한

---

1) 가차자나 난해한 글자는 대안이 되는 글자를 [ ]에 삽입했다. 이해를 돕기 위해 역자가 첨가하는 글자들은 〈 〉에 삽입했다.

2) 전국 시대로부터 전한 초기에 걸쳐 제나라에 해은(諧隱)의 풍조가 있었다고 한다.(『사기열전』,「제해전」) '제해'(齊諧)라는 이름은 이런 맥락과 관련된 것으로 보인다.

번 몰아쉬더라". 하나 땅 위의 아지랑이[3]나 티끌 등은 작은 생물들이 서로 내뿜는 숨들에 불과할 뿐. 저 하늘이 푸르디푸른 것은 본래 그런 색이여서일까, 아니면 그 멀기가 끝닿을 데 없기 때문일까. 붕이 아래를 내려다볼 때도 또한 마찬가지가 아니겠는가.──물길이 얕으면 그 위에 큰 배를 띄울 재간이 없으리라. 그러니 마루 위 약간 파인 곳에 한잔의 물을 부어 채워서야, 그저 티끌 정도를 띄울 수 있을 뿐 하나의 잔조차도 띄울 수가 있겠는가. 바람의 두께가 어마어마하게 크지 않으면 그 큰 날개를 떠받쳐 쳐올릴 재간이 없으리라. 그러니 구만 리 높이까지 오를 정도의 두터운 바람이 쌓인 후에야 바람을 타고, 푸른 하늘을 등에 진 채 거침없이 날 수 있게 되어야 비로소 남녘 바다로 향하는 것이다.(「소요유1」)

원래 곤(鯤)은 물고기의 알이었다.[4] 그런데 이 작은 것이 그 크기를 알 수 없을 정도의 거대한 물고기로 소개된다. 그러니까 이 곤은 원래의 곤이 어마어마하게 커진 것이다. 붕(鵬)으로의 질적 변신이 있기 전에, 우선 곤으로의 양적 변신이 있었던 것이다. 장자가 고래를 봤을 개연성은 매우 낮지만, 어쨌든 곤은 모비 딕보다도 훨씬 큰 엄청난 놈으로 그려지고 있다. 이 곤이 '화'(化)해서 붕이라 불리

---

3) '아지랑이'로 번역한 '야마'(野馬)는 원래 말의 일종을 뜻했지만, 지금의 맥락에서는 "봄에 연못에서 떠도는 기운"(春月澤中游氣, 『석문』)을 뜻하기 때문에 '아지랑이'로 번역했다.
   곽주(郭注)·성소(成疏)·『석문』(釋文)은 다음 판본에서 인용한다. 『莊子集釋』, 郭慶藩 撰, 王孝魚 點校, 中華書局, 2010.
4) "鯤 漁子. 凡魚之子摠名鯤."(『爾雅校箋』, 周祖謨 撰, 雲南人民出版社, 2004, 140頁)

게 되었는데, 그 길이 또한 어마어마하게 컸다고 한다.

　"怒而飛"는 분노해서 날아갔다는 뜻이 아니라, 온몸에 기운을 모았다가 터뜨렸다는 것, 그래서 날개를 활짝 펴고 날아갔다는 뜻이다. 거대한 날개를 펴기 위해 '氣'를 접었다가 크게 펼치는 모습을 한 단어로 응축해 묘사하고 있다. 날개를 편 붕이 얼마나 거대했던지, 하늘에 드리운 거대한 구름과도 같았다고 한다. 웬만한 새들은 근처에도 가지 못할 정도로 장엄한 새의 모습이고, 하늘이 새를 품고 있다기보다는 새가 하늘을 덮어버리는 놀라운 광경이 펼쳐지고 있다. '運'은 순환적 시간, '주기'의 뉘앙스를 띠며, "海運"은 바다 기운이 일변해 하나의 주기가 시작되는 '때', 즉 시간의 지도리를 함축한다. '기'의 움직임에서 어떤 변화가 도래하면 때가 바뀐다. 바다의 기운이 바뀔 때 붕은 드디어 날개를 활짝 열고서 남녘 바다로 날아간다.

　남녘 바다의 이름은 '하늘못=天池'이다. 못[池]은 당연히 땅 위에 존재할진대, 이 못은 하늘에 있는 '하늘못'이다. 여기에서 하늘은 위를 함축한다기보다는 어떤 바깥을 함축한다. 즉, '인간세'의 바깥을 함축한다. 북녘 바다 역시 '하늘못'이다. 따라서 곤=붕은 인간세의 북녘에서 남녘으로 날아가는 것이다. 즉, 인간세 바깥의 끝에서 다른 끝으로 날아가는 이미지이다. 이 구절의 핵심은 인간세의 바깥에 있다. 그러나 그 바깥은 인간세와 절연되어 있지 않다. 절연되어 있다면 알 수도 없고, 말할 수도 없다. 하늘에 드리운 구름 같은 붕의 모습을 바라보는 것은 육지로부터, 인간세로부터이다. 인간세와 구분되는 바깥이지만, 어디까지나 인간세와 연속되어 있다. 「소요유」의 첫머리는 이렇게 인간세를 넘어서지만 그것과 절연되어 있지는 않은 멀고 높고 거대한 어떤 광경 또는 경지를 그리고 있다.

'화'(化)의 철학

장자의 철학은 '화'의 철학, '변신'의 철학이며, 이 도입부가 그리고 있는 장면은 바로 이 '화'의 장면, 그리고 그 '화'가 일으키고 있는 멀고 높고 거대한 어떤 모습이다.

운(運), 동(動), 변(變), 화(化)를 구분해야 하거니와, 화(化)는 실체적인 바뀜을, 지금의 맥락에서는 '변신'을 뜻한다. 장자는 우리에게 지식을 전해 주지도 않고, 논리적인 추론을 보여 주지도 않으며, 기존의 사상들을 방대하게 종합해 주지도 않는다. 우리는 『장자』에게서 이런 것들을 기대할 수 없다. 장자는 우리에게 어떤 근본적 변신을 요청하는 철학, "化"의 철학이다.

'지식'은 조금씩 더해질 수 있고, 또 틀린 경우 고칠 수 있다. 물론 지식에서도 어떤 근본적인 변화, '패러다임 전환'이 일어나기도 한다. 그러나 장자의 사유는 지식을 훨씬 뛰어넘어, 우리를 어떤 근원적 '회심'(回心)으로 이끌어 간다. 그의 사유는 삶의 의미에 대한 근원적 성찰을 추구하는 형이상학적 고투를 담고 있는 철학이다.

이런 변신의 철학이 "化而爲鳥"라는 구절에 담겨 있다. 작디작았던 알이 처음에는 어마어마하게 큰 물고기가 되고, 다시 거대한 새로 화하는 과정, 우리는 장자를 읽으면서 이러한 변신을 함께할 마음의 준비를 해야 한다.

장자와 카프카

변신을 이야기한 또 하나의 인물이 카프카이다. 그의 대표적인 중편 소설 『변신』 역시 흥미로운 변신의 장면을 그리고 있다.

> 어느 날 아침 그레고르 잠자가 어지러운 꿈에서 깨어났을 때, 그는 자신이 침대 위에서 섬뜩한(ungeheuer) 벌레로 화해 있음을 깨달았다. 아래쪽 그의 등은 딱딱한 갑각(甲殼)으로 덮여 있었고, 머리를 좀 들어서 보니 부어오른 그의 갈색 배는 아치 모양의 철사들로 눌린 듯 여러 마디를 이루고 있었다. 그가 덮고 있던 이불은 높아진 배 위에 더 이상 붙어 있지 못하고 미끄러져 떨어지고 있었다. 여러 개로 늘어난 그의 팔다리, 안쓰럽도록 가느다란 그것들이 그의 눈앞에서 힘겹게 흔들거리고 있었다.[5]

카프카의 소설들은 사실적이라기에는 너무 환상적이고 환상적이라기에는 너무 사실적이다. 여기에서 유일하게 환상적인 것은 그레고르가 큰 벌레로 변했다는 사실 자체뿐이다.

카프카의 변신과 장자의 변신은 대조적이다. 카프카의 그것은 아래로의 변신, 몰락의 변신이다. 반면 장자의 변신은 위로의 변신, 비상의 변신이다. 전자의 변신은 끔찍한 악몽과 같고, 후자의 변신은 웅대한 꿈과도 같다.

---

5) Franz Kafka, *Die Verwandlung*, Suhrkamp, 1999, S. 9.

매일같이 돌아오는 똑같은 일상성, 가족을 부양해야 한다는 큰 부담감, 회사에서의 무미건조한 인간관계 등등, 그레고르에게 삶이란 철저하게 '비-본래적인'(uneigentlich) 것이다. 그래서 그는 출구(出口)를 찾는다. 더 이상 갈 곳이 없는 막다른 골목에서, 극악한 상황에서 그는 벌레로 변하고 만다. 변신이란 어떤 극한, 특이점, 시간의 지도리에서 일어난다. 카프카에게서 그것은 출구와 관련된다.

「학술원에 드리는 보고」에서 원숭이가 역설한 것도 이런 "출구가 없는 상황"이었다. 그는 이렇게 말한다.

그렇습니다. 저는 자유를 원하지 않았습니다. 단지 하나의 출구만을 원했습니다.[6]

그레고르 잠자는 출구를 찾을 수가 없었고, 결국 그는 한 마리의 흉측한 벌레로 변해버린 것이다.

장자와 카프카는 표면상으로는 대조적이다. 장자의 변신은 장대하고 낭만적이고 통쾌한 변신이지만, 카프카의 변신은 암울하고 환각적이고 끔찍한 변신이다. 그러나 양자의 저변에 깔려 있는 정조(情調)는 보기와는 달리 크게 다르지 않다. 다른 점이 있다면, 그러한 정조에 처해서 양자가 취했던 표현의 방식이다.

---

6) 프란츠 카프카, 『카프카 전집 1』, 이주동 옮김, 솔, 2002, 261쪽.

큰 것과 작은 것

「소요유」라는 이 편을 관류하는 가장 기본적인 구도는 큰 것과 작은 것의 대조이다. 인간세의 작음과 붕의 큼이 대비되고 있다.

전국 시대처럼 출구가 없는 삶 속에서 인간은 한없이 왜소해진다. 모든 사람이 천하통일을 위한 톱니바퀴가 되어야 했던 시대였다. 칼이 아니라 돈을 가지고서 싸우는 이 후기 자본주의 시대도 마찬가지이다. 바로 이런 상황들이 변신에의 꿈을 요청한다고 할 수 있다. 한없이 작음에서 한없이 큼으로의 변신이라는 꿈을. 이 점이 「소요유」편의 핵심이고, 이 편은 처음부터 끝까지 이런 구도에 입각해 전개된다.

그래서 "남녘 바다로 날아갈 때면 바닷물 때리기를 삼천 리요, 회오리바람 일으키며 치솟기를 구만 리"인 붕이 여섯 달 만에 내뿜는 큰 숨과 "땅 위의 아지랑이나 티끌"처럼 작은 생물들의 숨들이 대조를 이룬다. 또, 인간세에서 올려다보는 붕의 세계와 반대로 붕의 차원에서 내려다보는 인간세가 대조되고 있다.

"저 하늘이 푸르디푸르다"는 현상은 그 사물의 객관적 성질일까, 아니면 그것에 대한 나의 표상일 뿐일까. 이는 핵심적인 인식론적 물음이다. 고전적인 두 대립하는 인식론, 합리주의와 경험주의는 이에 대해 대조적인 답변을 제출했다. 전자에게 현상은 사물의 본질을 가리는 외관이지만, 후자는 사물에 대한 이 표상에 존재론적 위상을 부여하고자 했다. 여기에서 장자는 문제만을 던져 놓았지만, 그가 어디에 방점을 찍고 있는지는 분명하다. "붕이 아래를 내려다볼 때도 또한 마찬가지가 아니겠는가"에서 짐작할 수 있듯이, 그는 인식

대상과 인식 주체 사이의 괴리에 주목하고 있다. 그 푸르디푸름이 인식 주관의 것에 불과하다면, 그 이유는 그 대상과 주관의 거리가 너무나도 먼 데 있는 것이다. 물론 그 역도 마찬가지이다. 이 큰 거리, 아니 괴리는 곧 큰 것과 작은 것 사이의 거리인 것이다. 양자는 차원이 다른 것, 격(格)이 다른 것이다.

'차원이 다르다'는 표현에는 수학적 뉘앙스가 깃들어 있다. 우리가 2차원으로만 되어 있는 세계를, 우리 모두가 거대한 어떤 면에 살고 있고 우리 자신이 두께가 없는 평면적 존재들인 세계를 생각해 보자. 이 세계에 3차원 구가 들어온다면, 기하학적으로만 생각할 경우 이 상황은 어떻게 보일까? 그 구가 막 우리 세계에 들어오는 순간, 우리가 사는 그 면의 어느 지점에 어떤 점이 생겨나는 것을 보게 될 것이다. 그리고 그 구가 우리 세계를 통과해 지나갈 때면, 그 점이 동심원을 그리면서 점점 큰 원으로 바뀌는 것을 보게 될 것이다. 그리고 이런 커짐은 그 구의 대원(大圓)이 우리의 면을 통과할 때까지 이어질 것이다. 이어 그 원이 점점 작아질 것이다. 이윽고 그 구가 우리의 세계에서 다 빠져나가는 순간, 점점 작아지던 원이 하나의 점이 되었다가 마침내 아주 없어지는 것이 보일 것이다. 따라서 구의 실제 진상(眞相)인 것과 그것이 우리에게 보이는 것은 전혀 다르다. 플라톤이 "einai"(~이다)와 "dokei"(~처럼 보인다)를 명확히 구분한 것도 이런 생각을 했기 때문이고, 철학의 역사는 곧 이 "einai"를 찾아 헤맨 역사인 것이다.

장자가 여기에서 말하려 하는 것은 물론 이런 기하학적 이야기들은 아니다. 그에게서 "차원이 다르다"는 것은 형이상학적 뉘앙스를 띤다. 반복해서 말하자면, 장자에게 필생의 문제는 지식을 전해 주는 것도, 논리적인 추론을 보여주는 것도, 기존의 지식들을 방대하게 종합해 주는 것도… 아니다. 장자의 핵심적 노력은 바로 자신의 존재를 근본적으로 바꾸려는 데에 있다. 그야말로 차원이 다른 존재가 되는 것이다.

이어지는 구절("물길이 얕으면……")은 앞에서 하늘의 높이를 가지고 이야기한 것을 이번에는 물의 깊이로 바꿔서 이야기한다.

이런 큰 차이 때문에, 붕은 바람의 두께가 어마어마하지 않으면 그 큰 날개를 떠받쳐 쳐올릴 재간이 없다. 그래서 "구만 리 높이까지 오를 정도의 두터운 바람이 쌓인 후에야 바람을 타고, 푸른 하늘을 등에 진 채 거침없이 날 수 있게 되어야 비로소 남녘 바다로 향하는 것"이다. 차원이 다른 존재이기에 그 차원에 걸맞은 수준의 준비를 해야 함을 말해 주고 있다.

장자의 글쓰기

장자라는 이 인물의 글쓰기는 상당히 형상적(figurative)이다. 글이 있고 그림이 있다. 그런데 글을 그림처럼 쓰는 사람도 있고, 그림을 글처럼 그리는 사람도 있다. 글과 그림은 그 어디에선가는 만난다. 장자는 글을 그림처럼 쓰는 인물이다.

전국 시대를 특징짓는 중요한 요소들 중 하나가 '언어적 전회'이다. 이미 공자가 '문'(文)을 역설했거니와, 특히 전국 시대에 언어에 대한 관심이 전면으로 솟아오르게 된다. 아니, '전회'라는 말이 어울리지 않을 수도 있겠다. 인간이 말을 하고 글을 쓴다는 것 자체에 대한 메타적 반성이 처음으로 시작된 시대가 전국 시대이다.

언어는 외교전이라는 현실적 상황에서도 중요했고, 철학적 사유의 발전이라는 면에서도 중요했다. 그러나 두 맥락은 서로 상반된 방향으로 전개되었다. 외교상에서의 언어적 기교와 투쟁이 천하통일을 위한 것이었다면, 학문/사상에서의 언어적 기교와 투쟁은 오히려 다원화의 방향을 향한 것이었다. 전국 시대는 바로 '학파들의 시대'였고, 다양한 학파들은 자신들의 정체성 구축에 있어 특히 글쓰기의 문제를 예민하게 생각했던 것이다. 독특한 글쓰기 방식들이 만개했던 것은 이런 상황에서였다.

『맹자』, 『장자』, 『순자』, 『한비자』 등은 전국 시대 글쓰기의 최고봉을 보여준다. 힘찬 논변들이 돋보이는 『맹자』나 치밀한 개념들과 논리들을 구사하는 『순자』, 『한비자』와 달리, 『장자』는 형상적인 언어를 구사하는, (좁은 의미에서의) 문학성이 두드러진 텍스트이다. 문학성이 높은 작품들이 띠는 특징들 중 하나는 기표와 기의 사이에 일-대-일 대응이 무너지는 점에 있다. 라캉이 말하는 '의미화 대체'(substitution signifante)가 존재하는 것이다. 어떤 때는 하나의 기의에 여러 기표가 대응하기도 하고(공히 화장실을 뜻하는 '신사', '숙녀'의 경우), 어떤 때는 하나의 기표에 여러 기의가 대응하기도 한다 ("je l'apprends"과 "je la prends").[7] 대조적으로, 일-대-일 대응이 가장 엄격한 것은 과학적 담론들의 경우이다. 그래서 과학적 언어는

---

7) Jacques Lacan, *Écrits*, Ed. de Minuit, 1966.

정의를 생명으로 하며, 일상 언어보다는 수학이라는 언어를 선호한
다. 장자의 언어에서도 우리는 다양한 형태의 '의미화 대체'를 만나
게 된다. '붕'(鵬)이라는 새는 조류학적 맥락에서 본다면 허구적인 관
념에 불과하다. 그러나 장자 문학의 맥락에서는 여러 가지를 뜻할 수
있다.

　　장자 글쓰기의 보다 고유한 방식으로 '우언'(寓言), '중언'(重言),
'치언'(巵言)이 언급되어 왔다. 장자 글쓰기에서 열에 아홉이 우언이
고, 열에 일곱은 중언이고, 치언은 늘 등장한다고 한다.(「우언 1」) 우
언은 남의 일을 빌려서 말하는 것이고, 중언은 권위 있는 연장자의
말을 빌려서 말하는 것이다. 그리고 치언은 구체적인 설명이 나오지
않지만, 자유분방하게 나오는 말로 이해할 수 있다.[8] 그러나 장자는
치언을 '하늘고름'[天倪]으로 조화시킨다고 덧붙인다. 즉, 자유분방
하게 나오는 각양각색의 말들을 자연의 가지런히–함[齊物]을 본받
아 조화롭게 한다는 뜻이다. 삐죽삐죽한 각양각색의 말들이지만, 자
연의 고름=가지런함에 근거해 그 삐죽삐죽함을 둥글게 다듬어 조화
를 이루게 한다는 뜻이다.

　　『장자』의 독해는 그의 이런 글쓰기에 대한 음미와 더불어 이루
어져야 한다.

---

8) 치언의 '巵'는 술잔을 뜻한다. 이 술잔은 술이 차면 기울어지고, 비워지면 바로 선다고 한다.
　　상황에 따라서 그때그때 자연스럽게 나오는 말이라고 할 수 있다.

소인배들

지금까지는 붕의 맥락에서 논의가 전개되지만, 이제 그 반대편에 있는 왜소한 존재들의 맥락에서 논의가 이어진다. 큰 것과 작은 것 사이의 차이, 격에서의 차이를 언급했거니와, 이제 여기에서는 '큰 앎'[大知]과 '작은 앎'[小知]이라는 중요한 개념 쌍이, 그리고 긴 시간 [大年]과 짧은 시간[小年]이라는 개념 쌍이 추가되고 있다.

> 蜩[蟬]與學鳩[鷽]笑之曰, "我決起而飛 槍[搶]楡枋, 時則不至而 控於地而已矣. 奚以之九萬里而南爲". 適莽蒼者 三湌[飱/飧]而反 腹猶果[飽]然, 適百里者 宿舂糧, 適千里者 三月聚糧. 之[是]二蟲 又何知.
>
> 小知不及大知 小年不及大年, 奚以知其然也. 朝菌不知晦朔 蟪蛄 不知春秋, 此小年也. 楚之南 有冥靈者, 以五百歲爲春 五百歲爲 秋. 上古 有大椿者 以八千歲爲春 八千歲爲秋. 而彭祖乃今而久 特聞 衆人匹之, 不亦悲乎.[9] (「逍遙遊二」)

---

9) 이 뒤에 유사한 내용이 또 한 번 반복되고 있다. 湯之問棘也是已. "窮髮之北有冥海者 天池也. 有魚焉, 其廣數千里 未有知其修[脩=長]者, 其名爲鯤. 有鳥焉 其名爲鵬, 背若太山 翼若垂天之 雲. 搏扶搖 羊角而上者九萬里, 絶雲氣 負靑天, 然後圖南 且適[適]南冥[溟]也. ─ 斥鴳笑之曰, '彼且奚適也. 我騰躍而上 不過數仞而下 翺翔蓬蒿之間, 此亦飛之至也. 而彼且奚適也'." 此小大 之辯[辨]也. 탕 임금이 신하인 극에게 들은 이야기도 이와 다름이 없다. "저 황량한 북녘에 검푸른 바다 있으니, 일러 하늘못이라 합니다. 그곳에 사는 물고기는 그 너비가 수천 리요 그 길이는 헤아릴 수조차 없는데, 이름하여 곤이라 합니다. [이 물고기가 변해서] 새가 되었 으니, 그 이름을 붕이라 합니다. 그 등이 태산(泰山)과도 같고 그 날개는 하늘에 드리운 구름 과도 같습니다. 날개를 치면서 떠올라, 양의 뿔처럼 빙 돌면서 구만 리 하늘로 올라갑니다.

매미와 새끼 비둘기가 비웃으면서 재잘대길, "우리는 젖 먹던 힘까지 다해서 날아올라도 끽해야 느릅나무나 다목나무에 닿을 뿐이고, 때로는 그나마 닿지 못해 땅바닥에 곤두박질칠 판인데. 뭣 하겠다고 저렇게 구만 리를 날아올라 남쪽으로 간담". 가까운 곳에 소풍 가는 사람이야 삼시 세끼만 먹고 와도 배고프지 않지만, 백 리 길을 가야 하는 사람은 먹거리를 미리 준비해야 하리라. 하니 천 리 길을 가야 하는 사람은 석 달 전부터 식량을 준비해야 하는 것이다. 하니 저 쪼그만 것들이 이 이치를 어찌 알겠는가.

작은 앎은 큰 앎에 미치지 못하고, 작은 시간은 큰 시간에 미치지 못하거늘, 작은 것이 어찌 큰 것을 알 수 있겠는가. [아침에 생겨나 낮이면 말라버리는] 조균(朝菌)이 어찌 날 저묾을 알겠으며, [한 철을 살다 가는] 쓰르라미가 어찌 계절 바뀜을 알겠는가. 참으로 짧은 시간이로다. 초나라 남쪽에 명령(冥靈)이란 거북이 있어 오백 년을 봄으로 삼고 오백 년을 가을로 삼는다. 옛날 옛적에 대춘(大椿)이라는 나무가 있어 팔천 년을 봄으로 삼고 팔천 년을 가을로 삼는다. 한데 팽조(彭祖)가 좀 장수했다고 해서[10] 그를 닮으려 저토록 난리를 치니, 참으로 안쓰럽지 아니한가.(「소요유 2」)

구름 기운을 뚫고 올라가, 푸른 하늘을 등에 진 후, 바야흐로 남쪽으로 향하니 바로 남녘 바다로 향하는 것입니다. ─ 이를 보던 메추라기가 비웃기를 '저건 도대체 어디로 간다는 거지. 난 젖 먹던 힘까지 써서 날아올라 봐야 금방 지쳐 떨어져, 그저 쑥대밭 사이에서 파닥거릴 뿐인데. 저놈은 뭣 한다고 저 먼 길을 간다는 거람'이라 했답니다." 바로 이것이 작은 것과 큰 것의 차이인 것이다.

10) 팽조는 요 임금 시대로부터 은(殷)/주(周) 시대에 이르기까지 7백 년(또는 8백 년)을 살았다고 하는 전설상의 인물이다.

앞의 인용문이 큰 것을 그리고 있다면, 이 인용문은 작은 것을 그리고 있다. 작은 앎, 작은 시간에 사로잡혀 있는 존재들이 큰 앎, 큰 시간을 사는 존재들을 대할 때의 몰이해와 질시가 잘 묘사되어 있다. 무엇인가를 창조할 능력은 없으면서 창조하는 남을 질시하는 데는 비상한 능력을 가진 자들, 대붕의 세계를 추구하는 사람들을 의식하고, 질시하고, 험담하는 소인배들의 생각을 잘 드러내고 있다. 『장자』 전체를 관류하는 큼과 작음의 대조를 통해 장자가 말하고자 하는 핵심적인 메시지를 담고 있다.

장자의 사유는 모순적인가?

흥미로운 것은 이 구절에 대한 곽상(郭象)의 해석이다. 곽상은 이 구절을 그 자신의 관점에서 달리 해석한다.

> 참으로 [각자는] 각자의 본성에 만족해야 할 것이다. 즉, 대붕이라 해서 스스로를 작은 새들보다 귀하다고 할 수 있는 것도 아니고, 작은 새들이라 해서 하늘못보다 천하다고 해야 하는 것도 아니다. 각자의 바람이 충족되면 그것으로 충분하다. 고로 작고 큼이 구분되긴 하지만 [각각의 나름대로] 소요한다는 점에서는 마찬가지이다.[11]

곽상의 해석은 "각자의 본성을 따르는 것이 소요"라는 명제를

---

11) 곽상 해석에 대한 상세한 논의는 김학목, 『'장자' 곽상주 해제』(학고방, 2020)를 참조하라.

핵으로 한다. 그러나 이렇게 해석할 경우, 장자에게서의 '化'의 의미는 죽어버리게 된다. 곽상의 해석은 "각임기성"(各任其性)이라는 생각에 입각해 각 존재자들을 특정한 이름-자리에 고착시키는 해석이다. '가능성'이라는 양상이 증발해버리는 해석이라고 하겠다. 이는 곧 '虛'/'氣'의 차원과 '物'의 차원 사이에서 존재론적 두께가 사라지는 세계이다. 왕필(王弼)에서만 해도 전자와 후자 사이의 거리가 무화되지는 않는다. 전자가 후자 아래에 바짝 붙어 있다고 할 수 있다. 그러나 곽상에게서 이 두께는 아예 무화된다.[12] 이는 장자 사유의 중핵을 제거해버리는 해석이다.

물론 장자에게서 곽상 해석을 뒷받침하는 듯이 보이는 대목들이 없는 것은 아니다. 그것은 곧 '인순'(因循)에 관련된 내용이다. 이렇게 볼 경우, 두 해석이 모두 가능하다고도 할 수 있다. 때문에 어떤 주석가들은 장자에게서 '달라져라'를 권하는 '化'와 '그대로 따르라'를 권하는 '인순' 사이에 모순이 있다고 본다.

예컨대 외편, 「변무 2」(駢拇二)에는 다음과 같은 구절이 나온다. 외편과 잡편은 장자 자신의 글이 아닐 개연성이 높기 때문에 조심스럽게 접근해야 하지만, 이 구절은 음미해 볼 필요가 있다.

---

12) 흥미롭게도 곽상 다음 대인 4세기 중엽에 활동한 불승 지도림(支道林)이 이 해석을 보수적인 것으로서 비판했다. 이정우, 『세계철학사 2』, 길, 2017, 9장, 2절, §2에서 자세히 논했다.

彼正[至]正者 不失其性命之情. 故合者不爲駢 而枝者不爲跂. 長者不爲有餘 短者不爲不足. 是故鳬脛雖短續之則憂 鶴脛雖長斷之則悲. 故性長非所斷 性短非所續 無所去憂也. 意仁義 其非人情乎, 彼仁人 何其多憂也.

지극한 옳음을 행하는 사람은 성명(性命)의 정(情)을 잃지 않는다. 하여 네 발가락이라 해서 부족하다 아니 하고, 여섯 손가락이라 해서 쓸데없다 아니 한다. 길다 해서 지나치다 아니 하고, 짧다 해서 모자라다 아니 한다. 그래서 오리 다리가 짧다고 잡아 늘리면 언짢아하고, 학의 다리가 길다고 잘라버리면 슬퍼하는 것이다. 길도록 태어난 것을 잘라야 할 것도 아니고 짧도록 태어난 것을 늘려야 할 것도 아니니, 쓸데없이 자르고 늘려서 근심에 빠질 이유가 어디에 있겠는가. 생각해 보니, 인의(仁義)란 인정(人情)이 아니로세. 인(仁)하기를 닦달하는 이, 어찌 그리 근심이 많으신가.

"학의 다리가 길다고 자르지 말라"는 말이 유래한 곳이다. 이 문단은 분명 자연 그대로 놔두어라, 생긴 대로 살게 내버려 두어라, 라는 의미로서 다가온다. 그래서 이 구절은 우리가 방금 비판했던 곽상의 해석이 사실은 옳은 게 아닌가 하는 의구심을 던져 준다.

실제 곽상은 이 구절의 "彼正[至]正者"(지극한 옳음을 행하는 사람)에 관련해 "物各任性 乃正[至]正也"(사물늘은 각자의 본성을 떠맡고 있으니, [그 본성을 따르는 것이 곧] 지극한 옳음을 행하는 것이다)라 해석한다. 다시 말해, "各自有正 不可以此正彼而損益之", 각자에게는 각자의 옳음이 있으니, 이것은 옳고 저것은 그르다 하면서 더하느니 빼느니 해서는 안 된다는 것이다. 태어난 대로, 순리대로 살면 그만일 뿐, 인의 같은 작위를 닦달하지 말라는 것이다.

이런 곽상의 해석은 지금 이 맥락에서는 아무 문제가 없어 보이고, 좋은 해석으로 보인다. 그렇다면, 이 「변무 2」가 장자의 생각을 배반한 편이 아니라는 전제하에서, 우리는 장자의 두 생각이 모순된다고 생각할 수밖에 없다.

그러나 장자 사유에는 모순이 없다. 그렇다고 곽상 해석이 모두 틀린 것은 아니다. 곽상의 해석은 앞의 맥락에서는 틀리고, 지금의 맥락에서는 맞다. 문제의 핵심은 앞의 맥락과 지금 맥락이 다르다는 점에 있다. 곽상은 서로 다른 두 맥락을 두 해석의 틀로 보지 않고, 하나의 틀로만 보았기 때문에, 앞의 맥락에서는 잘못을 범했지만 지금 맥락에서는 옳게 해석한 것이다.

그렇다면 두 맥락은 어떻게 다른 것일까? 장자가 "化而爲鳥"를 논할 때, 그 대(對)가 되는 것은 억압적인 현실, 왜소화된 삶, 존재론적인 집착/아집의 차원이다. 그래서 이 맥락에서는 깨어남, 벗어남, 떨쳐 일어남, 존재론적 변신이 요청된다. 반면 지금의 맥락에서 대가 되는 것은 왜곡된 작위, 부질없는 뺌과 더함, 불필요한 일탈이다. 그래서 여기에서 요청되는 것은 '자연'(自然)으로의 회귀이다. 전자의 경우는 고착된 현실로부터의 탈주이고, 후자의 경우는 왜곡된 작위로부터의 회귀이다. 양자는 얼핏 대립적으로 보인다. 그러나 사실은 고착된 현실이 곧 왜곡된 작위이다. 그리고 고착된 현실로부터 더 넓은 가능성으로 탈주하는 것이 곧 왜곡된 작위로부터 자연으로 복귀하는 것이다. 양자는 모순되지 않는다. 가능성이라는 양상은 그 자체 자연이 인간에게 준 것이다. 탈주의 가능성 역시 자연이 준 것이다. 곽상은 인순의 관점에서만 장자를 읽기 때문에, 후자의 맥락에서는 옳게 읽었지만 전자의 맥락에서는 그릇되게 읽었다. 자연으로 복귀하는 것과 고착된 현실에 안주하는 것을 동일시하는 큰 오류를 범하고 있는 것이다.

'자연'='도'(道)는 인간에게 자유를 주었다. 그러나 현실은 이 자유를 왜소화해 일정한 이름—자리에 고착화한다. 따라서 이 고착화로부터 탈주하는 것은 그 자체가 자연=도의 명법인 것이다. 자연은 구(球)가 아니라 달걀 — '존재론적 달걀' — 과도 같다. 그 불거져 나온 부분이 인간이다. 따라서 자연=도에 따르는 것은 그 불거져 나온 부분까지도 두들겨 없앰으로써 달걀을 구로 만드는 것이 아니다. 그것은 자연을 따르는 것이 아니라 오히려 왜곡하는 것이다. 오히려 그렇게 고착화하려는 현실과 싸워서 그 부분을 볼록하게 만드는 것이 자연=도를 따르는 것이다. 『장자』에서는 탈주와 회귀가 일치한다. 우리는 이 문제를 「제물론」에서 '만물제동'론을 다루면서 다시 논하게 될 것이다.

작은 앎과 큰 앎

큼과 작음의 대조는 작은 앎과 큰 앎, 긴 시간과 짧은 시간의 대조로써 계속 이어진다. 붕이 "날기 시작한 지 여섯 달이 지나서야 큰 숨 한번 몰아쉬더라"고 했다. 시간의 흐름이 어마어마하게 길다. 삶의 모든 것이 속도와 관련되거니와, 시간을 짧게 가져가는 것이 많은 문제를 불러온다. 때로는 과감히 앞으로 나가는 것, 지혜로운 임기응변도 필요하지만, 궁극적으로는 긴 호흡으로 사는 것이야말로 큰 지혜라 하겠다. 매미와 새끼 비둘기의 시간과 붕의 시간을 비교해 보라. 장자는 자연의 시간과 인간의 시간을 대조하면서 붕의 관점에 서서 매미와 새끼 비둘기의 관점에 대해 반성할 수 있도록 해준다.[13]

작은 앎과 큰 앎의 대조는 『장자』 전체를 관류하는 주제이다. 「제물론 1」에서는 "큰 앎은 넓고 너그러우나 작은 앎은 좁고 쩨쩨하고, 큰 말은 담박하지만 작은 말은 수다스러울 뿐"이라고 한다.

전국 시대의 천하가 진에 의해 통일되지만, 진은 곧 무너지고 한이 재통일한다. 이 한 제국에 의해 이른바 '중국'이 성립하고, 중국 문명 나아가 (이 문명의 영향을 받은) 동북아 문명이 형태를 갖추게 된다. 그리고 한 제국이 유교를 국교로 채택하게 되고, 이 과정에서 도가 철학은 수면 아래로 가라앉는다. 도가 철학이 새롭게 부각되면서 오히려 유교를 누르고 사상계를 지배하게 되는 것은 한 제국이 멸

---

13) 이 구절에 대해서도 곽상은 앞에서와 유사한 내용의 주석을 달고 있다. "物各有性 性各有極, 皆如年知, 豈跂尙之所及哉!"(사물들에는 각자의 본성이 있고 각 본성에는 또한 각각의 한계가 있으니, 수명의 경우나 앎의 경우나 마찬가지이다. 어찌 애써 바란다고 [한계를 넘어선 곳에] 닿을 수 있겠는가!) 각각의 본성은 그 '한계'를 가진다고 함으로써, 가능성*의 차원을 부정하고 있다. 때문에 현실성으로부터의 도약[跂]과 가능성에의 희망[尙]을 비판하고 있는 것이다.

* 여기에서 '가능성'이란 이중적인 맥락으로 이해할 수 있다. 현실성을 벗어나는 어떤 곳이 '가능성'이라면, 그곳으로 도약할 수 있게 해주는 (주체에게 내장된) 힘 역시 '가능성'이다. 양자는 맥락을 달리하며, 후자의 경우는 '잠재성'(virtuality)이라 부를 수 있다. 주체는 잠재성=잠재력을 가지고서 가능성을 꿈꾼다. 가능성의 양상은 미래이고, 잠재성의 양상은 과거이다. 그러나 가능성 없는 잠재성은 무의미하고, 잠재성 없는 가능성은 공상에 그친다. 진정한 가능성과 잠재성은 현재에서 서로 만나 현실성을 변화시킨다.

망한 후에 전개된 3~6세기의 위진남북조 시대이다. 군웅이 패권을 다투었던 혼란의 시대였던 3세기는 사상사적으로도 변환의 시대였다. 제자학(諸子學)에서 유교로 이행했던 한 제국이 사라지면서, 다시 유교에서 제자학으로의 이행이 일어났던 것이다. 우리는 이 시대에 장자 철학이 시대의 사유로서 부활함을 목격한다.

한 제국의 학문은 훈고장구학이다. 이 학문은 기존의 문헌들을 체계적으로 정리하고, 그 문자와 구문, 문단 등을 분석하는 데에 중점을 두었다. 장(章)과 구(句)를 분절해서 텍스트를 체계화하고, 세세한 주석을 달아 의미를 분명히 하고자 한 것이다. 그래서 훈고장구학(訓詁章句學)이다.

A.D. 200년의 관도대전에서 예상을 깨고 승리한 조조는 천하통일의 위업을 달성하고자 208년 대군을 이끌고 남하한다. 이때 유비의 책사가 되어 오나라에 유세함으로써 삼국정립으로 가는 길을 닦은 제갈량은 조조와의 화친을 주장한 오나라의 문신들과 긴장감 넘치는 논쟁을 벌였을 것이다. 나관중은 『삼국지 연의』에서 이 장면을 나름대로 구성해 박력 있는 필치로 묘사했다. 제갈량은 그의 일장 연설에서 이전의 학문, 즉 훈고장구학을 "썩은 학문"이라고 비난한다. 이는 곧 당대에 새롭게 도래한 학풍을 염두에 둔 설정이다. 이윽고 정시연간(正始年間, 240~249)에는 현학(玄學)이 등장하게 되고, 여기에서 『장자』는 (왕필에 의해 재편집된 『노자』인) 『도덕경』, 『주역』과 더불어 '삼현경'(三玄經)으로 격상된다. 이후 장자의 철학은 줄곧 위진남북조 시대를 관류하면서 커다란 영향을 끼치게 된다. '노장 사상'은 이 시대 사유의 일반 문법으로 자리 잡게 되는 것이다. 한 제국

시대의 학문과 위진남북조 시대의 학문은 곧 장자가 말한 '작은 앎'과 '큰 앎' 사이의 대조를 보여준다. 이 시대의 학풍은 훈고장구학이 추구한 작은 앎이 아니라 장자가 추구한 큰 앎을 추구했던 것이다. 이 시대 이래 장자의 사유는 면면히 내려와 오늘날에 이르고 있다.

장자의 사유는 '化'의 사유로서, 왜소화된 삶에서 탈주해 대붕이 되는 철학인 동시에 왜곡된 작위에서 탈주해 '자연'(自然)으로 회귀하는 철학이다. 이는 표면상 모순처럼 보일 수 있지만, 장자 사유에는 모순이 없다. 우리는 '존재론적 달걀'과 '탈주와 회귀의 일치'라는 구도를 통해서 이 점을 해명했다.

2장 '격'의 차이

위(魏)는 280년에 마침내 삼국을 통일한다. 하지만 이때 위는 이미 진(晉)으로 바뀌어 있었다. 이 과정에서 왕필(王弼, 226~249)로 대표되던 '현학'의 장자는 완적(阮籍, 210~263), 혜강(嵇康, 223~262) 등으로 대표되는 '죽림칠현'(竹林七賢)의 장자로 바뀐다. '무의 형이상학'의 토대였던 장자 철학이 미학적 도가, 예술적 도가의 토대로 바뀐 것이다. 『장자』를 편집한 곽상(252?~312)은 바로 죽림칠현 다음 세대의 인물이다.

장자 살아생전에도 그의 사유는 현학(顯學)이 아니었지만, 그의 저작은 3세기 후반에 이르러서야 본격적으로 연구되기 시작되었다고 볼 수 있다. 장자 자신의 사유가 성립한 지 무려 500년 이상이 지났을 때의 일이다. 현학의 존재론적 해석과 죽림칠현의 미학적 해석이 장자 해석의 양대 축으로 자리 잡게 된다. 혜강이 사형당하고 완적이 죽은 후, 죽림칠현은 해체되고 각자의 길을 간다. 산도(山濤)와 왕융(王戎)은 정치의 세계로 들어가고, 유영(劉伶)과 완함(阮咸)은 방달(放達)의 삶을 선택한다. 그런데 상수(向秀)는 이들과는 달리, 생계를 유지할 정도의 일만 하면서 학문에 힘쓴다. 그리고 그 성과로서『장자주』(莊子注)를 남긴다. 그로서는 단순히 하나의 저작이 아니라 그의 인생 전체를 함축하는 업적이었으리라. 아쉽게도 온전하게 남아 있지는 않다.

그런데 전하는 이야기에 따르면, 곽상은 바로 이 상수의 주석을 "훔쳐서" 오늘날까지 우리에게 통용되는 지금의『장자』판본을 만들었다고 한다. 문헌 부족으로 이 이야기의 진위를 확립하기 어렵지만, 만일 사실이라면 심각한 일이었다 하겠다. 그런데 앞에서 우리는 곽상 해석의 문제점을 보았다. 묘하게도, 곽상 해석이 옳다면 그의 행위는 (그것이 참이라 가정할 때) 정당화될 수도 있을 듯하다. 곽상은 상수를 훔치도록 그렇게 태어난 것뿐이다. 상수를 훔쳐서 장자를 정리한 것이 그로서는 "咎任其性"일 터이니 말이다. 참으로 묘하지 아니한가.

네 가지 격

격(格)이라는 말이 있다. "격이 다름", "거리의 파토스"가 중요하다. 매미와 새끼 비둘기가 되지 않는 것, 소인배가 되지 않는 것이 중요한 것이다. 이제 장자는 이 '격'에 대해 논한다.

장자가 생각하는 격에는 네 가지가 있고, 가장 높은 격은 '지인'(至人)에서 도달된다.

故夫知效一官 行比一鄉 德合一君而徵[治]一國者, 其自視也 亦若此矣.——而宋榮子猶然笑之. 且擧世而譽之 而不可勸, 擧世而非之 而不加沮[敗]. 定乎內外之分 辯[辨]乎榮辱之竟斯已矣. 彼其於世 未數數[汲汲]然也. 雖然 猶有未樹[立]也.——夫列子御風而行泠然善也. 旬有五日而後反. 彼於致福者 未數數[汲汲]然也. 此雖免乎行 猶有所待者也.——若夫乘天地之正 而御六氣之辯[變] 以遊無窮者, 彼且惡乎待哉. 故曰, 至人無己 神人無功 聖人無名.(「逍遙遊三」)

하여 지식이 겨우 관직 하나 맡을 만한 자들, 좀 낫게는 행실이 한 고을의 인망(人望)에 부합할 만한 자들, 나아가 덕이 임금의 마음에 들 만해 한 나라를 맡을 만한 자들까지도, 결국 그 그릇이 메추라기나 진배없는 자들일 뿐이다.——하지만 저 송영자(宋榮子)[1]는 이런 수준의 자들을 빙그레 비웃는다. 그는 세상 모두가 자신을 떠받든다고 우쭐하지도 않고, 세상 모두가 그에게 손가락질을 해도 움츠러들지 않는다. 바로 안[자기]과 바깥[세상/세간]을 혼동하지 않으며, 영욕의 끝이 어딘지를 알기 때문이다. 그래서 그는 세상의 눈길에 연연하지 않는다. 하나 이런 송영자도 온전히 혼자 설 수는 없었다.——하지만 열자(列子)[2]는 바람을 몰고 다니면서, 가뿐히 날아갔

---

1) 송영자=송견/송형(宋銒)=송경(宋牼)은 전국 시대 중기의 사상가로서, 과욕(寡慾)과 무저항의 철학을 기반으로 (묵자의 가르침을 따라) 반전평화 사상을 전개했다.

2) 열자는 B.C. 4세기경에 활동했던 사상가로 알려져 있다. 다분히 전설적인 인물이며, 그가 썼다고 하는 『열자』 역시 진위가 분명치 않은 저작이다.

다가 보름 후에 돌아오곤 한다. 그는 이미 세상이 추구하는 것들을 벗어나버린 존재가 아니던가. 하지만 이렇게 거침이 없는 그조차도 온전한 자족(自足)에 도달할 수는 없었다.[3] ── 그러나 천지의 정기(正氣)를 타고 육기(六氣)[4]의 변화를 통어해 가없는 곳[無窮]에서 노니는 존재라면, 도대체 어디에 의존할 필요가 있겠는가? 하여 이르기를, 지인(至人)에게는 자기가 없고, 신인(神人)에게는 공(功)이 없고, 성인에게는 명(名)이 없다 하였다.(「소요유 3」)

장자가 생각했던 네 격이 잘 나타나 있다. 장자는 관료들을 세 수준/격으로 구분한 후, 그러나 그들은 모두 결국 매미나 새끼 비둘기 같은 자들이라고 평하고 있다. 당대에 관직에 종사하는 사람들에 대한 장자의 시각이 잘 나타나 있고, 강호에 사는 사람이 천하를 비판하는 장면을 볼 수 있다.

이 현실 정치인들과 송영자의 격이 대비된다. 그 핵심적인 차이는 무엇일까? 전자의 인간들은 권력의 체계, 즉 천하 안에 들어가 있는 반면, 송영자는 그 바깥에서 권력의 체계 자체를 비판한다는 점에 있다고 해야 할 것이다. 이 점이 바로 장자가 그를 높이 평가하는 이유일 것이다.

송영자가 묵가적인 인물이었음은 『맹자』, 「고자 하」에서도 확인할 수 있다. 맹자는 초나라로 가고 있는 송영자 ── 여기에서는 송경

---

3) 「응제왕 5」(應帝王五)에 열자가 점쟁이에게 현혹당하는 장면이 등장한다.
4) '六氣'는 "天地春夏秋冬"으로 보기도 하고, "陰陽風雨晦明"으로 보기도 한다.

(宋牼)이라 불리고 있다 —— 를 만나고, 그가 초와 진(秦) 사이의 전쟁을 막으러 간다는 것을 알게 된다. 맹자는 평화를 위해 노력하는 송영자의 묵가적 실천에 공감을 표한다. 흥미로운 것은 그가 송영자의 실천을 떠받치고 있는 철학적 근거에 대해 비판을 가한다는 점이다. 왜 전쟁을 막으려 하느냐는 맹자의 물음에 송영자는 그것이 '이익'이 되지 않기 때문이라고 답한다. 송영자의 이 생각에 대한 맹자의 비판은 『맹자』의 가장 앞에 나오는 논변, 즉 맹자가 양혜왕에게 "어찌 하필 이익을 말씀하십니까?"(何必曰利?)라 했던 것과 같은 논변이다. 맹자는 「양혜왕」에서와 같이 점층법을 구사하면서 인의를 역설한다. 묵가 철학과 유가 철학의 차이를 잘 보여주는 대목이다.

순자 역시 송영자를 언급한다. 유가 철학자가 아닌 열두 학자를 비판하는 「비(非)십이자」 편에서이다. 그는 묵자와 송영자를 이렇게 비판한다. "천하 통일과 국가 건설의 기준을 알지 못한다. 공용(功用)을 높이고 검약을 중히 여긴다. 신분상의 구별을 업신여겨, 사회적인 차등을 받아들이지 못하고 임금과 신하의 거리도 무시한다. 그러나 그 주장이 조리가 있어, 어리석은 대중을 미혹시키기에 충분한다. 묵적(墨翟)과 송형 같은 자들이 바로 이런 자들이다." 유교적인 분(分)의 사유와 묵가적인 겸애(兼愛)·절용(節用)의 사유가 대비되고 있다.

이렇게 송영자는 묵가적인 면모를 띤 과욕, 무저항, 반전평화의 사상을 펼친 인물이었거니와, 그런 그를 장자는 높이 평가하고 있다. 그리고 여기에는 맹자, 순자 같은 국가-내 철학자들과 송영자 같은 국가-외 철학자의 대비가 함축되어 있다. 『장자』 전체에 걸쳐 묵가와의 친연성이 확인된다. 그러나 묵가와 장자의 철학은 어디까지나 다른 길이라 하겠는데, 그 결정적인 차이가 생겨난 것은 양자에서의 '자연'/'천지' 개념이 판이하고 또 역사와 정치에 대한 개념 역시 판이하기 때문이다. 묵가의 철학이 과연 얼마만큼 반(反)국가주의였는가에 대해서는 논의의 여지가 있다. 장자의 눈길로 볼 때, 유가와 묵가의 차이는 그렇게 크지 않았다.

　이 점은 열자가 송영자보다 더 높은 격의 인물로서 예시되는 그 다음 대목에서 분명하게 확인된다. 앞의 두 격에 속하는 인물들은 어디까지나 '인간세'에 속해 있는 반면, 열자는 그 인간세를 초월한 존재이다. 이 대목은 도가 철학을 넘어 도교의 분위기를 풍기고 있다. 노자의 사유는 장자의 도가 철학, 한비자의 법가 사상, 나중에는 한 초의 황로 사상, 현학의 형이상학이나 죽림칠현의 미학, 그리고 한의학의 맥락 등으로 다양하게 영향을 주면서 분기되거니와, 또 하나 빼놓을 수 없는 갈래가 열자에 의해 형성된 도교적인 사상이다. 장자의 사유는 열자의 사유와 구분되지만, 일정 정도 흡수하고 있다. 『장자』에는 도교적인 노자도 스며들어 있는 것이다. 열자에 대한 이런 묘사는 인간세의 눈길로 본다면 상상적인 것일 뿐 현실감이 떨어지는 이야기이다. 도교의 관점에서 볼 때 초월적인 것이 유가나 묵가의 관점에서 보면 그저 상상적인 것에 불과하다. 여기에 큰 차이가 있다. 물론 장자의 묘사가 문자 그대로의 의미인지 아니면 일종의 비유인지는 확언하기 어렵다. 장자 사유 전체로 본다면, 이는 어떤 경지를 표현한 것이지 문자 그대로의 의미는 아닐 것이다. 예컨대 열자는 흔히 바람을 타고 다니는 인물로 묘사되는데, 이는 열자가 '虛'를 중시한 사상가였던 것과 무관하지는 않을 것이다.

열자에게 남아 있는 의존성까지도 넘어선 마지막 최고의 격에 대한 묘사는 "천지의 정기를 타고 육기의 변화를 통어해 가없는 곳에서 노니는 존재"이다. 열자의 경우 가시적 자연(바람)에 의존하고 있지만, 지인, 신인, 성인[5]은 이런 의존마저 초월해 '기'(氣) 자체의 차원에서 노니는 것이다. 이는 인간세만이 아니라 현상적인 자연까지도 완전히 초월한 경지이다. 그래서 이 경지에서는 '공명' 같은 것은 물론이고 '자기'라는 것도 완전히 부재한다. 불교가 장자 철학을 매개해 '격의불교'로서 전개된 것도 이런 맥락에서 이해할 수 있다. 그러나 모든 형태의 자성(自性)을 해체하면서 깨달음을 추구하는 불교와 자연, 기, 물(物)의 차원을 실재로 보는 도가 철학 사이에는, 불교의 철저한 비-실체주의와 도가 철학의 실재론 사이에는 작지 않은 차이가 있다.

명(名)과 실(實)

여러 층위의 격에 대해 논했거니와, 장자의 이런 입장은 '지식인'이라는 사람들의 존재와 깊은 연관성을 띤다. 장자의 사유를 전국 시대에 지식인이란 어떤 존재였는지, 그리고 장자는 그 장에서 어떤 존재

---

5) '성인'(聖人)은 도가 철학과 유가 철학에서 서로 다른 의미로 쓰인다. 또, 장자 자신의 용법과 장자 후학들의 용법에서도 일정한 차이가 나타난다. 의미맥락이 복잡한 개념이다. '신인'(神人)은 다분히 도교적인 개념이라고 할 수 있다. '지인'(至人)은 장자 고유의 용어이다.

였는지를 살펴보면서 이해할 필요가 있다.

堯讓天下於許由曰, "日月出矣 而爝火不息, 其於光也 不亦難乎.
時雨降矣 而猶浸灌, 其於澤也 不亦勞乎. 夫子立而天下治 而我
猶尸[主]之, 吾自視缺[欿]然, 請致天下".
許由曰, "子治天下 天下旣已治也. 而我猶代子 吾將爲名乎. 名者
實之賓也 吾將爲賓乎.──鷦鷯巢於深林 不過一枝, 偃鼠飮河 不
過滿腹. 歸休乎 君. 予無所用天下爲. 庖人雖不治庖, 尸祝不越樽
俎而代之矣".(「逍遙遊四」)

요 임금이 허유(許由)에게 천하를 선양(禪讓)하고자 간청하길, "해
와 달이 떠서 세상 환하거늘, 관솔불이 꺼지지 않으려 한다면 어찌
누가 되지 않겠습니까? 때맞춰 단비 내리거늘, 기어이 물 대려 한다
면 그 어찌 번거롭지 않겠습니까? 선생께서 몸 일으키면 천하가 다
스려질진대, 제가 아직 왕 노릇 하고 있습니다. 마음에 걸려 무거우
니, 부디 천하를 맡아 주소서".
허유가 가로되, "그대가 천하를 다스려 세상 이미 안정되었지 않았
소. 그대를 대신하라니, 나더러 '명'(名)을 좇으란 말이오? '명'이
란 그저 '실'(實)의 객(客)에 불과할 뿐, 나더러 어찌 객이 되라 하시
오.──굴뚝새가 집 짓는 데 그저 나뭇가지 몇 개면 되지 어찌 숲 전
체를 원하겠으며, 두더쥐가 물 마시는 데 그저 몇 모금이면 되지 어
찌 강물 전체가 필요하겠소이까. 임금이여, 돌아가 쉬소서! 내가 천
하를 가지고 할 일은 없소이다. 제사를 치를 때 요리사의 음식이 시

원찮을 수도 있겠지요. 그렇다고 제사 치르는 사람이 제사상을 뛰어 넘어가 음식 만들겠다고 나설 수는 없는 노릇이라오".(「소요유 4」)

유가 철학자들이 최고의 성군으로 꼽는 요 임금의 청을 은사(隱士)인 허유가 사양하는 장면을 그리고 있다. 전해 내려오는 이야기일 뿐이지만, 은사라는 존재가 노자의 이미지와 연결되어 있다는 점이 중요하다.

송영자는 어디까지나 천하의 평화를 위해 분골쇄신한 묵가적 인물인 데 비해, 허유는 인간세 자체의 바깥에 숨어버린 도가적 인물이다. 이 대화는 인간세와 탈-인간세의 경계에서 이루어지는 대화라고 하겠다. 아예 세상에 알려지지 않은 사람이라면 요 임금이 찾아갈 이유도 없겠기에 말이다. 문헌적으로 알려져 내려온 은사들은 사실 세상에 알려진 인물들이다.

"그대를 대신하라니, 나더러 명(名)을 좋으란 말이오? 명이란 그저 실(實)의 객(客)에 불과할 뿐, 나더러 어찌 객이 되라 하시오"라는 구절이 흥미롭다. 임금이 더 이상 필요 없는 상황에서 '임금'이라는 명을 좋는 것은 실이 아니라 객을 좋는 것에 불과하다. 임금은 세상을 안정시키는 자이다. 그러나 세상은 이미 안정되었다. 이때 누군가가 임금이 된다면, 그것은 임금의 실이 아니라 그저 '임금'이라는 이름을 가진 객일 뿐인 것이다.

장자와 언어의 문제

앞에서 말했듯이, 전국 시대는 '언어'라는 것이 사유의 중핵에 들어서기 시작한 시대이다. 그리고 이 시대 언어철학의 핵심적 주제들 중 하나, 아마도 가장 핵심적인 주제가 곧 '名'과 '實'의 관계, 언어와 실재 사이의 의미론적(semantic) 관계의 문제였다.

'名'이란 기호이다. 기호는 무엇인가를 뜻하는 것이다. 돌맹이는 그 자체로서는 아무 뜻도 없지만, 특정한 모양의 돌맹이가 특정한 장소에 놓일 경우 그것은 무엇인가를 뜻할 수 있다. 뜻은 두 가지로 구분된다. 기의로서의 뜻과 지시체=지시대상으로서의 뜻은 다르다. 그래서 "저녁별은 샛별이다"라는 명제는 지시체의 맥락에서는 동어반복이지만, 기의의 맥락에서는 중요한 천문학적 발견인 것이다.

그러나 전통 철학에서의 '實'은 이와 다르다. 전통 철학에서 '實'이란 '실상'(實相)의 의미이다. 단지 기의라든가 어떤 지시체를 가리킨다기보다는 좀 더 복잡하고 무거운 뉘앙스를 띤다. 대부분의 경우 '實'이라는 말은 "실제 그가 행하는 바"(what he/she really does) 정도를 뜻한다. 사물이나 사태로 말하면, 그 사물이나 사태가 "실제 그런 바"(what it really is)를 뜻한다. 어느 경우든 '실제'라는 말이 중요하다. 그리고 이 '실제'라는 말에는 '참으로'라는 가치론적 뉘앙스가 들어가 있다는 점이 핵심이다.

이런 맥락에서 왜 동북아 언어철학을 관류하는 가장 중요한 테마들 중의 하나가 '정명론'(正名論)인지를 알 수 있다. 공자가 제나라 경공에게 했다는 "父父子子君君臣臣"의 가르침은 대표적인 예이다. "아버지가 아버지답고, ……"라는 말은 명과 실의 일치를 주장하고 있거니와, 여기에서 '실'이 현대의 중성화된 의미가 아니라 '~다 움'이라는 가치 맥락을 띠고 있음에 주목하자. '정명'에는 이렇게 공 자의 윤리학적-정치학적 비전이 담겨 있고, 그래서 그에게 '이름을 바로잡는 것'이 그토록 중요했던 것이다. 자로가 이 점을 이해하지 못하자 공자가 강한 어조로 꾸짖은 것도 무리가 아니다.

어떤 의미에서는 법가 사상도 정명론과 유사한 언어철학을 전 개했다. 그러나 형식은 유사하되 내용은 판이했다. 법가에서의 정명 론이 곧 형명지학(刑名之學)이다. 이 역시 '명과 실'의 일치를 추구한 다. 장수가 전투를 나갈 때 자신이 이룰 일에 대해 써 놓는다. 그리고 그가 전투에서 실제 그것을 이루었는지 평가한다. 명과 실이 일치하 면 상을 받고, 일치하지 않으면 벌을 받는다. 신상필벌(信賞必罰)이 다. 내용이 판이함에도, 여기에서도 '명과 실의 일치'는 중요했다.

허유는 명은 실의 '손님'이라고 말한다. 실이 먼저이고 명은 거 기에 일시적으로 머물고 있는 것일 뿐이라는 뜻이다. 허유는 장자에 의해 긍정적으로 묘사되고 있는 인물이므로, 이 테제는 곧 장자의 테 제라고 일단 생각해 볼 수 있다. 장자의 언어철학은 유가와 법가의 정명론과는 판이하다. 유가와 법가는 내용상 상반되지만 공히 '명과 실의 일치'의 가능성을 믿었고, 법가의 경우는 가혹할 정도로 이 일 치를 법제화했다. 하지만 장자는 명과 실이 일치하지 않을 수 있다 는, 아니 완벽한 일치는 불가능하다는 생각을 제시했다.

이미 노자가 "名可名 非常名"[6]이라 했거니와, 도가 철학은 언 어의 한계에 대한 예민한 감수성을 담고 있었다. 왜일까? 언어란 관 습적인 것(노모스)이다. 플라톤의 『크라튈로스』에서와는 대조적으로 동북아의 철학자들은 일찍부터 언어란 관습적인 것이라는 사실을 분명하게 인지했다. "文"은 인간이 자연에 수놓은 "紋"이다. 물론 자연과 관습을 연속적으로 보는 맥락도 존재했지만, 언어의 관습적 본성은 유가, 도가, 법가에 공통된 인식이었다. 핵심적인 차이는 유가와 법가가 이 관습을 실체화하고자 했다면, 즉 관습임에도 어디까지나 '자연스러운' 것으로서, 더 정확하게는 '당위적인' 것으로서 고정시키고자 했다면, 도가는 오히려 그것이 관습이기 때문에 자연적인 것(퓌지스)으로서 간주될 수 없다고 보았던 점에 있다. 그럼에도 언어를 자연스러운 것으로, 당위적인 것으로 볼 때 억압이 시작되는 것이다. "道可道 非常道, 名可名 非常名"이라는 테제는 존재론적 테제일 뿐만 아니라 이미 정치철학적 테제이다. 유가가 노모스를 바로 세우려 했고, 법가가 노모스를 강고한 체제로 극단화하려 했다면, 도가는 노모스의 상대성을 드러내고자 했던 것이다.

장자 역시 언어의 한계를 분명하게 강조한다. 물론 인간은 언어로 스스로를 표현할 수밖에 없다. 언어의 한계라는 테제도 언어로 표현될 수밖에 없다. 장자의 글쓰기가 예사롭지 않은 것은 이 때문이다. 이는 언어와 실재의 일치를 단순히 믿지 않는 모든 철학자들에게서 공통적으로 드러나는 특징이다.

---

6) 이 구절을 직역하면 "이름(언어)이 이름일 수 있다면, 그것은 늘 그런 이름이 아니다"이다. 따라서 늘 그런 언어, 도를 그대로 표상한 언어가 존재한다는 뜻이다. 다만 인간이 그것을 인간의 언어로 표현했을 때 이미 그것은 왜곡된 언어라는 뜻이다. 이 점에서 노자의 언어 비판은 베르그송처럼 언어 자체를 비판하는 것이 아니라, 플라톤처럼 참된 언어와 이미 왜곡되어버린 언어를 구분한 점에 있다고 할 수 있다.

언어에 대한 장자의 생각은 「외물 12」(外物十二)의 다음 구절에 잘 나타나 있다.

筌者所以在魚 得魚而忘筌. 蹄者所以在兔 得兔而忘蹄. 言者所以在意 得意而忘言. 吾安得夫忘言之人 而與之言哉.

통발의 역할은 물고기를 잡는 데에 있는 것이니, 일단 물고기를 잡은 후에는 그것을 잊는다. 올무는 토끼를 잡고자 있는 것이니, 일단 토끼를 잡은 후에는 그것을 잊는다. 말이란 뜻을 담고자 있는 것이니, 뜻을 얻은 바에는 말은 잊어야 하지 않겠는가. 내 그 어디에서 말 잊은 이 만나 그와 더불어 말할 수 있을 것인가.

장자에게 언어란 실재를 인식하기 위한 도구이다. 그렇기에 실재를 파악하는 데에 핵심이 있지 언어 자체에 핵심이 있지 않다. 언어에 집착하는 것은 물고기나 토끼가 아니라 통발이나 올무에 집착하는 것과 같다. 그래서 장자에게는 '말을 잊는 것'[忘言]이 중요하다. 역설적으로, 말을 잊은 사람들끼리 하는 말이야말로 진짜 말다운 말인 것이다.

물론 장자는 언어를 단적으로 폄하하지는 않는다. 통발이나 올무 없이 물고기나 토끼를 잡을 수는 없다. 그리고 통발이나 올무를 개선한다면, 우리는 물고기나 토끼를 더 잘 잡을 수 있다. 장자에게 언어란 우리가 세계와 만나는 과정에서 필수적으로 매개되는 것이지만, 세계는 언어를 넘쳐나는 무엇이다. 베르그송식으로 말해, 세계는 "절대적인 질적 풍요로움"이다. 장자의 경우, 이 '질'이라는 말에는 (순수 존재론적인 또는 자연철학적인 맥락에서 말하고 있는) 베르그송보다 더 복합적인 맥락들이 스며들어 있다.

신인(神人)의 경지

앞에서 네 수준의 격을 논했고 이어 허유의 이야기가 나온 것은 곧 앞의 두 격을 염두에 두고서 세속의 권력을 거부하는 인물에 대해 논한 것이다. 그런데 이번에는 뒤의 두 격을 염두에 두고서, 지인, 신인, 성인에 관련해 언급했던 경지에 대한 이야기가 나온다. 이런 구도를 놓고 본다면, 방금 본 허유 이야기와 지금 읽을 신인(神人) 이야기는 네 격에 대한 논의의 부연이라고 볼 수 있다.

肩吾問於連叔曰, "吾聞言於接輿, 大而無當 往而不返. 吾驚怖其言 猶河漢而無極也. 大[甚]有逕庭 不近人情焉".
連叔曰, "其言謂何哉".
<肩吾>曰, "藐姑射之山 有神人居焉. 肌膚若氷雪 綽[婥]約若處子. 不食五穀 吸風飮露, 乘雲氣 御飛龍, 而遊乎四海之外. 其神凝 使物不疵癘, 而年穀熟. 吾以是狂而不信也".
連叔曰, "然. 瞽者無以與乎文[紋]章之觀 聾者無以與乎鐘鼓之聲. 豈唯形骸有聾盲哉. 夫知[心]亦有之. 是其言也 猶時[是]汝也. 之[此]人也 之[此]德也 將旁礴萬物以爲一, 世蘄[求]乎亂[治] 孰弊弊焉以天下爲事. 之[此]人也 物莫之傷, 大浸稽天而不溺 大

旱金石流土山焦而不熱. 是其塵垢秕糠 將猶陶鑄堯舜者也, 孰肯
以物爲事".[7] (「逍遙遊五」)

견오(肩吾)가 연숙(連叔)에게 묻기를, "내가 접여(接輿)에게 어떤
이야기를 들었소이다. 그런데 그게 거대하기만 하고 영 근거가 없
는 것이어서, 끝없이 날아올라갈 뿐 당최 돌아오질 않더이다. 내가
그 이야기를 듣고서 놀랍고 두렵기까지 하지 않았겠소. 그야말로
은하수와도 같아서 끝이 없을 것 같은 이야기입디다. 갈피를 못 잡
을 정도로 거대해서, 상식으로는 도저히 이해할 수가 없었단 말입
니다".

이 말을 듣고서 연숙이 묻기를, "그래 그 이야기가 대체 무슨 내용
입디까?"

견오가 답하여 가로되, "막고야(藐姑射)라는 산에 신인이 사는데,
피부가 눈같이 하얗고 부드러워 처녀 같다고 합니다. 오곡도 먹지
않고 바람과 이슬을 마시며, 구름 위에서 용을 몰면서 사해(四海)
바깥에서 노닌다는 것이죠. 그 신기(神氣)가 응축되면 만물을 병에
서 낫게 하고 오곡을 영글게 한다는 것입니다. 나는 이 이야기가 하
도 황당해서 믿기가 어려웠단 말이오".

---

7) 이 뒤에 "宋人資章甫而適諸越, 越人斷髮文身 無所用之, 堯治天下之民 平海內之政, 往見四子藐
姑射之山, 汾水之陽 窅然喪其天下焉"(송나라 사람이 장보章甫라는 관冠을 밑천 삼아 월나라로
갔으나, 이 나라 사람들은 머리를 짧게 깎고 문신을 하고 있어 관을 팔 수가 없었다. 요 임금은 천
하를 안정시키고 세상을 평화롭게 한 후에 막고야산에 네 신인을 만나러 갔다. 하지만 돌아와서는
그만 얼이 빠져 천하를 잊어버렸다)이라는 구절이 더 있으나, 맥락이 분명치 않아 생략했다.

연숙이 듣고서 말하길, "그렇겠지요. 눈이 먼 이는 무늬나 빛깔을 볼 수 없고, 귀가 먼 이는 종소리나 북소리를 들을 수 없으려니와, 어찌 눈과 귀만 멀 수 있으리오. 마음도 멀 수 있으려니, 바로 그대 같은 이를 두고 하는 말 아니겠소. 바로 그와 같은 이, 그와 같은 덕(德)이 장차 만물을 품어 하나-됨을 이룰 것인데, 세상이 원한다고 어찌 세세히 애쓰면서 천하를 다스리려 하겠소? 그 무엇도 그를 해칠 수 없으니, 하늘에 닿는 홍수도 그를 빠트리지 못하고 쇠붙이를 녹이는 가뭄도 그를 태우지는 못할 것이오. 그이는 몸에 붙은 먼지로도 요와 순을 빚어낼 수 있는데, 어찌 쪼그만 일들에 집착하겠소".(「소요유 5」)

견오와 연숙은 가공의 인물이다. 접여는 『논어』에 등장하는 것으로 보아 실존했던 인물로 보인다. 접여는 초나라의 기인으로 유명했다고 하고, 공자 앞을 지나가면서 그에게 노래로 충고했다고 한다. 「인간세 6」에 그 노래가 인용되어 있다.

초나라는 노자의 나라이고, 그곳의 기인이었던 접여도 도가 철학자였을 것이다. 접여가 들려준 이야기는 바로 앞의 네 격들 중 가장 높은 격이었던 지인, 신인, 성인의 수준에 관한 이야기이다. 지금 대목에서는 '신인'을 쓰고 있고 앞에서 "神人無功"이라 했으니 "세상이 원한다고 어찌 세세히 애쓰면서 천하를 다스리려 하겠소?"는 "無功"을 뜻한다. 견오는 그 이야기를 믿기 어려워하면서, 접여의 이야기를 "거대하기만 하고 영 근거가 없는 것"이어서, "끝없이 날아올라갈 뿐 당최 돌아오지 않는 이야기"로 받아들인다. 상상의 나래를 편 이야기, 즉 지시대상이 결여된 '픽션'이라는 뜻이다.

연숙이 견오가 마음이 멀었다면서 핀잔을 준 것은 눈으로 볼 수 없고 귀로 들을 수 없지만 마음으로는 알 수 있는 것이 존재함을 전제한다. 접여가 한 이야기는 보거나 들을 수 있는 이야기가 아니라, 마음으로 알아들어야 하는 이야기인 것이다. 결국 네 수준의 격에서 세 번째 네 번째 것은 눈과 귀를 넘어선 차원에서 알 수 있는 것임을 말하고 있다. 경험을 넘어서는 이야기는 관점에 따라 픽션일 수도 있고 형이상학일 수도 있다.

이런 이야기는 후대에 '도교'로서 이어지게 된다. 장자의 이런 대목들을 종교적 믿음의 형태로 끌고 나갈 때 제도화된 종교로서의 도교가 성립하게 된다. 또 약간 방향을 달리해서, 그것들을 문자 그대로 받아들여 실제 신체를 그런 경지로 화하게 하려 한 데에서 신선술이라든가 내단, 외단 등의 도교적 수련, 도술(道術)이 발달하게 된다. 예컨대 "不食五穀"(오곡을 먹지 않음)은 나중에 '벽곡'(辟穀) 또는 '단곡'(斷穀) 개념으로 화하게 된다. 아울러 이런 세계를 문학적으로 표현할 때 『서유기』 같은 소설이 등장하게 된다. 이렇게 장자 사유의 이 측면은 종교, 도술, 문학 등 여러 방향으로 후대에 영향을 끼치게 된다.

3장 무용지용

이어지는 마지막 두 단락은 큼과 작음의 차이, 격의 수준들에 대한 논의를 이어, 용(用)과 무용(無用)에 관한 논의를 펼친다. 이 편의 주제를 선명하게 드러내는 핵심적인 단락들이다.

惠子謂莊子曰, "魏王貽我大瓠之種. 我樹之成 而實五石. 以盛水漿 其堅[重]不能自擧也. 剖之以爲瓢 則瓠落[平淺]無所容. 非不呺[枵]然大也 吾爲其無用而掊之".

莊子曰, "夫子固拙於用大矣. 宋人有善爲不龜[皸]手之藥者 世世以洴澼絖[絮]爲事. 客聞之, 請買其方百金. 聚族而謀曰, '我世世爲洴澼絖, 不過數金. 今日朝而鬻技百金, 請與之.' 客得之 以說吳王. 越有難 吳王使之將, 冬與越人水戰 大敗越人. 裂地而封之. 能不龜水一也, 或以封 或不免於洴澼絖, 則所用之異也. 今子有五石之瓠, 何不慮以爲大樽而浮乎江湖 而憂其瓠落無所用. 則夫子猶有蓬之心也夫".

惠子謂莊子曰, "吾有大樹 人謂之樗. 其大本擁[擁]腫而不中繩墨 其小枝卷曲而不中規矩. 立之<於>塗 匠者不顧. 今子之言 大而無用, 衆所同去也".

莊子曰, "子獨不見狸[貍]猩乎. 卑身而伏 以候敖[遨]者, 東西跳梁 不辟[避]高下, 中於機辟[罟] 死於罔罟. 今夫斄牛 其大若垂天之雲. 此能爲大矣 而不能執鼠. 今子有大樹 患其無用. 何不樹之於無何有之鄕廣莫之野, 彷徨乎無爲其側 逍遙乎寢臥其下. 不夭斤斧 物無害者. 無所可用 安所困苦哉". (「逍遙遊六」)

혜자(惠子)가 장자에게 이르길, "위왕(魏王)[1]이 내게 커다란 박 씨를 주었다네. 그걸 심었더니 열매가 탐스럽게 열렸는데, 엄청 커서 5석(石)을 거뜬히 담겠더구먼. 한데 거기다가 물을 담아 놨더니 너무 무거워 들 수가 없는 거야. 그래서 쪼개서 표주박으로 쓰려 했더니, 이번에는 너무 평평해서 뭘 담을 수가 없네그려. 그저 크기만 하지 당최 어디 쓸모가 있어야 말이지. 에라 하고 그냥 부숴버렸지".

장자 답하여 가로되, "자네, 큰 것을 그렇게밖에는 쓰지 못하는가? 송나라의 어떤 가문이 손 트지 않는 약을 만들었어. 그 덕분에 솜 빠는 일을 대대로 할 수 있게 된 거야. 그런데 어느 날 나그네가 이 이야기를 듣고 백금(百金)에 그 비방을 사려 했지 뭔가. 그래서 식구들이 머리를 모아서 의논을 했는데, 어떻게 되었겠는가. '맨날 솜만 빨아 봐야 그저 몇 금을 벌 뿐인데, 하루 아침에 100금이나 준다잖

---

1) 양 혜왕을 뜻한다.

아. 그냥 팔아버리는 게 낫잖아?' 이렇게 된 거지. 나그네는 오(吳) 나라 왕에게 이 약을 바치고, 겨울의 수전(水戰)[2]에서 장수로 참여해 월(越)나라를 대패시키지 않았겠나. 손을 트지 않는 비방은 하나지만, 누구는 그걸로 분봉(分封)을 받고 누구는 평생 솜이나 빠는 거지. 그 차이는 바로 그것의 쓸모가 달랐기 때문일세. 그대에게 그렇게 큰 박이 있다면, 어째서 그것으로 배를 만들어 물에 띄워 노닐지 않고, 평평하다고 불평만 하는가? 쑥대 같은 마음을 가지고 있으니 그런 거지".

혜자가 장자에게 이르길, "나한테 큰 나무가 있는데, 사람들이 그걸 가죽나무[樗]라고 부르더군. 근데 그 가지는 울퉁불퉁해서 똑바로 자를 수가 없고, 잔가지들은 또 배배 꼬여서 딱히 모양새[동그라미, 네모 등]를 만들어낼 수가 없는 거야. 팔려고 내놔도 쳐다보는 목수조차 없고. 크기만 할 뿐 쓸모가 있어야 말이지[大而無用]. 그래서 사람들이 쳐다보지도 않는 거야".

장자 답하여 가로되, "살쾡이라면 자네도 본 적이 있으시겠지? 몸을 바짝 엎드려 먹잇감을 노리다가 때가 되면 튀어 올라 이리저리 날뛰지. 그러다가는 덫에 걸리고 그물에 걸려 죽기도 하고. 하지만 저 검은 소는 그 거대함이 하늘에 드리운 구름 같아, 무척 크면서도 쥐 한 마리 잡을 수는 없다네. 이제 그대에게 큰 나무가 있으면서도 그 쓸모없음이 걱정된다면, 어째서 그것을 저 환히 펼쳐진 곳[無何有之鄕], 널리 이어진 들판[廣莫之野]에 심어 놓지 않는가? 그 옆

---

2) 오와 월이 위치한 곳은 강과 호수가 많은 지역이어서 수전이 자주 벌어졌다.

에서 슬슬 거닐면서[彷徨] 유유자적하고, 그 아래에서 노닐다가[逍遙] 낮잠이라도 잔다면 얼마나 좋겠는가? 도끼에 잘릴 염려도 없고 달리 해칠 자들도 없으니, 바로 쓸모가 없기 때문에 괴로울 것도 없는 게 아니겠는가?"(『소요유 6』)

혜시는 명가 철학자였다. 명가 철학자들의 위치는 특이하다. 전국 시대를 특징지은 언어에의 관심을 철학적으로 가장 멀리 밀고 나간 학파가 명가이다. 동북아 철학사의 일반 흐름과 동떨어진 듯 보이는 명가지만, 사실은 당대를 가장 잘 드러내 주는 학파들 중 하나이다. 명가 철학자들은 처음으로 눈뜬 이 언어라는 것의 매력에 깊이 침잠해 들어갔으며, 그 과정에서 때로 '궤변'이라고 불리기까지 할 정도의 언어철학적 사변을 펼쳤다. 아쉬운 것은 이들이 언어에 대한 흥미로운 사변으로 나아가기만 했을 뿐, 현실로 다시 돌아와 어떤 뚜렷한 실천철학적 성과를 만들어내지 못했다는 점이다. 철학은 '아나바시스'와 '카타바시스'의 오르내림을 통해 완성되거니와, 이들에게는 이렇다 할 '카타바시스'가 없었다고 하겠다.

장자는 명가 철학자들과 가깝다. 그는 당대의 다른 철학자들과 달리 정치적 현실의 장에서 활동하기보다는 근원적인 형이상학적 사유에 매진한 인물이고, 이 점에서 명가 철학자들의 문제의식과 일정 정도 겹친다. 그러나 세계와 인간 실존의 근원에 육박하는 그의 형이상학과 언어 자체에 몰두하는 명가 철학자들의 언어철학은 성격이 달랐다. 그래서 장자는 종종 명가의 논변들을 일차 수용한 후 그 한계를 비판한다.

무용지용의 묘(妙)

옛날이야기에는 박에 관한 이야기가 자주 나오거니와, 어떤 이유에서 박은 그렇게 자주 흥미로운 이야기의 소재가 되었을까? 박은 겉으로는 상당히 큰데 속이 비어 있다. 껍질이 두껍고 딱딱해서 채소 껍질인데도 일종의 생활 용구처럼 쓰인다. 못생겼지만 쓸모가 많다. 여러모로 묘한 식물이다. 그래서인지 박에 관련된 이야기가 많다.

지금까지 보았듯이, 이 「소요유」의 핵심 주제는 큰 것과 작은 것이다. 박이 어마어마하게 크다는 것과 장자의 이야기가 또는 그가 지향하는 바가 크다는 것이 상응하고 있다. 대조적으로 혜시는 장자의 큰 사유가 쓸모없음을 큰 박의 무용함에 빗대고 있다. 박은 속이 빈 것이 특징이고 따라서 큰 박일수록 속이 텅 비어 있을 터인데, 장자의 이야기는 이렇게 크기만 하고 속이 텅 비어 딱히 쓸 데가 없다는 것이다. 위왕에게 출사한 혜시의 쓸모 있음과 대조적이다.

하지만 혜시는 큰 것의 쓸모 있음을 깨닫지 못하고 있다. 큰 것이 현실적으로 무용하기에, 바로 그 이유로 쓸모 있다는 것, 즉 '무용지용(無用之用)의 묘(妙)'를 깨닫지 못한 것이다. 혜시에게 용기로 사용할 수 없는 이 박은 무용한 것이었다. 그러나 큰 것은 크게 써야 한다. 큰 것을 작은 용도로 쓰려 하면서 무용하다고 불평하는 것은 "쑥대 같은 마음"을 가지고 있기 때문이다. 큰 것의 무용함을 역으로 유용함으로 전환하는 것, 무용지용의 묘가 중요하다. 여기에서 '유용'한 것은 '무용'한 것이 되고, '무용'한 것은 '유용'한 것이 된다. 파라-독사의 사유이다. 장자는 박을 쪼개서 배를 만들어 물에 띄워 노닐 것을 권한다. 큰 것을 그것에 걸맞지 않게 물건을 담는 기(器)로 사용하려고 할 것이 아니라, 그에 걸맞도록 소요(逍遙)에 사용하라는 것이다.

　오늘날도 마찬가지이다. 무엇이든 자본주의적인 맥락에서의 쓸모 있음으로 환원하려 하는 시대, 모든 것이 돈이 되면 쓸모 있고 돈이 되지 않으면 쓸모없다고 생각하는 시대에 우리는 '무용지용'의 철학으로 맞서야 하는 것이다.

　같은 맥락에서 혜시는 가죽나무의 "大而無用"을 말한다. 가죽나무가 쓸모없는 것은 그것이 인공적 잣대 —— 승묵(繩墨), 규구(規矩) —— 로 볼 때 도움이 되지 않기 때문, 그래서 소용이 되지 않기 때문이다. 여기에는 어떤 존재자의 쓸모란 세상의 편의에 맞느냐의 여부에 달려 있다는 생각을 함축한다. 나무를 쓸모 있게 만들려면 그것을 똑바로 자르고, 세상의 쓸모 있음에 맞추어 재단해야 한다. 인위적 쓸모의 관점에서 왜곡해야 하는 것이다. 이런 관점은 자본주의와 과학기술이 결합되어, 상업적 가치에 따라 자연을 나아가 인간까지도 재단하는 현대의 삶으로 그대로 이어지고 있다. 2500년 전의 철학자인 장자는 자본주의의 '효율성'과 과학기술의 '조작'이 세상에서 말하는 쓸모 있음의 양대 축이라는 점을 이미 간파하고 있다.

　장자는 작은 것과 큰 것을 살쾡이와 검은 소[犛牛]에 비유한다. 살쾡이는 "몸을 바짝 엎드려 먹잇감을 노리다가 때가 되면 튀어 올라 이리저리 날뛰는" 존재로 묘사된다. 바로 이익과 권력을 좇아서 동분서주하는 존재이다. 하지만 이런 존재는 결국 "덫에 걸리고 그물에 걸려 죽기도 하는" 존재일 뿐이다. 쓸모 있음을 위해 일하다가 결국 이익과 권력의 희생물이 되는 것이다. 대조적으로 검은 소는 앞에 나온 대붕처럼 "垂天之雲"(하늘에 드리운 구름)과 같은 존재로서, 세상의 쓸모 있음의 기준으로는 아무것도 할 수 없는 존재로 묘사된다. 작은 것에 능한 살쾡이와 작은 것에 무기력한 검은 소가 잘 대비되고 있다. 그러나 세상에서 쓸모없는 이 존재는 그 고유의 쓸모, '쓸모없음의 쓸모'를 갖는다. 그리고 그 쓸모는 세상에서의 쓸모와는 차원이 다른 쓸모이다. "어째서 그것을 저 환히 펼쳐진 곳, 널리 이어진 들판에 심어 놓지 않는가?"

무하유지향, 광막지야의 꿈

"無何有"(아무것도-없는)라는 말은 장자가 생각하는 곳이 즉물적 장소가 아님을 시사한다. '무하유지향'은 아무것도-없는-곳이다. 비-장소의 장소이다. '광막지야'도 마찬가지이다. 아무것도 없는 곳, 그곳은 바로 '허'(虛)이다. '虛'는, 또는 '氣', '無'는 모두 아무것도 아닌/없는 곳인 동시에 모든 것이 그곳에서 나오는 곳이기도 하다. 이 '허' 개념이 장자 사유의 근간이고, 따라서 '무하유지향'(無何有之鄕), '광막지야'(廣莫之野)에서 방황하고 소요하는 것은 인간세와는 차원을 달리 하는 곳에서 노니는 것을 뜻한다.

이때의 "鄕"을 고향으로 생각한다면, 무하유지향, 광막지야는 우리가 그곳에서 왔고 그곳으로 돌아갈 고향이다. 이 고향은 철수의 고향은 광주이고, 영희의 고향은 평양이라고 할 때의 그런 고향이 아니다. 그렇다고 이념적 고향도 아니다. 횔덜린은 실향성(失鄕性, Heimatlosigkeit)을 누구보다도 짙게 느끼면서 산 시인이고, 그래서 이념적 고향의 상실을 안타깝게 노래했다(「빵과 포도주」).

하지만 그것들은 어디에 있는가? 찬란히 피어났던 도시들, 축제의 월계관들은?

테베도 아테네도 시들어버리고, 창칼과 활이 바람 가르는 소리도 이젠 들리지 않네.

올림피아에는 더 이상 올림픽의 황금마차가 달리지 않고,

화려하게 장식된 코린트의 배들도 더는 볼 수 없는 것인가?

저 숭고했던 고대의 연극, 왜 더 이상 들리지 않는 것일까?

신들을 위해 추어졌던 그 성스러운 춤, 왜 생기를 잃어버린 것일까?

인간의 얼굴에서 빛나곤 하던 그 신성(神性)의 광휘, 왜 사라져버렸는가?

선택받은 자들에게서 보이곤 하던 그 성스러운 징표들, 도대체 어디로 갔는가?

Aber wo sind sie? wo blühn die Bekannten, die Kronen des Festes?

Thebe welkt und Athen; rauschen die Waffen nicht mehr.

In Olympia, nicht die goldnen Wagen des Kampfspiels,

Und bekränzen sich denn nimmer die Schiffe Korinths?

Warum schweigen auch sie, die alten heiligen Theater?

Warum freuet sich denn nicht der geweihete Tanz?

Warum zeichnet, wie sonst, die Stirne des Mannes ein Gott nicht,

Drückt den Stempel, wie sonst, nicht dem Getroffenen auf?

장자가 생각한 고향은 궁극의 고향이다. '무하유지향', '광막지
야'는 우리가 그곳에서 나왔고 그리로 돌아갈 존재론적인 고향인 것
이다.

지상의 고향을 찾는 사람들은 기차를 탄다. 꿈속의 고향을 찾는
사람들은 시를 쓴다. 궁극의 고향을 찾는 사람들은 형이상학을 한다.
우리에게는 고향이 세 곳이나 있으니까, 갈 곳이 많아 좋지 않은가.

2부

파라-독사의 사유, 존재론적 평등

「소요유」(逍遙遊)가 장자 사유의 기본적인 정향, 장자 사유의 지향선 (指向線)을 보여준다면, 「제물론」(齊物論)은 그 철학적 근거를 논한다. 장자 사유의 근간을 드러내는 이 편에서 우리는 장자 존재론의 핵심인 파라-독사의 사유와 존재론적 평등을 읽어낼 수 있다.

1장 도와 만물

사람퉁소, 땅퉁소, 하늘퉁소

이 도입부는 「제물론」 전체의 구도를 하나의 이미지로서 압축해 놓은 것이다. 푸코가 고전 시대의 에피스테메인 '표상'을 설명하기 위하여 〈시녀들〉을 흥미진진하게 분석해 놓은 것처럼.

'제물론'은 사물들을 가지런히 하는 것, 존재론적 평등을 설파한다. 이 편에는 만물의 '상대성'과 '제동'이 동시에 설파되고 있다. 얼핏 모순되어 보이는 이 두 테제 사이의 관계를 잘 이해하는 것이 관건이다.

> 南郭子綦隱几[机]而坐, 仰天而噓. 荅焉似喪其耦[偶].
> 顔成子游立侍乎前曰, "何居[故]也? 形固可使如槁木, 而心固可使如死灰乎. 今之隱机者, 非昔之隱机者也".

子綦曰, "偃, 不亦善乎, 而[汝]問之也! 今者吾喪我, 汝[1]知之乎? 汝聞人籟而未聞地籟, 汝聞地籟而未聞天籟夫!"

子游曰, "敢問其方".

子綦曰, "夫大塊噫氣, 其名爲風. 是唯無作<則已>, 作則萬竅怒呺. 而獨不聞之翏翏乎? 山林之畏佳[崔], 大木百圍之竅穴, 似鼻, 似口, 似耳, 似枅, 似圈[棬], 似臼, 似洼[窪]者, 似汚[洿]者. 激者, 謞者, 叱者, 吸者, 叫者, 譹者, 宎者, 咬者, 前者唱于而隨者唱喁. 泠風則小和, 飄風則大和, 厲風濟則衆竅爲虛. 而獨不見之調調, 之刁刁乎?"

子游曰, "地籟則衆竅是已, 人籟則比竹是已. 敢問天籟".

子綦曰, "夫吹萬不同, 而使其自己也, 咸其自取, 怒者其誰邪!"

大知閑閑 小知閒閒, 大言炎炎 小言詹詹. (「齊物論一」)

남곽자기(南郭子綦)가 책상에 기대어 앉아, 하늘을 올려보며 깊은 숨 내쉬는데, 멍하니 흡사 짝을 잃은 이 같더라.

모시고 서 있던 안성자유(顏成子游) 여쭙기를, "어인 일이신지요. 몸은 굳어져 마른 나무 같고, 마음은 굳어져 차가운 재 같을 수 있다니요. 지금 선생님 모습은 제가 알고 있던 그 모습이 아닙니다".

자기 답하여 가로되, "언아, 참 잘 물어보았구나! 지금 나는 내 아(我)를 놓아버렸는데, 네가 그걸 알아봤더냐? 너는 사람퉁소[人籟] 소리를 들었으되 땅퉁소[地籟] 소리를 듣지 못했고, 땅퉁소 소리를

---

1) 원문에는 너를 뜻하는 '汝'가 대부분 '女'로 되어 있으나 일관되게 '汝'로 바꾸었다.

들었으되 하늘퉁소[天籟] 소리를 듣지 못했던 게로구나!"

자유 가로되, "감히 그 이치에 대해 여쭙습니다".

자기 답하여 가로되, "무릇 대지가 기(氣)를 뿜어내면, 그것을 일러 바람이라 하지. 대지의 바람은 쉽게 불지 않지만, 한번 불기 시작하면 무수한 바람구멍들이 격노한 듯이 불어 대느니라. 그 세찬 윙윙 소리를 듣지 못하였더냐?──저 깊은 산속 헤아릴 길 없이 거대한 아름드리나무 있어, 그 구멍들이 흡사 코 같고, 입 같고, 귀 같고, 가로보 같고, 그릇 같고, 절구 같고, 깊고 얕은 웅덩이 같은데, 그것들에서 폭포수처럼 쏟아지는 소리, 날아가는 화살처럼 날카로운 소리, 꾸짖듯이 무서운 소리, 흑흑 흐느끼는 소리, 절규하는 소리, 부르짖는 소리, 계곡의 바람 같은 소리, 그르렁대는 소리, 교태 부리는 소리가 쏟아져 나와, 앞서거니 뒤서거니 윙윙거리지. 작은 바람들은 작은 어울림을, 큰 바람들은 큰 어울림을 지어내나, 강풍이 잦아들면 뭇 구멍들은 다시 고요해지고. 너는 이 큰 바람 소리 작은 바람 소리를 듣지 못했더란 말이냐?"

자유 여쭙기를, "땅퉁소 소리는 대지의 뭇 구멍에서 나오는 소리요, 사람퉁소 소리는 악기에서 나오는 소리이군요. 하면 하늘퉁소 소리는 어떤 것인지 감히 여쭙습니다".

자기 답하여 가로되, "무릇 온갖 소리로 불어 대니, 다 그 스스로에서 나오는 것들이라. 각각이 각각의 소리를 낸다면, 소리 그것을 내게 만드는 것은 도대체 누구일까!"

큰 앎은 넓고 너그러우나 작은 앎은 좁고 쩨쩨하고, 큰 말은 담박하지만 작은 말은 수다스러울 뿐.(「제물론1」)

"오상아"(吾喪我)

처음 대목은 잃어버림, 놓음, 비움에 관한, 그리고 깨달음에 관한 이야기이다. 이 「제물론」에는 존재, 인식, 가치 등 철학의 궁극적인 주제들에 대한 장자의 사유가 펼쳐지거니와, 논의의 출발점이 잃어버림, 놓음, 비움이라는 사실은 주목할 만하다. 장자의 사유는 주체가 세계를 구성해내는 주체중심적인 사유가 아니라, 오히려 진리를 깨닫기 위해 주체가 자신을 잃어버리는/놓아버리는 사유이다.

> 남곽자기가 책상에 기대어 앉아, 하늘을 올려보며 깊은숨 내쉬는데, 멍하니 흡사 짝을 잃은 이 같더라.

여기에서 "짝을 잃은 이"라는 표현은 뒤에 나오는 "나[吾]는 내아(我)를 놓아버렸는데"라는 표현과 연결된다. 주의할 것은 앞의 것이 안성자유의 눈에 비친 남곽자기의 현상적인 모습인 데 비해, 남곽자기의 실상은 뒤의 것이라는 사실이다. 역으로 말해, 남곽자기는 '我'를 잃어버렸건만, 안성자유는 그것을 '짝'을 잃어버린 것으로 잘못 보고 있는 것이다. 도를 깨달은 사람을 실연한 사람으로 오해하고 있다. 여기에는 도를 깨달은 사람과 그것을 이해하지 못하는 사람의 대비가 있다.

이 첫 대목은 이후 나오는 대목들과 서로 조응한다. "하늘을 올려보며 깊은숨 내쉬는데"라는 표현은 대지에서 기가 뿜어져 나오고, 나무에서 숱한 소리들이 쏟아져 나오는 이미지와 오버랩되고 있고, "하늘을 올려보며"라는 표현은 곧 궁극의 소리로 묘사되는 하늘통소를 암시하고 있다. 도를 깨달은 스승과 아직 그것을 이해하고 있지 못한 제자의 모습이 한 폭의 빼어난 그림처럼 그려져 있다.

도를 깨달은 사람을 "몸은 굳어져 마른 나무 같고, 마음은 굳어져 차가운 재" 같은 사람으로 보이는 것으로 묘사한 점이 흥미롭다. 도의 위대한 경지와 그에 든 사람의 현상적인 모습이 대조적이다. 한용운은 「님의 침묵」에서

나는 향기로운 님의 말소리에 귀먹고
꽃다운 님의 얼굴에 눈멀었습니다

라고 노래했다. 향기로운 님, 꽃다운 님과 귀먹고 눈멂이 대조를 이루고 있다. 이 구절을 "나는 향기로운 님의 말소리에 귀가 트이고, 꽃다운 님의 얼굴에 눈이 떠졌습니다"라고 했다면 어떻게 되었을까? 도에 든 남곽자기의 모습과 님을 잃은 나의 모습은 서로 통한다. 서로의 상황은 반대이지만, 도, 님과의 만남을 통해 얻게 된 현상적 모습들은 유사하다. 두 사람 모두 이편과 저편의 경계선상에 있다.

지금 나는 내 아(我)를 놓아버렸는데, 네가 그걸 알아 봤더냐?

내[吾]가 나[我]를 잃어버렸다는 표현이 흥미롭다. '吾'는 현실 속에서 활동하면서 살아가고 있는 나를 가리킨다. 이에 비해 '我'는 형이상학적 실체로서의 나이다. 결국 이 표현은 바로 이렇게 말하고 있는 나는 불변의 실체로 간주되는 나, 나의 실체를 놓아버렸다는 뜻

이다.[2)]

나는 나를 비웠기에 나에게는 이제 '我'가 없다. '我'가 없기에 '我'가 동반하는 신체적·정신적 특성을 상실한 것이다. 그래서 몸은 마른 나무 같고 마음은 차가운 재같이 보인 것이다.[3)]

'소리', 이 오묘한 것

이제 악기에 관한 이야기, 근본적으로는 소리에 관한 이야기가 나온다. 남곽자기가 '我'를 놓아버렸고, 안성자유는 그 변화를 눈치챘지만 그 변화의 의미는 파악하지 못했다. 남곽자기는 이 상황을 사람퉁소, 땅퉁소, 하늘퉁소의 구분──앞에서도 논했던 '격'(格)의 구분──을 가지고서 설명한다.

너는 사람퉁소 소리를 들었으되 땅퉁소 소리를 듣지 못했고, 땅퉁소 소리를 들었으되 하늘퉁소 소리를 듣지 못했던 게로구나!

안성자유가 변화를 알아본 것이 사람퉁소의 수준이라면, 그 변

---

2) 인도 철학의 '아트만'이 '我'로 번역된 것도 이런 맥락에서이다. 동북아 불교의 핵심 개념인 '心'이 자리 잡게 된 배경 중 하나가 버려야 할 마음과 그렇게 버리려고 노력하는 마음의 구분이었다. 버려야 할 마음과 그렇게 버리려고 노력하는 마음의 구분은 바로 장자의 "吾喪我"를 잇고 있다.

3) 어떤 번역서들은 처음부터 짝을 잃어버린 것을 도에 들어섰다고 번역하고 있다. 이렇게 할 경우 이 대목 전체의 구도와 뉘앙스가 사라져버린다. "네가 그걸 알아봤더냐?"라는 구절은 부정의 의미로 읽어야 한다. 다시 말해, "겉모습에서의 변화는 알아봤는데 그 변화의 진정한 의미는 알아보지 못했구나"라는 뜻으로 이해해야 한다. 그래야만 이야기의 흥미진진한 구도가 잡히고, 여러 복선들이 선명히 드러난다.

화의 진정한 의미는 땅퉁소 나아가 하늘퉁소의 수준에 해당함을 알 수 있다. 사람퉁소는 현상적 차원을, 땅퉁소와 하늘퉁소는 현상 차원을 넘어선 차원을 암시한다. 땅퉁소는 '氣'의 차원을 하늘퉁소는 '道'의 차원을 암시한다 하겠다.

장자는 왜 여기서 소리라는 것을 가지고 논할까? 소리는 귀로 듣는 것이며 형태가 없다. 공간적인 형태는 지속되지만, 시간적인 소리는 나타났다가 곧 사라진다. 형태나 색은 사물 또는 사물에 붙어 있는 무엇이지만, 소리는 사건이다. 형태나 색은 내가 다른 곳에 갔다가 돌아와 다시 확인할 수 있지만, 소리는 허공으로 사라져버린다.

소리가 소멸하지 않고 남게 되는 방식은 하나밖에 없다. 바로 그것을 들은 사람의 마음속에 기억으로서 남는 것이다.[4] 우리는 많은 소리들을 기억한다. 돌아가신 할머니의 따스한 음성을, 응급실에서 들은 그 고통의 소리들을, 광화문에서 시위할 때 들려 오던 그 거대한 함성을, 기억에 깊이 새겨진 야구경기에서의 그 경쾌한 홈런 소리를, …… 소리는 마음과 직접 연결되는 그 무엇이고, 그래서 음악은 마음에 가장 직접적으로 전달되는 예술이다. 소리의 이런 성격에 입각한 플라톤의 글 비판과 그것에 대한 데리다의 유명한 비판이 있거니와, 소리의 본성에 대한 철학적인 논의는 유래가 깊다.[5]

---

4) 녹음기가 발명된 이후 상황은 크게 달라졌다. 그리고 오늘날에는 소리의 기계적인 조작도 가능해졌다. 이 변화는 심대한 존재론적 변화를 담고 있으며, 그 자체로서 논할 가치가 있는 주제이다.

5) 소리는 또한 수학적인 방식으로 파악되는 '파동'(波動)이기도 하다. 해석학을 통해 표현되는 소리의 수학은 자연의 율동을 특히 감동적으로 보여주는 예이다.

대지의 소리

장자는 여기에서 「제물론」 전체를 이끌고 가는 은유로서 사람퉁소, 땅퉁소, 하늘퉁소에 대해 이야기한다. 안성자유는 사람의 지평에서 남곽자기를 보았고, 때문에 그는 세상의 눈길로 스승을 보았다. 그는 사람퉁소 소리는 들었으되 땅퉁소 소리는 듣지 못했다.

땅퉁소는 '기'의 차원을 암시한다. "무릇 대지가 기를 뿜어내면, 그것을 일러 바람이라 하지"라 했듯이, 이 차원은 기→대지→사람의 결로써 소리를 뿜어낸다. 땅퉁소는 바로 "대지가 기를 [바람으로서] 뿜어내는" 흐름을 통해 울려 퍼지는 것이다. 이 상황을 장자는 생생하게 묘사한다.

저 깊은 산속 헤아릴 길 없이 거대한 아름드리나무 있어, 그 구멍들이 흡사 코 같고, 입 같고, 귀 같고, 가로보 같고, 그릇 같고, 절구 같고, 깊고 얕은 웅덩이 같은데, 그것들에서 폭포수처럼 쏟아지는 소리, 날아가는 화살처럼 날카로운 소리, 꾸짖듯이 무서운 소리, 흑흑 흐느끼는 소리, 절규하는 소리, 부르짖는 소리, 계곡의 바람 같은 소리, 그르렁대는 소리, 교태 부리는 소리가 쏟아져 나와, 앞서거니 뒤서거니 윙윙거리지. 작은 바람들은 작은 어울림을, 큰 바람들은 큰 어울림을 지어내나, 강풍이 잦아들면 뭇 구멍들은 다시 고요해지고. 너는 이 큰 바람 소리 작은 바람 소리를 듣지 못했더란 말이냐?

여기에서 땅퉁소는 거대한 아름드리나무로서 묘사된다. 이 땅퉁소에는 다양한 형태의 구멍들이 나 있다. 사람퉁소에 여러 구멍들이 있어야 소리가 나오듯이, 땅퉁소에도 기가 뿜어져 나오는 다양한 구멍들이 있는 것이다. 그리고 그 다양한 구멍들에서 그야말로 온갖 소리들이 쏟아져 나온다. 그리고 그 소리들에는 유형들이 있어, 끼리끼리 어울리면서 경쟁하듯이 불어 댄다.

저 장대한 광경을 음미해 보라. 만물이 '氣'로부터 분화해 나와 끝도 없이 다양한 바람 소리들을 불어 대는 광경을. '氣'가 대지와 아름드리나무라는 구체화의 과정을 통해 무수한 형태의 '만물'로 개체화되고, 그 만물이 각양각색의 행위들/사건들을 빚어내면서 만들어내는 생(生)의 드라마를. 만물이 이리저리 무리를 이루면서("方以類聚 物以群分") 사랑하고 미워하면서 빚어내는 역사의 이야기를. 피었다가 지고, 타오르다가 잦아드는 삶과 죽음의 원환을. 너는 이 장대한 땅퉁소 소리를, 기화(氣化)의 교향악을, 생명의 협주곡을 듣지 못했더란 말이냐?

기는 오로지 '기화'로서만 존재=생성한다. 멈추어 있는 기는 있을 수 없다. 물이 스스로 멈추어 서거나, 바람이 공중에 멈추어 서는 것을 상상할 수 없듯이. '氣'라는 글자는 이 개념의 본질적인 두 부분, 즉 에네르기와 흐름을 상형하고 있다. '水'나 '風'은 기가 보다 구체적인 물질성을 띤 모습을 보여 준다.

기는 자체로서는 경험할 수 없다. '기'가 아름드리나무를 통해, 그 갖가지 다양한 구멍들을 통해 바람으로 쏟아져 나온다고 했듯이, 우리가 느끼는 기는 보다 구체적인 형태로 화해 나타나는 기이다. 그래서 우리는 한정된 기들을 느낀다. 느낀다는 것은 '감응'(感應)한다는 뜻이다. 우리 자신이 '신기'(神氣)를 갖추고 있는 존재이기 때문에 다양한 양상의 기에 감응할 수 있다. 신기가 활동하지 않으면 고도로 분화된, 그러면서도 통일된 감응을 할 수 없다. '열기'와 '냉기'라든가 '분위기', '경기'(景氣), 또는 '분기탱천', '화기애애'를 비롯한 다양하게 분화된 기들에 감응하기에, 인간의 경험은 그토록 다채로울 수 있다.

이 숱한 기들이 모두 '일기'(一氣)가 분화된 것으로 보는 데에 핵심이 있다. 기 개념이 다양한 경험들을 연결시켜 통일적으로 이해할 수 있도록 해준다. 단적인 경험주의에 입각해 볼 때, '기'는 물론이고 이 분화된 '기'들도 자체로서는 지각할 수 없다. 그러나 동북아 형이상학의 근본 가설은 바로 이 모두가 기화의 국면들이고 우리가 그 '化'에 감응할 수 있다는 것이다. 땅퉁소 이야기는 이 형이상학을 빼어나게 표현하고 있다.

'도'의 소리

안성자유는 "땅퉁소 소리는 대지의 뭇 구멍에서 나오는 소리요, 사람퉁소 소리는 악기에서 나오는 소리"라면 "하늘퉁소 소리는 어떤 것인지"를 묻는다. 남곽자기 답하여 가로되,

> 무릇 온갖 소리로 불어 대니, 다 그 스스로에서 나오는 것들이라. 각각이 각각의 소리를 낸다면, 소리 그것을 내게 만드는 것은 도대체 누구일까?

땅퉁소에서 갖가지 소리들이 고유의 '기'들을 뿜어낸다. 그렇다

면 이렇게 기를 뿜어내게 하는 근원적인 존재는 무엇일까? 그 숱한 소리들을 주재하는 존재는 누구인가? 이 물음에 대한 인격화된 판본의 답은 조물자(造物者)이고, 형이상학적 판본의 답은 '天/道'이다.

이제 제기되는 것은 "氣와 道의 관계는 무엇일까?"라는 물음이다. '도'는 규정될 수 없다. '도'를 규정하려면 도에 의해 규정되는 개념들을 사용해야 하기 때문이다. 그래서 "道可道 非常道"이다. 때문에 장자는 물음을 던질 뿐 적극적인 대답을 내놓지는 않는다.

'기'와 '도'의 관계가 어떤 것인지는 논할 수 있다. 차(茶)를 마시는 것은 기화이다. 다기에 찻잎을 넣고, 불을 가해 끓이고, 찻잔에 차를 따라서 마신다. 이 모두가 다기, 찻잎, 불, 물, 우리 몸 등을 관류하는 기화의 흐름이다. 하나 이 흐름을 주재하는 것은 보이지 않는다. 그럼에도 차를 마시는 우리의 행위는 분명 어떤 이치에 입각해 이루어지고 있다. '道'라는 말의 본래 뜻이 '길'이라는 점을 생각해 보면, 우리는 어떤 길을 따라서 차를 마시고 있는 것이다. 그래서 우리는 이런 길을 '다도'(茶道)라고 부른다. 글을 쓸 때 우리를 이끌어가는 것은 '서도'(書道)이고, 무예를 익힐 때 그 과정을 주재하는 것은 '무도'(武道)이다. 우리는 각각의 '도'를 익혀 그것을 표현함으로써 이 행위들을 이룬다. 도의 기초적인 의미는 길이다.

'도'와 마찬가지로 '기' 역시 보이지 않는다. 그러나 '기'는 우리 신체와 직접 감응한다. 우리 몸을 흐르는 차의 기, 내 손끝에 감촉되는 붓의 기, 내 몸 전체로 느끼는 대나무의 기 등등, 기는 우리의 몸과 감응함으로써 보다 구체적으로 표현된다. '도'는 이보다 더욱 형이상학적이다. 기는 자연철학적 원리이고 도는 형이상학적 원리라고 할 수 있다. 기의 소리를 내는 것이 땅퉁소라면 도의 소리 ── 물리적 소리를 초월한 소리 ── 를 내는 것은 하늘퉁소이다.

이 하늘퉁소를 구체적으로 말하기는 어렵다. 장자는 형이상학적 사변을 시도하지 않는다. 그래서 그는 땅퉁소에 대해서는 인상 깊은 묘사를 했으면서도, 하늘퉁소에 대해서는 말을 아낀다. 대신 장자는 간단히 다음과 같이 말한다.

큰 앎은 넓고 너그러우나 작은 앎은 좁고 쩨쩨하고, 큰 말은 담박하지만 작은 말은 수다스러울 뿐.

하늘퉁소에 대한 안성자유의 물음에 답하는 대신, 남곽자기는 큰 앎과 작은 앎, 큰 말과 작은 말의 구분으로 답을 대신하고 있다. 그리고 큰 앎과 작은 앎의 차이는 너그러움과 쩨쩨함이고, 큰 말과 작은 말의 차이는 담박함과 수다스러움이다.

장자가 추구하는 것은 앎이 아니라 깨달음이다. 깨달음은 앎으로써가 아니라 오히려 앎의 한계가 드러나고 그것이 비워질 때 돌연 나타난다. 그래서 장자가 추구하는 앎은 사물들의 세세한 이치를 알려고 하는 쩨쩨한 앎이 아니라, 삶과 죽음의 의미 전체를 통관(通觀)하려는 너그러운/넉넉한 앎이다. 그리고 그의 언어는 세세한 이치들을 늘어놓는 수다스러운 언어가 아니라, 깨달음 전체를 전하는 담박한 언어이다. "아는 자는 말이 적고, 말이 많은 자는 알지 못한다."(知者不言 言者不知)

도를 말하기 힘든 이유가 '도'가 단적으로 초월적이라는 점에 있지는 않다. 도는 어디에나 있다. 다도, 서도, 무도, …… '도'는 이런 도들에서 출발해 무한한 도들로 이루어져 있다. 도는 어딘가에 떨어져 있는 어떤 하나가 아니다. 오히려 도는 무한히 많다. 그러나 그 도들은 결국 궁극의 '道'의 부분적 표현들일 뿐이다. 삶의 무수한 길들은 그 길의 각각의 표현들인 것이다. 그래서 도는 내재적이고 다원적인 동시에 또한 어떤 면에서는 초월적이고 일원적인, 궁극의 무엇이기도 하다. 내재성과 초월성, 다원성과 일원성은 대립하는 것이 아니라 '도'에게서 화해하는 성격들이다. 우리 삶을 이끌어 가는 도들은 무수히 많다. 그리고 그 도들을 터득해 가는 것, 그리고 그 터득한 바를 기로써 실현해 가는 것이 삶의 의미이다. '道'는 삶의 의미의 어떤 궁극을 가리킨다고 하겠다.

세 개의 퉁소

퉁소는 속이 비어 있다. 겉으로 보면 긴 막대기처럼 보이지만 속은 비어 있어 대나무 죽(竹) 변을 써서 '뢰'(籟)이다. 속은 무(無)이고 그 무를 유(有)가 감싸고 있다. 그런데 속의 무와 겉의 유가 완전히 단절되어 있으면 소리가 나오지 않는다. 설사 물리적인 소리가 나온다 해도 음악으로서의 소리는 나오지 않는다. 퉁소에 구멍[竅]들이 나 있기 때문에 무와 유가 이어지며, 음악으로서의 소리가 성립한다. 음악은 단순한 물리적 '사운드'(sound)와 인간적 의미를 갖춘 '보이스'(voice)의 사이에 존재한다. 그것은 '사운드'이지만 동시에 어떤 '보이스'이다. 그래서 음악은 자연과 인간 사이에서 양자를 이어 준다. 인체에 나 있는 구멍들이 핵심적인 역할을 하듯이, 악기에 나 있는 구멍들도 핵심적인 역할을 한다. 구멍들은 유에 나 있는 작은 무들이지만, 가운데의 큰 무에 비해서는 유이다. 무이자 유인 이 구멍들이 무와 유를 이어 준다. 사람이 퉁소에 입을 대고 불면 소리가 나온다. 그러면 무와 유가 연결되면서 그 구멍들로부터 소리가 울려 퍼진다. 소리는 울림이다. 울림은 '氣'의 율동이다. 인체에서 나오는 숨이 퉁소로 하여금 소리를 나오게 해, 그 울림을 통해 기의 율동이 퍼져 나간다. 이것이 사람퉁소이다.

　　자연은 기의 구체화된 형상이다. 이 자연에도 구멍들이 뚫려 있다. 대지의 구멍에서 뿜어져 나오는 '기', 그것이 곧 바람이다. 그리스 사람들은 대지의 구멍이 동굴이며, 그래서 바람은 동굴에서 나온다고 생각했다. 장자는 깊은 산속의 거대하기 이를 데 없는 아름드리나무에서 바람이 나온다고 생각했다. 대지의 구멍들은 참으로 다양하다. 기/바람은 하나이지만, 그것이 불어 나오게 되는 구멍은 온갖 형태를 하고 있다. 그래서 그 구멍들에서 나오는 소리도 참으로 다양하다. 사람퉁소의 음악 소리가 '사운드'와 '보이스' 사이에 위치하듯이, 땅퉁소의 소리는 대지와 인정(人情) 사이에 위치한다. '기'라는 무와 문화라는 유 사이에서 울린다. 그래서 그 소리들은 그저 물리적인 무엇이 아니라 무섭기도 하고 즐겁기도 하며, 슬프기도 하고 기쁘기도 하며, 소란스럽기도 하고 차분하기도 하다. 땅퉁소의 온갖 소리, 대지의 음악은 대지와 인정 사이에서 울려 퍼진다. 그것은 대자연이 뿜어내는 기의 울림이며, 숱하게 다양한 물(物)들이 제각기 쏟아내는 기의 율동이다.

　　하늘퉁소는 무엇이고 그것이 내는 소리는 어떤 것일까? 하늘퉁소는 조물자/'도'이며, 그의 소리는 소리 없는 소리, 물리적 소리를 초월하는 존재론적 생성의 소리이다. 궁극의 하나인 도는 스스로 이지러짐으로써[虧] 다자와 운동성으로 화하며, 그 다자와 운동성에 내재하면서 그것들을 분화해 간다. 그로써 우주들이 탄생하고 소멸하며, 생명체들이 태어나고 죽고 다시 태어나며, 숱한 문명들과 문화들이 명멸한다. 도의 이지러짐이 내는 것은 소리 없는 소리이지만, 사물이 소리를 내려면 그 소리 없는 소리를, 도를 그 안에 품고 있어야 한다. 쇠나 돌이 도를 얻지 못하면 소리를 내지 못한다. 만물은 도를 얻음으로써 비로소 소리를 내게 되며, 그 소리를 통해서 도가 구체화된다. 물(物)들의 숱한 생성과 소멸은 바로 그 안에 도를 품음으로써 이루어지며, 소리 없는 소리를 내면서 펼쳐진다. 도의 생성과 그것이 내는 소리 없는 소리, 율동, 울림은 끝도 없이 펼쳐지는 존재론적 드라마이다.

2장 삶의 힘겨움, 앎의 어려움

「제물론」은 도입부의 이미지가 시사하듯이 세상을 가득 채우고 있는 숱한 사·물들과 이들이 그 근원과 맺는 관계, 만물과 조물주의 관계를 응시하면서, 인간과 대자연 그리고 하늘이라는 세 차원의 연관성을 사유해 나가는 이야기이다.

　이제 장자는 이 이야기를 삶의 길은 힘겹고 앎의 길은 머나먼, 인간의 실존이 처해 있는 원초적 현실에서 출발한다.

삶의 힘겨움

장자에게서 삶의 쓰라림은 그 누구보다도 강렬하게 나타난다. 이는 그가 전국 시대를 살았던 지식인이었다는 사실만으로는 설명되지 않는다. 맹자, 순자, 한비자 등 전국 시대의 다른 철학자들과는 다른 정조이다. 그 역시 붓다처럼 삶의 '苦'에 대해 강한 감수성을 가졌던 듯하다.

其寐也魂交 已覺也形開, 與接爲構 日以心鬪. 縵者 窖者 密者,
小恐惴惴 大恐縵縵.——其發若機栝 其司是非之謂也, 其留如詛
盟 其守勝之謂也, 其殺若秋冬 以言其日消也, 其溺之所爲之 不
可使復之也, 其厭也如緘 以言其老洫也, 近死之心 莫使復陽
也.——喜怒哀樂 慮嘆變慹 姚佚啓態, 樂出虛 蒸成菌, 日夜相代
乎前 而莫知其所萌. 已乎已乎. 旦暮得此其所由以生乎.

"非彼 無我, 非我 無所取", 是亦近矣, 而不知其所爲使. 若有眞宰
而特不得其眹 [朕], 可行已信 而不見其形. 有情 而無形.——百骸
九竅六臟 賅而存焉. 吾誰與爲親 汝皆說 [悅] 之乎. 其有私焉. 如
是皆有爲臣妾乎, 其臣妾不足以相治乎. 其遞相爲君臣乎,——其
有眞君存焉. 如求得其情與不得, 無益損乎其眞.

一受其成形 不亡以待盡. 與物相刃相靡 其行盡如馳, 而莫之能
止. 不亦悲乎. 終身役役 而不見其成功. 苶然疲役 而不知其所歸.
可不哀邪.——人謂之不死 奚益. 其形化其心與之然, 可不謂大哀
乎. 人之生也 固若是芒乎. 其我獨芒 而人亦有不芒者乎.(『齊物論
二』)

잠잘 때면 꿈들이 어지러이 얽히고 눈을 뜨면 온갖 것들이 몸에 부
딪쳐 오니, 그것들에 얽여 끌려가면서 나날이 마음속은 전쟁터가
된다. 갖가지 일에 시달리고, 고민은 깊어 가고, 온갖 인간들이 치대
니, 작게 놀라 깜짝 깜짝이요 크게 놀라 벌벌 떤다.——살아가기를
싸움질하듯이 하니 일을 말으면 꼬치꼬치 따지고, 고집이 센 것이
맹약과 같아서 단 한 발자국도 물러서려 하지 않으며, 쇠락해 가는

것이 말라 가는 잎사귀 같아 날마다 시들어 간다고 할밖에. 삶의 늪에 빠져 이리 허우적대니, 과연 빠져나올 수가 있겠는가. 꽉 막힌 것이 바늘로 꿰매 놓은 것 같으니, 나이가 들어갈수록 마음속에 욕심만 넘친다. 죽음을 목전에 두고서야 정신을 좀 차린들, 어찌 되돌릴 수가 있겠는가.——기쁨, 성남, 슬픔, 즐거움, 또 걱정, 후회, 변심, 집착, 그리고 또한 망동, 사치, 경솔, 교태, 이 모두가 빈 곳에서 소리가 나오고 습기에서 버섯이 자라 나오듯 하지만, 낮과 밤이 갈마들며 눈앞에 아른거려도 그 뿌리를 알 수가 없다.——그만둘지어다. 그만둘지어다. 이 짧은 인생에 이 모든 생겨남의 근원을 알려 하다니.

"외물(外物)이 없다면 나[我]는 없겠고, 내가 없다면 지각 또한 있을 수 없다"는 주장이 진실에 가까운 듯하나, 이렇게 살도록 하는 바를 알 수는 없다. 참된 주재자가 있는 듯도 하지만 딱히 그 참모습을 알 길이 없고, 그 주재함은 확실하지만 그 모습을 볼 수는 없다. 정(情)은 있되 형(形)은 없구나.——사람 몸에는 백 개의 뼈와 아홉 개의 구멍과 여섯 개의 장기가 갖추어져 있다. 나는 어느 것과 가까울 것인가, 그리고 너는 그 모두를 사랑할 것인가. 아니면 그 중 하나를 편애할 것인가. 모두를 사랑한다면, 그 모두를 신첩으로 할 것인가. 신첩들뿐이라면 서로가 서로를 다스리기에는 부족할 것인가. 아니면 서로 돌아가면서 군주가 되고 신첩이 될 수 있을까.——어딘가에 진정한 군주는 존재하리라. 하나 그 정(情)을 구해 얻을 수 있든 얻을 수 없든, 그 진(眞)을 더하거나 덜어낼 바는 없으리라.

한번 몸을 받으면, 죽지 않으려 해도 어차피 그 힘 소진되길 기다리는 것일 뿐. 한데도 세상만사와 치대면서 자기도 세상도 지쳐 가니,

그 꼴이 나도 말[馬]도 헐떡일 때까지 몰아쳐 가는 것과 같구나. 멈출 줄을 모르고 그토록 몰아대니, 그 또한 애달프지 아니한가. 평생 뼈 빠지게 일해 봤자 딱히 이루었다 할 것도 없고, 고달프게 일에 매달려 봤자 몸 누일 곳도 알지 못하느니. 참으로 슬프지 아니한가!──불사(不死)를 이야기하는 사람들도 있지만, 무슨 소용이 있으랴. 육신이 무너지면 정신 또한 무너지거늘, 참으로 슬프지 아니한가! 사람의 한평생이라는 게 참으로 암울하지 않은가. 나만 그런 걸까, 그렇지 않은 사람도 있은 걸까.(「제물론 2」)

앞에 나온 대목이 「제물론」 전체의 그림이라면, 지금 이 대목은 본격적인 논의의 서론이다. 전자가 이 편 전체의 존재론적 구도를 보여주는 이미지라면, 지금 이 대목은 이제 이하 전개되는 논의의 출발점, 문제의식을 제시해 주고 있다.

변양, 감응과 고(苦)

"잠잘 때면 꿈들이 어지러이 얽히고 눈을 뜨면 온갖 것들이 몸에 부딪쳐 오니, 그것들에 엮여 끌려가면서 나날이 마음속은 전쟁터가 된다"는 구절은 인생의 가장 원초적인 상황으로서 수동적인 변양(modifications)과 그에 맞물려 발생하는 감응(affections)에 대한 지적이다. 여기에서 변양이란 인간이 살아간다는 것은 무수한 사물들, 사람들, 사건들에 부대끼면서 계속 변화를 겪음을 말한다. 아침에 눈을 뜰 때부터 밤에 잠들 때까지 "온갖 것들이 몸에 부딪쳐" 온다. 삶에서 가장 기초적인 것이 바로 감각, 지각이다. 내가 의도해서 이들에 부딪쳐 가기도 하지만, 많은 경우 바깥에서 나에게 와서 부딪치는 것들이다. 심지어 잠을 잘 때조차도 꿈속에서 갖가지 이미지들이 내 마음에 부딪쳐 온다. 그것도 낮에서처럼 어떤 일정한 규칙성을 가지고서가 아니라 "어지러이 얽힌" 상태로 말이다. 장자는 우리 삶의 원초적인 상황이란 바로 온갖 것들이 우리에게 부딪쳐 와 우리가 '변양'되는 것임을 지적하고 있다. 삶이 이런 수동적 변양의 과정이라는 것은 부정할 수 없는 사실이다.

지각에 대한 장자의 이런 표현은 '현상'(現象)/'나타남'을 예찬하는 유교와, 그리고 현상을 꼼꼼히 분석한 불교와 대비된다.『주역』에 잘 나타나듯이, 유교 사상에서 현상은 찬양의 대상이며 성리학에서 볼 수 있듯이 자연/세계는 기본적으로 형이상학적 가치를 품고 있는 것이다. '마음'에 무게중심을 두는 불교는 현상에 이런 가치를 두지 않으며 그것을 주로 세세하게 분석하는 데 주력한다.『구사론』(俱舍論)의 치밀한 분석을 상기해 보자. 현상/나타남을 삶의 고뇌에 밀접하게 연관시킨 것은, 물론 불교에서도 나타나지만, 장자에게서 뚜렷이 나타나는 생각이라고 할 수 있다.

인생이란 힘겨운 것이다. 인간은 자신이 충분히 인식할 수 없는 어떤 인과관계의 영향에 따라서 그 운명의 부침을 겪는다. 역학의 개념으로 말해, 인간은 '봉변'(逢變)을 당하는 존재이다(사람들이 어리석게도 큰돈을 주고 점을 치는 것도 이 때문이 아니겠는가). 우리에게 부딪쳐 오는 것은 다양한 이미지이기만 한 것이 아니라 각종 형태의 사건들이기도 하다. 특히 우리가 삶에서 수동적으로 겪게 되는 사건들(질병, 폭력, 이별, 죽음…)은 우리에게 크고 작은 시련을 가져다준다.

인생이란 이런 사건들을 끝없이 겪어야 하는 과정이다. 그래서 우리는 "그것들에 엮여 끌려가면서 나날이 마음속은 전쟁터가 된다".

　　이러한 일들을 겪으면서 온갖 감정들이 밀물처럼 왔다가 썰물처럼 가버린다. 삶이 가져다주는 각종 변양들은 우리로 하여금 계속 바뀌는 감정들(affects)에 시달리게 만드는 것이다. 그래서 삶이란 그야말로 한 편의 희비극이다. "살아가기를 싸움질하듯이 하니 일을 맡으면 꼬치꼬치 따지고, 고집이 센 것이 맹약과 같아서 단 한 발자국도 물러서려 하지 않으며, 쇠락해 가는 것이 말라 가는 잎사귀 같아 날마다 시들어 간다고 할밖에." 이렇게 살다가 결국 맞이하게 되는 삶의 끝은 어떤 것인가. "삶의 늪에 빠져 이리 허우적대니, 과연 빠져나올 수가 있겠는가. 꽉 막힌 것이 바늘로 꿰매 놓은 것 같으니, 나이가 들어갈수록 마음속에 욕심만 넘친다. 죽음을 목전에 두고서야 정신을 좀 차린들, 어찌 되돌릴 수가 있겠는가."

　　살면서 우리는 계속 변양되며, 그 변양과 맞물려, 즉 감응해서 갖가지 감정들을 가지게 된다. 달리 말해, 심기(心氣)가 갖가지 감정들로 상태를 바꾸어 가면서 흘러간다. 하지만 이 모든 감정들의 뿌리를 알기는 힘들다. "기쁨, 성남, 슬픔, 즐거움, 또 걱정, 후회, 변심, 집착, 그리고 또한 망동, 사치, 경솔, 교태, 이 모두가 빈 곳에서 소리가 나오고 습기에서 버섯이 자라 나오듯 하지만, 낮과 밤이 갈마들며 눈앞에 아른거려도 그 뿌리를 알 수가 없다."

　　인간은 이런 감성의 변화를 겪으면서 살아야 한다. 그런데 이 감정들은 "빈 곳에서 소리가 나오고 습기에서 버섯이 자라 나오듯" 한다고 했다. "빈 곳에서 소리가 나오고"는 이 장의 모두에서 보았던,

땅퉁소에서 바람이 쏟아져 나오면서 온갖 소리가 나오는 것을 연상시킨다. 그리고 "습기에서 버섯이 자라 나오듯"은 마음의 좀 더 깊은 곳에서 자기도 모르게 생겨나는 어두운 감정들을 떠올리게 한다. 그리고 "낮과 밤이 갈마들며 눈앞에 아른거려도 그 뿌리를 알 수 없다"고 한 것은 바로 하늘퉁소에 대한 불가지(不可知)의 상황을 말하고 있다. 변양과 감정/정동(情動)으로 가득 찬 삶이 힘겹지만, 또한 그 자초지종을 알기 어렵다는 사실이 우리에게 고뇌를 가져온다.[1] 삶은 힘겹고 앎은 어렵다. 그래서 장자는 탄식한다. "그만둘지어다. 그만둘지어다. 이 짧은 인생에 이 모든 생겨남의 근원을 알려 하다니."

삶의 구조와 수수께끼

변양과 감응에 휩쓸려 살아가는 인생, 그럼에도 그 연유를 알 도리가 없다는 사실이 일으키는 좌절감과 고뇌, 이제 이런 현실에 대해 일정한 해답을 제시한 생각을 언급한다.

> 외물(外物)이 없다면 나[我]는 없겠고, 내가 없다면 지각 또한 있을 수 없다.

'彼'와 '我', 서양 철학 용어로 말하면 대상과 주체이다.[2] 그리고

---

1) 잡편 「즉양 9」(則陽九)에서는 주재자가 있다는 주장도, 없다는 주장도 언어를 사용한 논변이라는 한계를 가진다는 점을 논하고 있다. 도가 계열의 이런 생각은 훗날 선불교의 불립문자(不立文字)의 사상에 영향을 주었으리라 짐작된다.

2) '彼'를 성소에서는 '자연'(自然)으로 보고 이 구절을 "我則自然 自然則我"(내가 즉 자연이고,

'取'는 인식 주체가 외물을 지각하는 것, 넓게 번역하면 인식하는 것이다. '彼'와 '我'가, 대상과 주체가 서로 상보적이라는 것, 서로 맞물려 있어 상호적으로 상대방을 존재하게 한다는 생각이다. 장자는 이 생각이 우선은 진실에 가까운 듯하다고 긍정하고, 논의의 출발점으로 삼고 있다. 다시 말해 변양, 감응으로 가득 차 있는 우리 삶을 이해할 수 있도록 해주는 철학적 구도로 일단은 받아들이는 것이다.[3]

그렇지만 "이렇게 살도록 하는 바를 알 수는 없다". "非彼 無我, 非我 無所取"의 구도를 받아들인다 해도, 도대체 왜 내가 있고 대상이 있으며, 왜 나와 대상이 이런 식의 관계를 맺고 있는지, 이 자체는 알 길이 없다는 것이다. 대상과 주체에 관련된 인식론적 구도의 제시만으로는 근본적인 형이상학적 물음에 답할 수가 없다는 것이다.

"참된 주재자가 있는 듯도 하지만, 딱히 그 참모습을 알 길이 없다." 이런 형이상학적 궁금증에 대한 가장 오래되고 단순한 대답이 신, 하늘, 절대자 등을 동원하는 것이다. "若有眞宰"(참된 주재자가 있는 듯도 하지만)에서의 '재'(宰)는 주재자이다. 장자는 주재자의 존재를 가능성으로서만 긍정하고 있다. 하나 그 '구체적인 형상(形狀)'을

자연이 곧 나이다)라 풀었다. 여기에서는 이런 형이상학적 맥락보다는 인식론적 맥락에서 보는 것이 좋다고 본다. 왕부지는 '外物', 즉 '대상'으로 보았는데 이 해석을 따랐다.(王夫之, 『莊子解』, 船山수書, 嶽麓書社)

3) 어떤 주석서들에는 지금의 이 구절이 뒤(「제물론 4」에서의 '도추'론)에 나오는 '피시방생지설'(彼是方生之說)과 같은 것으로 보고 있다. 그러나 두 맥락은 다르다. 여기에서는 외물과 내가 상보성을 이루는 삶의 구조를 말하는 것이고, 피시방생지설은 두 항(두 의견 등등)이 서로 상대성을 이루면서 스스로를 주장하고 있는 경우를 말한다.

볼 도리가 없다.[4]

『도덕경』21장에서 "道之爲物 惟恍惟惚"(도라는 것이 있는 듯 없고 없는 듯 있으니)이라 했듯이,[5] 장자는 "有情而無形"이라 한다. 세계의 오묘한 운행은 주재자의 존재를 암시하지만, 그 모습을 볼 수는 없다. 주재자의 존재의 가능성과 그에 대한 인식의 불가능성을 함께 토로하고 있다.

이어지는 구절 "사람 몸에는 백 개의 뼈와 아홉 개의 구멍과 여섯 개의 장기가 갖추어져 있다"[6]에서는 주재자와 현실의 만물 사이의 관계는 도대체 무엇일까가 논의된다. 쉽게 알 수 없기에, 장자는 논변을 전개하기보다 가능성들만을 열거하고 있다. 이 대목은 아름드리나무와 숱한 형태들 및 소리들에 대한 이야기와 연계시켜 읽을 수 있다. 하나와 여럿의 문제, 전체와 부분의 문제, 주재자와 사물들의 관계에 대해 여러 가능한 경우들을 제시한 것이다.

인생의 말로

"한번 몸을 받으면, … 참으로 슬프지 아니한가!"라는 구절에서 삶의

---

4) "而特不得其眹[朕]"(딱히 그 참모습을 알 길이 없고)에서 짐(眹)을 'symptom'으로, 해석학적으로 볼 수도 있겠지만, 그렇게 할 경우 그 징후조차도 알 수 없다는 의미가 되므로, 장자가 완전히 불가지론자가 되어버린다. 『장자』 전체가 道의 알기 어려움을 계속 토로하면서도 끊임없이 道를 논하고 있다는 사실을 감안하면, '구체적인 형상(形狀)'으로 보는 편이 좋을 것이다.

5) 『도덕경』은 다음에서 인용한다. 王弼, 『王弼集校釋』, 樓宇烈 校釋, 華正書局, 民國八十一年 (1992). 이하 서명(書名) 없이 명기된 장(章)의 수는 모두 『도덕경』의 장의 수를 가리킨다.

6) 신장이 두 개이기 때문에 오장이 아니라 육장으로 한 것으로 짐작된다. 백해, 구규, 육장을 앞에서 논했던 구멍들의 모양에 연결해 볼 수 있다.

힘겨움과 앎의 어려움에 대한 비탄조가 절정에 치닫고 있다.

"一受其成形"에서의 "受"는 곧 진재로부터 받는다는 뜻을 담고 있다. 성형(成形)은 뒤에 나오는 성심(成心)과 대구를 이룬다. 성형과 성심은 우리가 주재자로부터, 하늘로부터 받은 것이기에, 우리의 의지와 관계없이 바로 이렇게 생긴 몸과 마음이다.

만물은 진재에게 몸을 받고, 또 진재의 주재에 따라서 몸이 거두어진다. 삶과 죽음은 주어진 운명이다. 삶이란 이렇게 유한한 것인데도, 사람들이 외물에 집착하며 살아가는 꼴은 어떤가. "知足不辱 知止不殆 可以長久"(만족할 줄 알면 욕되지 않고, 그칠 줄 알면 위태롭지 않으니, 그로써 오래갈 수 있으리라, 44장)라 했지만, 이를 모르고서 외물에 끝없이 집착하는 것은 "자기도 말[馬]도 헐떡일 때까지 몰아쳐 가는 것"과 같다. 그 끝은 어떤 모습일까? 바로 이런 모습이다. "평생 뼈 빠지게 일해 봤자 딱히 이루었다 할 것도 없고, 고달프게 일에 매달려 봤자 몸 누일 곳도 알지 못하느니. 참으로 슬프지 아니한가!"

"불사를 이야기하는 사람들"도 있다. 이들은 누구일까? '노자'라는 이름과 연계되는 사유는 여러 얼굴을 가지고 있다. 언급했듯이 우선 장자의 사유가 있고, 종교로서 도교가 있고, 한의학적인 맥락, 정치적인 맥락(예컨대 법가에 의한 『노자』의 개작), 한(漢) 초에 큰 역할을 했던 황로지학, 『도덕경』을 편집한 왕필의 현학 등이 있다. 이런 갈래들 중 노자의 사유를 일종의 '술'(術)로서, '도술'로서 발전시켜 나간 인물들이 있다. 양주(楊朱)의 사상이 이러한 흐름의 원형으로 간주되며, 『열자』(列子)의 사상은 후에 『포박자』(抱朴子)로 이어진다. "불사를 이야기하는 사람들"은 이 계통의 인물들을 가리키는 것으로 보인다. 장자에게서도 이 계통의 사상을 여러 군데에서 발견할 수 있고, 특히 「양생주」는 이 주제를 다룬다. 하지만 지금 이 구절에서 볼 수 있듯이 그는 즉물적인 술수들을 부질없는 것으로 보았다. 장자가 불사에 대해 회의적인 이유는 육신이 무너지면 정신 또한 무너진다고 보았기 때문이다. 그는 육신은 무너져도 정신은 무너지지 않는다는 식의 생각은 가지고 있지 않았다.

앎의 어려움

장자에게 삶은 고해(苦海)이다. 삶의 이런 힘겨움에서 해방되기 위해서는, 인간에게 다행히도 주어진 긍정적인 능력에 의존하는 수밖에 없다. 이 능력으로서 철학자들이 들곤 했던 것들, 예컨대 동북아에서의 '인의예지'(仁義禮智)라든가, 플라톤이 말한 사주덕(정의, 지혜, 절제, 용기) 등이 있다. 가장 본질적인 것으로서 늘 포함되곤 해온 것은 아마 '지혜'와 '사랑'일 것이다. 인생은 고(苦)이다. 그러나 우리에게는 지혜와 사랑이 있다.

이제 장자는 삶의 힘겨움을 논한 후에, 앎으로 시선을 돌린다. 삶의 질곡을 헤쳐 나갈 수 있는 실마리가 앎이기 때문이다. 그러나 앎에 있어서도 역시 장자는 우선 조심스럽게 나아가 비관적으로 느껴질 정도의 신중함을 가지고서 논한다. 장자의 사유는 '도그마'와 가장 거리가 먼 사유들 중 하나이다.

夫隨其成心而師之 誰獨且無師乎. 奚必知代而心自取者有之. 愚

者與有焉. 未成乎心而有是非 是"今日適越而昔至"也. 是以無有
爲有, 無有爲有 雖有神禹且不能知, 吾獨且奈何哉.

夫言非吹也 言者有言. 其所言者特未定也 果有言邪, 其未嘗有
言邪. 其以爲異於鷇音 亦有辯[辨]乎, 其無辯[辨]乎.

道惡乎[於何]隱而有眞僞 言惡乎[於何]隱而有是非. 道惡乎
[於何]往而不存 言惡乎[於何]存而不可. 道隱於小成 言隱於榮
華.──故有儒墨之是非, 以是其所非 以非其所是. 欲是其所非 而
非其所是, 則莫若以明.(『齊物論三』)

무릇 주어진 성심(成心)을 스승으로 삼는다면, 누구에겐들 스승이
없겠는가. 어찌 꼭 변화의 이치를 깨달아 마음 스스로 인식하는 존
재에게만 인식이 가능하다 할 것인가? 어리석은 자들에게조차도
성심은 있다. 성심을 갖추지 못하고서 시비를 논한다면, 바로 "오늘
월나라로 출발해 어제 도착했다" 같은 식이 아니겠는가. 이는 없는
[있을 수 없는] 일을 있다 하는 것이니, 없는 것을 있다고 한다면 저
신묘(神妙)했던 우(禹) 임금조차도 알 도리가 없을 터인데, 난들 홀
로 어찌할 도리가 있겠는가!

사람의 말은 단순한 소리[吹][7]와는 다르다. 말에는 반드시 말해지
는 바[뜻]가 있기 때문이다. 그 말해지는 바가 딱히 정해져 있지 않

---

7) 취(吹)를 앞에서 나온 퉁소 소리로 볼 수도 있지만(『석문』) 적절치 않다. 앞에서의 퉁소 소리
  는 메타적인 차원에서 기(氣)에서 나오는 모든 것들을 가리키고 있기에, 좁은 의미에서의
  'sound'를 뜻하는 것이 아니기 때문이다.

다면, 과연 말이라 할 수 있겠는가? 말했지만 말했다고 할 수가 없는 것이다. 설사 말이 병아리의 울음소리와는 다르다 해도, [뜻이 없다면] 조리 있는 말이 가능할까 가능하지 않을까?

도는 어디에 있기에 그것을 두고서 진과 위가 다투고, 말[言]은 어디에 있기에 그것을 두고서 시와 비가 갈리는가. 도는 어디로 갔기에 부재하며, 참된 말은 어디에 있기에 거짓된 말들만 난무하는가. 도는 작은 성취들에 가려 숨어버렸고, 참된 말은 화려한 외양에 가려 숨어버렸다.——하여 유가와 묵가의 시비 다툼이 있게 되었고, 상대 학파가 그르다 하면 옳다 하고 옳다 하면 그르다 한다. 아니라고 하면 그렇다고 하고 그렇다고 하면 아니라고 하려 하니, 오로지 밝음으로써[以明] 사유할 수밖에 없으리라.(「제물론 3」)

'성심'(成心)에서 출발하라

여기에서 '성심'(成心)은 앞에 나온 '성형'(成形)과 짝을 이룬다. '성심'이란 우리에게 보편적으로 주어진 마음이다. 이 '성심'의 의미를 긍정적인 뉘앙스로 보는 해석과 부정적인 뉘앙스로 보는 해석이 맞선다.

사실 두 입장 모두 성립한다. 성심이란 'bon sens'(양식) 또는 'sens commun'(상식)에 해당한다. 인간이 인간으로 태어난 이상 기본적으로 가지고 있는 것이 양식과 상식이다. 둘을 합해서 'doxa'(통념)라 할 수 있다. 성심 개념은 양식과 상식, 이에 못 미치는 것에 관련해서는 긍정적 뉘앙스를 띠지만, 이 둘을 넘어서는 'para-doxa'와 'non-sens'에 관련해서는 부정적인 뉘앙스를 띤다.

"夫隨其成心而師之 誰獨且無師乎"(무릇 주어진 성심을 스승으로 삼는다면, 누구에겐들 스승이 없겠는가)에서의 '師'는 구체적인 의미의 선생이 아니라, 우리로 하여금 세상을 알게 하고 인식을 이끌어 주는 힘이라는 뉘앙스를 띤다. 각자에게 주어진 성심을 말한다. 우리에게 주어진 양식과 상식을 스승으로 삼아 인식해 나간다면 누구에겐들 스승이 없겠는가. 낮과 밤이 갈마들고, 더위와 추위가 갈마들고, 빛과 어둠이 갈마든다. "知代"는 갈마듦의 뿌리를 안다는 것을 뜻한다. 그리고 이렇게 아는 사람은 자신의 마음으로 스스로 만물의 변화를 지각한다. "知代而心自取者"란 곧 만물 변화의 이치를 스스로의 마음으로 터득하는 사람을 뜻한다.[8] 그러나 꼭 이런 사람에게만 성심이 있는 것은 아니다. "어리석은 자들에게조차도 성심은 있다." 데카르트의 말처럼 양식(과 상식)은 모든 사람들이 보편적으로 갖추고 있는 것이다. 이런 연유로 인식의 실마리로서 기대야 할 것은 우선 성심인 것이다. 상식과 양식을 무시한다면 명가에서 나타나는 것과 같은 궤변에 빠질 수밖에 없다.

장자가 여기에서 들고 있는 궤변은 "오늘 월나라로 출발해 어제 도착했다" 같은 궤변이다. 이는 "없는 것을 있다고 하는 것", 즉 있을 수 없는 일을 있다고 하는 것이다. 장자는 이렇게 성심을 벗어난 이야기는 거부한다.

장자는 이런 궤변에는 '의미'가 없다고 본다. 말에는 의미가 있

---

8) 이때의 '取'는 앞에 나온 "非彼 無我, 非我 無所取"에서의 '取'와 같다.

어야 한다.[9] "사람의 말은 단순한 소리와는 다르다"고 함으로써 장자는 '보이스'와 '사운드'의 차이를 지적하고 있다. 일반적인 소리와 목소리에 물리적 차이는 없다. 핵심은 목소리에는 의미가 깃들어 있다는 점이다. 그리고 이는 목소리가 어떤 물리 현상이 아니라 정신적 차원을 표현하고 있음을 함축한다. 스토아학파가 '의미' 개념을 해명한 것과 비교된다. 그래서 핵심은 의미의 유무에 있다. 장자는 "설사 말이 병아리의 울음소리와는 다르다 해도, [뜻이 없다면] 조리 있는 말이 가능할까 가능하지 않을까?"라고 물음으로써 이 점을 분명히 하고 있다.

'성심'을 넘어서

하지만 그 성심을 가지고 인식을 추구한다 해도 '道'를 알기는 어렵다. 이어지는 대목은 성심 이하를 비판한 위의 논지와 반대 방향으로 이제 성심 이상을 강조한다. 장자에게는 인식론적으로 날카로운 비판의식과 형이상학적으로 도에 가까이 가려는 이중적 경향이 공존한다. '성심' 개념이 양면적으로 사용되는 것도 이런 맥락에서 이해할 수 있다. 앞의 논의가 성심을 통해 궤변을 비판철학적으로 물리치는 대목이라면, 이제 이 대목은 성심을 넘어서야만 접근할 수 있는 '도'의 차원을 이야기한다.

"道惡乎隱而有眞僞 言惡乎隱而有是非"(도는 어디에 있기에 그

---

9) "言者有言"(말에는 반드시 말해지는 바[뜻]가 있기 때문이다)에서 앞의 '言'은 기표(뭔가를 의미하는 것)이고 뒤의 '言'은 기의(의미되는 것)를 말한다.

것을 두고서 진과 위가 다투고, 말은 어디에 있기에 그것을 두고서 시와 비가 갈리는가)에서, '도'는 존재론적 개념이기 때문에 '진위'를 썼고, '말'은 인식론적 개념이기 때문에 '시비'를 썼다. 이 구절은 "道可道 非常道, 名可名 非常名"과 통한다. '道'와 '참된 말'을 알기 힘들기 때문에, 제자백가로 불리는 당대의 숱한 인물들, 학파들이 논쟁을 벌이고 있음을 지적하고 있다. 이 역시 「제물론」의 핵심 주제인 하나와 여럿, 절대성과 상대성의 문제에 연계시켜 읽을 수 있다. 게다가 장자가 활동하던 시대는 '학파'의 개념이 뚜렷해지면서, 진리의 탐구와 학파의 존속 및 확장이라는 두 측면이 어지러이 뒤섞이던 시대이다. 진리를 얻기 위해서 학파를 구축하는 것인지, 학파를 구축하기 위해서 진리를 내세우는지가 헷갈리는 시대였다. 직하학궁(稷下學宮)으로 대변되는 당대의 드러난 학계로부터 떨어져 있던 장자의 눈에 비친 당대 담론공간의 모습이라 하겠다.

그래서 장자는 "도는 어디로 갔기에 부재하며, 참된 말은 어디에 있기에 거짓된 말들만 난무하는가"라고 개탄한다. 플라톤의 경우에도 그렇듯이, 여기에서도 '道'와 '言' 앞에도 '참된'이라는 말을 넣어서 이해해야 한다. "道隱於小成 言隱於榮華"(도는 작은 성취들에 가려 숨어버렸고, 참된 말은 화려한 외양에 가려 숨어버렸다)에서의 '소성'(小成)은 정치적인 업적이라는 뉘앙스를 띤 개념으로 이해할 수 있다. 장자가 살던 시대는 잃어버린 길을 찾던 시대, 어디로 가야 할지를 애타게 찾아 헤매던 시대였다. 그런데 '소성' 즉, 정치적 맥락에서 말하는 작은 성공을 가지고 길을 찾다 보니 길이 숨어버린 것이다. 또 참된 말도 숨어버렸는데, 이는 '영화' 때문이다. 성소에서 이를

"謂浮辨之辭 華美之言也"라 풀이했다. 근거 없이 구름에 뜬 것 같은 이야기, 화려하게 겉으로 꾸민 말이 참된 말을 숨어버리게 만든 것이다. '교언'(巧言)만이 판을 쳤던 것이다. 장자는 '언어적 전회'의 시대에 오히려 참된 말이 부재함을 읽어낸 것이다.

그런 담론공간에서 장자는 특히 유가와 묵가가 사상계를 두드러지게 양분했다고 본 것 같다. 명가와 법가도 있지만, 아마 비교적 공개적인 논쟁을 전개한 것이 이 학파들이었기 때문이었을 것이다. 장자 시대의 유가는 이미 자사(子思)를 거치면서 본래의 공자 사상으로부터 어느 정도 멀어진 형태를 취하고 있었다. 어떤 면에서 본다면 원래 의미에서의 '儒', 공자가 소인유(小人儒)라고 불렀던 형태의 유로 다시 되돌아갔다고도 할 수 있다. '의례'(儀禮)를 전공으로 하는 전문가 집단의 성격을 띠었던 것이다. 보다 활기찬 운동을 전개한 것은 묵가였는데, 묵가가 유가에 관련해서 특히 반대한 것은 사치스러운 장례와 음악에의 경도였다. 소박한 삶을 강조했던 묵가에게 형식적 원칙을 고수하면서 장례와 음악에 큰 비용을 소비하는 유가는 잘못된 길을 가는 집단으로 보였을 것이다. 전국 시대는 여러 갈래의 사상적 논쟁들이 펼쳐졌는데, 유가와 묵가의 논쟁은 그 중요한 한 갈래였다. 장자는 이런 '是'와 '非'는 그것들의 공통적 기반을 읽지 못한 데에서 일어난 것으로 본 것이다.

밝음으로써 [以明]

이렇게 삶과 앎에 대한 비관적인 전망을 펼친 장자는 이제 이런 상황으로부터 탈주해 갈 수 있는 실마리로서 '以明'을 제시한다. '이명'은 실질적 내용을 담고 있는 개념이 아니라 장자 사유의 정향, 기본적인 방향성을 가리키는 개념이다. 여기에서 '밝음'이란 무엇을 뜻할까?

우리는 이 '이명'을 파라-독사의 사유로써 풀어낼 수 있다. 『도덕경』 14장에서 다음 구절을 볼 수 있다.

視之不見名曰夷, 聽之不聞名曰希, 搏之不得名曰微.

보아도 보이지 않는 것을 아스라하다고 하고, 들어도 들리지 않는 것을 아마득하다고 하고, 잡아도 잡히지 않는 것을 아리송하다고 한다.

이처럼 아스라하고 아마득하고 아리송한 것이 '현'(玄)이다. 이 '玄'은 '道' 또는 '道'의 근본 성격을 가리킨다. 왕필은 그의 『노자도덕경주』(老子道德經注)에서 이 구절을 다음과 같이 푼다.

無狀無象 無聲無響 故能無所不通 無所不往. 不得而知 更以我耳目體不知爲名 故不可致詰 混而爲一也.

모양도 없고 형태도 없고, 소리도 없고 울림도 없으니, 하여 통하지 못하는 바가 없고 오가지 못하는 바가 없다. 무엇인지 알 수가 없고, 나의 귀, 눈, 몸으로써는 이름 지을 수가 없다. 하여 따져 알 수가 없고, 혼연하여 하나를 이룬다.

'道'에 관련해 두 가지 핵심적인 내용을 말하고 있다. 1) 도에는 감각으로 다가갈 수 없다. 즉, 도는 우리가 감각으로 확인할 수 있는 현실성(actuality)이 아니다. 2) 도는 분절된 것이 아니기에 이름 붙일 수가 없고(무엇인가를 지시하면서 그것에 이름을 붙이려면, 그것이 개별화되어 있어야 한다), 근원적인 하나라고 할 수밖에 없다.

도의 본성이 이렇게 어두운[玄] 것이라면, 왜 도의 추구를 "밝음으로써" 행해야 한다는 것일까? 이는 묘한 구절이다. 장자가 말하는 것은 도의 본성은 어두운 것이지만, 그것을 추구하는 방식은 "밝음으로써" 해야 한다는 것으로 이해할 수 있다. 간단한 예를 들고 나서, 개념적으로 설명해 보자.

$x^2-1=0$이라는 문제에 $x > 0$이라는 조건이 붙으면 해는 1이고, $x < 0$이라는 조건이 붙으면 -1이 된다. 이 수학적 문제와 해(解)들을 우리 삶의 은유로 생각해 보자. 우리는 바로 이런 현실을 살아가고 있다. 이 세계(this world)가 어떤 문제의 한 해라고 생각해 보면 어떨까? 이 세계를 어떤 문제에 대한 한 'doxa'라고 할 수 있다. 우리는 주어진 문제의 어떤 한 해를 살아간다. 그래서 이 하나의 해/독사 내에서는 문제인 전체, 즉 '파라-독사'를 볼 수가 없다. 이 세계가 도의 얼굴들 중 하나라면, 우리는 도 자체를 볼 수가 없는 것이다. 그럼에도 우리는 해로부터 문제로 거슬러 올라가 도를 사유해 볼 수 있고, 도에 더 가까이 가려고 노력할 수 있다. 노자와 장자의 사유는 바로 이런 파라-독사의 사유이다.

노장의 파라-독사는 제논의 역설이나 칸트의 이율배반, 플라톤/헤겔의 변증법과 다른 구조를 가진다.

제논과 칸트의 경우는 이율배반이다. 흔히 '제논의 역설'이라고 하지만, 이 경우의 파라-독사는 이율배반이다. 역설은 기본적으로 순환적이다. "나는 거짓말한다"는 역설의 원형을 보여준다. 그가 참을 말하고 있다면 거짓말을 하고 있는 것이고 거짓말을 하고 있다면 참을 말하고 있는 것이며, 역설은 이렇게 순환적 성격을 띤다. 그러나 제논과 칸트의 이율배반은 두 상반된 '독사'가 해결되지 않은 채 어디까지나 계속 평행을 달린다.[10] 장자의 파라-독사의 사유는 이율배반보다는 역설에 더 가깝다.

　　플라톤, 헤겔 등의 변증법은 상반된 양자를 서로 부딪치게 만듦으로써(플라톤은 지그재그형으로, 헤겔은 나선형으로) 'dialegesthai'의 과정을 만들어낸다. 상반되는 독사가 그저 평행을 달리는 것이 아니라, 양자가 주거니 받거니 하면서 어떤 결론으로 나아가는 것이다. 플라톤의 경우는 그 과정이 간단치가 않고 또 끝내 결론에 도달하지 못하기도 하지만, 헤겔의 경우는 보다 강한 형태의 목적론을 띤다. 바슐라르, 메를로-퐁티 등 현대의 어떤 철학자들은 헤겔의 이 구도에서 지나친 목적론적 방향성이나 형이상학적 일원성('절대자')을 제거하고, 보다 열린 과정으로서의 변증법을 사유하기도 했다. 그러나 어떤 형태로든 변증법은 부정의 운동을 통해 전체적으로 어떤 방향성으로 나아가는 구도를 함축한다.

---

10) 제논의 경우는 역설로 볼 수도 있다. 감각으로 확인되는 결과와 논증으로 증명되는 결과가 이율배반을 이룬다고 할 수 있지만, 감각적 확인에서 이성적 논증으로 가게 되고 다시 후자에서 전자로 가게 되는 순환적 구조에 초점을 맞추면 역설로 볼 수도 있다. 그러나 일차적으로는 이율배반으로 보아야 한다.

이에 비해 노장의 '파라-독사'는 상반되는 것들이 그것들보다 더 '큰' 차원, 즉 도의 부분적 측면들일 뿐이라고 생각한다. 독사들은 그것들을 포용하는 파라-독사=문제의 상이한 해들인 것이다. 그래서 노장의 사유는 파라-독사의 형태를 취한다.

有無相生 難易相成 長短相較 高下相傾 音聲相和 前後相隨.

있음과 없음은 서로를 낳으며, 어려움과 쉬움은 서로를 이루어 주며, 길과 짧음은 서로를 모양 지어 주고, 높음과 낮음은 서로를 채워 주며, 겹소리와 홀소리는 서로를 보듬고, 앞과 뒤는 서로를 따른다.(2장)

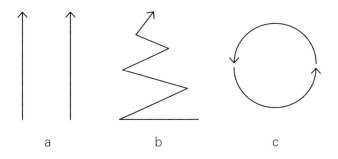

그림 1 a. 제논, 칸트의 이율배반 b. 플라톤, 헤겔의 변증법 c. 노자, 장자의 파라-독사

파라-독사의 사유 또는 농-상스의 사유[11]는 1 또는 -1의 어느 한 해를 절대적이라고 생각하지 않는다. 오히려 이 양자가 $x^2-1=0$이라는 문제의 두 해임을 깨닫는다. 어느 한 해만을 고집할 때 밝지 못하게 된다. "밝음으로써" 사유한다는 것은 곧 이런 장막을 걷어내고, 그러한 해들을 보듬는 도의 차원에서 사유함을 뜻한다. 물론 우리는 세계를 초월해 도를 내려다볼 수 없다. 그리고 우리가 살아가는 현실은 어떤 특정한 해/현실성이기에, 우리는 결국 이곳에서 출발해 사유할 수밖에 없다. 이런 제약과 더불어 도의 사유를 추구해 나가는 것, 파라-독사/농-상스의 사유를 추구해 나가는 것이 곧 "밝음으로써" 사유하는 것이다.

---

11) 다음을 보라. 이정우, 『사건의 철학』, 그린비, 1999/2011.

3장 파라-독사의 사유

이제 장자는 파라-독사의 사유를 본격적으로 전개한다. 우리는 지금 장자라는 산맥의 가장 높은 봉우리 앞에 서 있다.

도의 지도리 [道樞]

> 物無非彼 物無非是. 自彼則不見 自知則知之. 故曰, "彼出於是
> 是亦因彼." 彼是方生之說也. 雖然 方生方死 方死方生 方可方不
> 可 方不可方可 因是因非 因非因是. ──是以聖人不由 而照之于
> 天. 亦因是也. 是亦彼也 彼亦是也. 彼亦一是非 此亦一是非. 果
> 且有彼是乎哉 果且無彼是乎哉. ──彼是莫得其偶 謂之道樞. 樞
> 始得其環中 以應無窮. 是亦一無窮 非亦一無窮也. 故曰 莫若以
> 明. (「齊物論四」)

세상에 상대[彼]가 아닌 것이 없고, 자기[是]가 아닌 것이 없다. 상대를 상대로서만 주목해서는 [자기 자신도 상대에게는 상대라는 것을] 볼 수가 없고, [상대성을] 분명히 인식했을 때에라야 이를 알 수 있다. 하여 이르기를 "상대는 자기로부터 나오고, 자기 역시 상대에게서 기인한다"고 했다. 이것이 곧 상대-자기 상대성의 학설이다. 하나 이런 생각은 결국 상대와 자기가 상대적으로 생(生)하고 사(死)하고, 상대적으로 가(可)하고 불가(不可)하며, 상대적으로 옳고 그르다는 생각에 그친다.──그래서 성인은 이런 생각에 빠지지 않고, 그것을 하늘에 비추어 보는 것이다. 이는 상대성을 초월한 차원이다. 이 차원에서는 자기가 상대이고 상대가 자기일 뿐이며, 상대도 시비가 하나가 된 차원이고 자기도 시비가 하나가 된 차원인 것이다. 이 차원에서 과연 시비가 여전히 구분되겠는가──상대와 자기가 분리되어 서로를 대(對)하지 않는 경우를 일컬어 '도의 지도리'[道樞]라고 부른다. 지도리가 그 환중(環中)을 얻을 시면, 그 무엇엔들 응하지 못하리오. 시(是)와 비(非)가 공히 무궁(無窮)에 들어설 수 있으니. 그래서 밝음으로써[以明] 사유할 수밖에 없다고 한 것이다.(「제물론 4」)

장자는 우선 명가의 '피시방생지설'(彼是方生之說), 상대와 자기를 상대적으로 파악하는 학설을 언급한다.[1] 여기서의 가치는 상대성이다. 나는 오로지 나이고 남은 오로지 남이라는 일방향적이고 자

---

1) 여기에서 '상대성'은 각자가 자기 입장에서 상대를 본다는 맥락이다. '피시방생지설'에서의 '方'은 '상대방'이라 할 때의 '方'이며, '~편', '~쪽'이라는 뜻에서의 '方'이다.

기중심적인 생각으로는 자기 자신도 사실 남에게는 상대일 뿐이라는 진리를 볼 수 없게 된다.

　절대성과 상대성은 지중해세계에서 나온 철학들과 동북아세계에서 나온 철학들을 대별해 주는 중요한 변별점 중 하나이다. 소피스트들을 비롯한 예외들이 있지만, 지중해세계 철학들은 끝없이 아르케, 절대자, 아르키메데스의 점을 추구해 갔다. 반면 동북아세계의 철학들은 기본적으로 상대성을 정직하게 응시하려는 철학이다. 상대적이고 순환적인 성격을 띠고 있다. 그러나 장자는 오히려 이런 생각을 비판하고 상대성을 넘어서려고 한다. 이 장의 도입부에서 언급했듯이, 「제물론」의 핵심적인 주제는 하나와 여럿, 절대성과 상대성, 즉 도와 만물이다. 장자는 만물의 상대성을 강조하면서도, 궁극적으로는 도에 비추어 보아야만 그 상대성의 진정한 의미가 보인다는 생각을 개진한다. '독사'들의 상대성을 강조하면서도, 그것들을 보듬는 '파라-독사'에로 나아가는 사유이다. 지금 맥락도 이 큰 틀에서 읽을 수 있다.

　이런 맥락에서 장자는 명가적인 상대주의를 비판하고 있다. 이런 상대주의를 넘어서기 위해 성인은 그것을 "하늘에 비추어" 봄으로써 '상대성을 초월한 차원'을 찾는다. 성인은 도에 비추어 상대주의를 극복한다고 할 수 있다. 이렇게 하늘/도에 비추어 상대성을 초월한 차원은 어떤 차원인가? 바로 "자기가 상대이고 상대가 자기일 뿐이며, 상대도 시비가 하나가 된 차원이고 자기도 시비가 하나가 된 차원"이다.

　장자가 추구하는 경지는 현실성의 차원에서는 불가능하다. 현실세계에서는 모두가 상대적인 개별자들이기에. 현실에서는 다양한 사물들(코 같고, 입 같고, 귀 같고…)과 다양한 사건들(폭포수처럼 쏟아지는 소리, 날아가는 화살처럼 날카로운 소리, 꾸짖듯이 무서운 소리…)이 살아가는 다양성의 세계이다. 내가 네가 되고 네가 내가 되는 것은 하늘/도의 차원에서만 가능하다.[2] 이 차원에서라야 시비가 구분되지 않는다.

핵심은 "하늘에 비추어 … 상대성을 초월한 차원"에 도달하는 것이다. 하늘/도는 '彼'와 '是'로 나뉘기 이전의 차원이다.(그림 1-c) 하지만 우리는 흔히 반원 중 어느 하나에 자신을 놓기 때문에 시비가 끊이지 않는 것이다.[3] 갖가지 사물들과 사건들로 나뉘기 이전의 道의 차원이 '하늘'이고, 이 하늘이 갖가지 상대성들로 나뉘는 소리가 곧 하늘통소 소리이다. 또한 상대성을 초월한 차원에서는 彼와 是의 구분을 넘어서 오직 是(彼와 상대하는 是가 아니라 상대성을 넘어선 차원으로서의 是)만이 있다.[4] 이 차원은 시와 비가 도 안에서 '이접적

---

2) 이것은 영희가 철수가 되고, 뽀삐가 멍멍이가 된다는 것을 뜻하지 않는다. 이런 되기는 오로지 상상에서만 가능하다. 여기에서 내가 네가 되고 네가 내가 된다는 것은 도 안에서는 모든 차별성이 사라짐으로써 모든 것이 하나로 화한다는 뜻이다. 특정 개별자들이 서로 타자가 되는 것이 아니라 도 안에서 서로의 타자성이 소멸된다는 뜻이다.

3) 그림 1-c는 가장 기초적인 모델로서 그린 것이기에, 두 개의 반원으로 되어 있고 대수학적으로는 "$x^2-1=0$"으로 비유되었다. 그러나 물론 실제로는 우리가 그림으로 그릴 수 없고 어마어마한 고차방정식에 비유할 수밖에 없는, 무수한 상대성들의 입체적인 전체이다.

4) 후쿠나가 미츠지는 이 존재를 '절대자'라고 해석한다.(『장자 내편』, 정우봉·박상영 옮김, 문진, 2020) '절대자'라는 개념은 독일 이념론의 개념이고, 장자 사유와는 구도가 다르기 때문에 조심스럽게 이해해야 할 것이다.

종합'을 이룬 경지인 것이다.[5]

상대와 자기가 분리되어 서로를 대(對)하지 않는 경우를 일컬어 '도의 지도리' [道樞]라고 부른다. 지도리가 그 환중(環中)을 얻을 시면, 그 무엇엔들 응하지 못하리오. 시(是)와 비(非)가 공히 무궁(無窮)에 들어설 수 있으니. 그래서 밝음으로써[以明] 사유할 수밖에 없다고 한 것이다.

장자의 이 '도추'(道樞) 개념은 지도리 개념의 한 맥락으로서 사유할 수 있다. 장자에게 도추란 시비가 대립하고 그 중 하나에 집착하는 것에서 벗어나, 道의 한가운데에 서는 것이다. 앞의 그림을 다음과 같이 다시 그릴 수 있다.

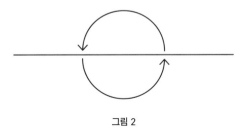

그림 2

지금의 그림에는 이쪽과 저쪽 두 개만이 그려져 있지만, 사실 도추는 무한하다. 도추는 도가 이지러져 존재론적 분절(ontological

---

5) '이접적 종합'(synthèse disjonctive)에 대해서는 들뢰즈, 『의미의 논리』(이정우 옮김, 한길사, 1999)를 보라.

articulations)이 이루어지는 모든 곳에 존재한다. 생명체와 무생명체가 갈라지는 곳, 남자와 여자가 갈라지는 곳, 남과 북이 갈라지는 곳, … 모든 특이성들, 모든 이접(離接)의 점들이 곧 도추이다. 지도리는 문의 여닫음을 가능하게 하는 것이다. 문의 이쪽과 저쪽에 상반된 것들이 존재한다. 지도리에 서는 것은 문 이쪽과 저쪽을 동시에 보는 것이다.

도추는 유(有)와 유(有)의 가운데에 있는 무(無)이다. 이 '무'는 없음이라기보다는 아무것도-아님이다. 이 지도리에 섰을 때 무엇-임들의 상대성이 보이고 그것들을 평등하게 대할 수 있다.[6] 어떤 능선도 아닌 산의 정상('문제')에 섰을 때, 비로소 우리는 그 산의 여러 능선들('해'들)을 함께 볼 수 있는 것이다. 도의 지도리가 있기 때문에 유들이 상대적일 수 있는 것이고, 도의 지도리에 서면 상대성을 한눈에 볼 수 있게 된다. "서른 개의 바퀴 살이 하나의 바퀴통에 모이되, 그 한가운데가 비어 있어야 수레가 제구실을 한다"(三十輻 共一轂 當其無 有車之用, 11장)고 했듯이, 무가 유들을 보듬어서 그것들의 상대성을 가능하게 해준다. 道의 지도리가 환중을 얻을 때 무수한 유들에 응할 수 있는 것이다.[7]

---

6) 이는 무들 사이의 관계에서도 마찬가지이다. 퉁소의 구멍 각각은 자신을 주장하지만, 중요한 것은 이들이 공통으로 의존하고 있는 빈 곳, 퉁소를 관통하는 무이다. 한가운데에 있는 무 때문에 구멍들이 '상대'(相對)할 수 있는 것이다.

7) 장자의 사유와 맥락은 다소 다르지만, 소크라테스의 삶을 이렇게 해석할 수 있다. 그는 다이몬의 경고에 따라 정치에 참여하지 않는다고 말한다. 그러면서도 끊임없이 정치에 관심을 가지면서, 알키비아데스 같은 젊은이를 좋은 정치인으로 만들기 위해 애쓴다. 결국 소크라테스는 정치의 안과 바깥의 경계선상에 서 있는 사람이다. 경계에 서 있기 때문에 안에서 바

"시(是)와 비(非)가 공히 하나의 무궁에 속할 뿐. 그래서 밝음으로써[以明] 사유할 수밖에 없다고 한 것이다"에서 '무궁'(無窮)은 막다름[窮]이 없는 것을 일컫는다. 우리의 그림을 생각해 볼 때, 독사의 차원에 머물 때 각 사유에는 막다름이 있다는 것을 볼 수 있다. 그러나 파라-독사의 사유에는 막다름이 없다. 그래서 파라-독사의 사유는 밝다. 밝음으로써 사유한다는 것은 곧 파라-독사의 경지에서 사유하는 것이다.

양행 (兩行)

두 번째는 '양행'(兩行)으로서의 이명이다. '양행'은 '도추'와 같은 취지의 개념으로서, 역시 상대성을 인정하면서도 그것을 극복해 하나-됨의 경지를 추구하는 것이다. '양행'은 '이접적 종합'과 통한다.

> 以指喩指之非指 不若以非指喩指之非指也. 以馬喩馬之非馬 不若以非馬喩馬之非馬也. 天地一指也 萬物一馬也. 可乎可 不可乎不可.
> 道行之而成 物謂之而然. 惡乎然 然於然. 惡乎不然 不然於不然. 物固有所然 物固有所可. 無物不然 無物不可.

끝으로 정치를 비판하고, 동시에 바깥에서 안으로 정치 교육에 힘쓴 것이다. 소크라테스는 도의 지도리에 서서 사유하고 실천했다고 할 수 있다. 그의 삶은 철학자라는 존재가 추구해야 할 하나의 패러다임을 보여주고 있다.

故爲是擧莛與楹 厲與西施 恢恑憰怪 道統爲一. 其分也成也 其成也毁也. 凡物無成與毁 復統爲一.——唯達者知通爲一 爲是不用而寓諸庸. 庸也者用也 用也者通也 通也者得也. 適得而幾矣. 因是已. 已而不知其然 謂之道.

勞神明爲一 而不知其同也 謂之朝三. 何謂朝三. 曰 狙公賦茅曰, "朝三而莫四". 衆狙皆怒. 曰 "然則朝四而莫三". 衆狙皆悅. 名實未虧 而喜怒爲用.——亦因是也. 是以聖人和之以是非 而休乎天均. 是之謂兩行.(「齊物論五」)

손가락을 가지고서 "손가락은 손가락이 아님"을 논하는 것은 손가락 아닌 것을 가지고서 "손가락은 손가락이 아님"을 논하는 것만 못하다. 말[馬]을 가지고서 "말은 말이 아님"을 논하는 것은 말 아닌 것을 가지고서 "말은 말이 아님"을 논증하는 것만 못하다. 천지가 하나의 손가락일 수 있고, 만물이 하나의 말일 수 있기 때문이다. 그럼에도 사람들은 어떤 것만이 가능하다고 하고, 어떤 것은 결코 불가능하다고 한다.

길은 사람들이 걸어 다녀서 생기는 것이다. 사물은 사람들이 그렇게 불러서 그것인 것이다. 어째서 그렇다고 하는가? 사람들이 그렇다고 해서 그런 것이다. 어째서 그렇지 않다고 하는가? 사람들이 그렇지 않다고 해서 그렇지 않은 것이다. [하나道의 관점에서] 사물들은 이것이기도 하지만 저것이기도 하며, 이것일 수도 있지만 저것일 수도 있다. 이것은 결코 아니라는 법도 없으며, 저것은 결코 될 수 없다는 법도 없다.

하여 도는 가느다란 풀줄기와 굵은 기둥, 추한 문둥이와 아름다운 서시(西施) 같은 대조적인 존재들을, 나아가 상궤(常軌)를 벗어나는 온갖 것들(恢恑憰怪)까지도 함께 품어서 하나로 만든다. 이 도가 분절됨으로써 비로소 이 현실[成]이 도래한 것이며, 이 현실의 차원에 이르러 만물의 하나-임이 훼손되어버린 것이다. 그러나 무릇 만물의 분절과 대립이 극복되면, 도의 통일성이 회복됨으로써 다시 하나-됨이 도래하는 것이다.──오로지 달통(達通)한 사람만이 만물이 통하여 하나-됨에 대해 이해한다. 이런 경지에 도달한 사람은 작위[用]의 가치에 머물지 않고, 자연[庸]에 스스로를 맡긴다. 자연에 맡기는 자는 '無用之用'의 이치를 아는 이이고, 이 이치를 터득한 이는 만물과 더불어 서로 통할 수 있고, 그렇게 통함으로써 깨달음을 얻는다. 이런 얻음으로 나아간 이는 도의 차원에 가까이 가는 것이다. 이렇게 그 이치를 따를 수 있을 뿐 왜 그러한지는 알 수 없는 것, 그것을 일러 '도'라 하는 것이다.

정신을 피로케 해서 하나-됨을 깨달으려 해도 결국 깨닫지 못함을 가리켜 "조삼"(朝三)이라 한다. 무엇이 '조삼'[朝三暮四]인가? 원숭이 사육사가 도토리를 주면서 "아침에 세 되 저녁에 네 되 주마"고 하자 원숭이들 모두가 화를 내니, 하여 "그럼 아침에 네 되 주고 저녁에 세 되 주마"고 하자 이번에는 모두가 기뻐 날뛰었다고 한다. 명(名)과 실(實)에 어긋남이 없건만, 화내기도 하고 기뻐하기도 하는 것이 이와 같더라.──역시 도의 하나-됨에 따를 뿐이다. 그래서 성인은 시비의 다툼을 가라앉히고 하늘의 가지런함(天均)에서 편히 쉬니, 이를 일러 '양행'(兩行)이라 한다.(「제물론 5」)

여기에서 처음에 나오는 것도 역시 명가의 논변이다. "손가락은 손가락이 아님" 그리고 "말[馬]은 말이 아님"은 동일률과 모순율을 부정하는 논제이다. 동일률, 모순율, 배중률 같은 형식 논리의 기초는 서양에서는 플라톤의 대화편에서 명확하게 등장하고, 동북아에서는 후기 묵가에서 처음 명확하게 공식화된다.[8] 명가 철학자인 공손룡은 "손가락은 손가락이 아니다"라는 지물론(指物論)과 "말은 말이 아니다"라는 백마론(白馬論)을 통해 동일률과 모순율을 부정하는 논변을 제시했다.[9]

이설(異說)이 많은 이 구절에 대해, 취따화(崔大華)는 '指'와 '馬'를 어떻게 해석하느냐에 따라 네 가지 해석의 갈래가 가능하다고 보고 있다.[10] 첫째, 사람들이 저마다 시비에 집착하는 것을 어떻게 깨뜨릴 수 있는가 하는 것. 둘째, 유가와 묵가의 싸움과 같은 것을 어떻게 끝장낼 수 있을 것인가 하는 것. 셋째, 모든 것에는 각각의 주재자가 있다는 것. 넷째, 공손룡의 "지물", "백마" 논변을 논파하기 위한 것.

이 대목을 「제물론」의 전체 흐름에서, 장자가 명가의 학설을 일차 받아들이되 그것으로는 부족하다고 본 것으로 해석해 보자. 장자는 명가의 논변들을 단적으로 부정하기보다는 일단 음미하면서 그러한 논변이 상대성의 옹호에 그치고 있음을 지적하고 있는 것으로

---

8) 묵자 외, 『묵경』, 염정삼 옮김, 한길사, 2012.
9) 공손룡, 『공손룡자』, 염정삼 옮김, 서울대학교출판문화원, 2018.
10) 『莊子岐解』, 崔大華 撰, 中華古籍出版社, 1988.

볼 수 있다. "非指", "非馬"를 도/기로 보는 것이 핵심이다. 손가락, 말과 같은 것들은 특정한 개별자들이다. "손가락 아닌 것", "말 아닌 것"은 세 가지 해석이 가능하다. 첫째, 손가락, 말이 아닌 다른 어떤 개별자. 둘째, 손가락, 말이 아닌 모든 것, 즉 손가락, 말의 여집합. 셋째, 개별자가 아닌 것, 즉 '道'/'氣'의 차원. 이 가운데에서 세 번째 해석이 「제물론」의 전체 흐름에 부합한다. 이렇게 해석할 경우, 손가락이라는 개별자를 놓고서 "손가락은 손가락이 아니다"라고 논하는 것은 손가락이 아닌 도를 놓고서 "손가락은 손가락이 아니다"라고 논하는 것만 못하다는 뜻이 된다. 도의 차원에서는 상대성이 무화되므로 "손가락은 손가락이 아니다"가 성립하게 된다. 공손룡은 손가락이 손가락이 아닐 수도 있다는 경지를 이야기했으나, '손가락'이라는 개별자를 가지고서 "손가락은 손가락이 아니다"라고 이야기하는 것은 현실성에서의 모순/부조리에 불과하다. 이와 달리 도의 차원에서 볼 때 비로소 진정한 의미에서 "손가락은 손가락이 아니다"가 성립하는 것이다. 마찬가지로 '말'이라는 개별자를 가지고서 "말은 말이 아니다"를 논하는 것은 개별자가 아닌 도의 차원에서 "말은 말이 아니다"를 논하는 것만 못하다. 명가는 손가락이 손가락이 아닐 수도 있고 말이 말이 아닐 수도 있는[兩行] 심오한 사유를 개척했지만, 그 것을 도에 비추어 보지 못함으로써 진정한 양행이 아니라 그저 흥미로운 논리적 퍼즐을 통한 상대성의 주장에 그친 것이다. 파라-독사의 경지가 아니라 독사들의 상대성의 차원에 그친 것이다.

이로써 장자는 명가 논변들의 상대주의를 넘어서야 함을, 도의 지도리에 서서 개별자들 사이의 차이가 무화되는 경지를 봐야 함을 설파한다. 핵심은 수평으로 보기보다 수직으로 보는 것, 즉 도의 차원에서 보는 것이다. "그럼에도 사람들은 어떤 것만이 가능하다고 하고, 어떤 것은 결코 불가능하다고 한다." 가능과 불가능의 대립이 무화되는 경지, 가능으로도 불가능으로도 갈 수 있는 양행의 경지, '도'의 차원에 서야 하는 것이다. 뒤에서 우리는 이 해석을 「제물론」의 마지막을 장식하는 '物化' 개념에 연계시켜 다시 음미할 것이다.

"길은 사람들이 걸어 다녀서 생기는 것이다"(道行之而成)에서의 '成'은 앞에서 나온 '성형'과 '성심'에서의 '成'과 같은 의미이다. 그러나 뜻은 다소 다른데, 앞에서의 '성형'과 '성심'은 주재자에게서 받은 것이었지만, 여기에서의 '成'은 사람들의 습관/관습을 통해 형성된 것을 가리키기 때문이다. 그렇지만 기본적인 의미는 유사하며, 공히 '통념'을 뜻한다. '성심'을 논하면서, 이 개념은 두 상이한 맥락에서 모두 사용되고 있음을 지적했다. 여기에서의 '成'은 사물들에 대한 고착된 시선을 뜻한다.

"[하나 道의 관점에서] 사물들은 이것이기도 하지만 저것이기도 하며, 이것일 수도 있지만 저것일 수도 있다. 이것은 결코 아니라는 법도 없으며, 저것은 결코 될 수 없다는 법도 없다." 성심을 통해서 관습/습관/통념이 형성되지만, 도의 관점에서 본다면 그렇지 않다. 현실성을 이루고 있는 통념의 세계는 하나의 '해'이고, 잠재성은 '문제'의 차원이다. 우리가 살고 있는 이런 식의 세계는 사실은 문제의 어떤 해에 불과한 것이다. 그래서 도의 차원은 현실성에서 이것이다 저것이다 하는 것을 넘어서 있다. 바로 그렇기 때문에, "도는 가느다란 풀줄기와 굵은 기둥, 추한 문둥이와 아름다운 서시 같은 대조적인 존재들을, 나아가 상궤를 벗어나는 온갖 것들까지도 함께 품어서 하나로 만든다". 도의 세계에서는 서로 상반된 것들도 제동(齊同)의 차원에서 포용되는 것이다. 도를 모든 것을 품는 어머니에, 또는 모든 더러운 것들까지도 품어 주는 물에 비유하는 노자의 사유와 궤를 같이한다.

이어서 장자는 사태를 반대 방향으로, 바로 도가 분화/개별화됨으로써 비로소 이 현실성이 도래함을 설파한다. 그래서 현실성의 차원에서는 도의 원융함/하나임이 이지러진다[毁/虧]. 도가 이지러짐으로써 현실에서의 개별화가 이루어진다. '도'는 스스로를 이지러뜨림으로써 이 현실성을 도래시킨 것이다. 그래서 도를 추구하는 것은 곧 현실세계에서의 불연속과 대립을 극복하는 것이다. 도의 통일성이 회복될 때 다시 하나-됨이 도래한다.

"오로지 달통한 사람만이 만물이 통하여 하나-됨에 대해 이해한다. 이런 경지에 도달한 사람은 작위[用]의 가치에 머물지 않고, 자연[庸]에 스스로를 맡긴다." '庸'은 도가 철학의 주요 개념인 '常', '恒'을 뜻한다. '庸'의 이치를 아는 이는 곧 '무용지용'의 이치를 아는 이이고, 이것은 쓸모 있다 하고 저것은 쓸모없다 하지 않는다. 하여 "이 이치를 터득한 이는 만물과 더불어 서로 통할 수 있고, 그렇게 통함으로써 깨달음을 얻는다". 모든 것을 불연속과 대립으로 보는 것을 넘어서 '通'의 경지에서, '물화'의 경지에서 보는 것, 그것이 도가적인 깨달음이다.

불교의 깨달음과 도가 철학/도교의 깨달음은 비슷하면서도 다르다. 전자의 핵심은 자성(自性)/아(我)를 해체하는 것이고, 후자는 개별화된/분화된 세계의 대립과 시비의 세계를 넘어 궁극적으로는 하나인 기(자연철학적 뉘앙스)와 도(형이상학적 뉘앙스)의 차원으로 가는 것이다.

그러나 장자는 이런 경지를 명시적으로 밝히기는 힘들다고 보았다. 앞에서도 말했듯이, 그에게는 도에 대한 불가지의 입장과 그럼에도 집요하게 그 경지를 추구하는 양면성이 있다. "이렇게 그 이치를 따를 수 있을 뿐 왜 그러한지는 알 수 없는 것, 그것을 일러 '도'라 하는 것이다." 도에 끝없이 가까이 가고 도와 합일해 갈 수는 있지만, 그렇다고 해도 그것을 분석적으로 설명할 수는 없다. 그렇게 설명된 도는 이미 도가 아니기 때문이다.

조삼모사와 조사모삼의 차이에 집착해서 끝내 하나-됨을 깨닫지 못하는 것에 대한 풍자를 통해 장자는 이렇게 결론을 내린다. "그래서 성인은 시비의 다툼을 가라앉히고 하늘의 가지런함에서 편히 쉬니, 이를 일러 '양행'(兩行)이라 한다." 하늘의 가지런함[天均]에서 '均'은 '齊'와 같은 경지를 뜻한다. '양행'은 '도추'와 통한다. 도추에 설 때 어느 한쪽이 아니라 양쪽 모두를 볼 수 있고, 이것이 '양행'이다. 조삼모사와 조사모삼이 결국 하나임을 깨달아야 하는 것이다. 도추와 양행의 길을 따라 하늘의 가지런함/고름으로 나아갈 수 있다.

4장 도의 존재론

삶의 힘겨움과 앎의 어려움을 토로한 끝에서 장자는 '이명'(以明)의 사유를 실마리로서 제시했고, 우리는 이명의 사유를 '도추'와 '양행'의 논리로서 이해했다. 이로써 장자 사유의 기본 구도, 관점을 확보했다.

그렇다면 이렇게 접근했을 때, 구체적으로 '道'는 어떻게 파악되는가? 이제 본격적으로 도에 대한 사유로 진입한다. 이 논의는 세 단계로 이루어진다. 1) 도는 드러나는 것도 숨는 것도 아닌 은은한 빛남, '골의지요'(滑疑之耀)이다. 2) 도를 집요하게 사유했을 때 우리가 만나게 되는 것은 결국 도의 '오묘(奧妙)함'이다. 3) 도는 지식으로써 끝내 소진할 수 없는 하늘곳간[天府]이고 보광(葆光)이다. 이하의 세 대목은 도를 이 세 맥락에서 다룬다.

골의지요(滑疑之耀)

도의 존재론을 구성하고 있는 첫 번째 대목은 '골의지요'에 대한 것이다.

> 古之人 其知有所至矣. 惡乎至. 有以爲未始有物者. 至矣 盡矣,
> 不可以加矣. 其次以爲有物矣 而未始有封也. 其次以爲有封焉
> 而未始有是非也. 是非之彰也 道之所以虧也. 道之所以虧 愛之
> 所以成.
> 果且有成與虧乎哉 果且無成與虧乎哉. 有成與虧 故昭氏之鼓琴
> 也. 無成與虧 故昭氏之不鼓琴也.——昭文之鼓琴也 師曠之枝策
> 也 惠子之據梧也 三子之知幾乎. 皆其盛者也 故載之末年.——唯
> 其好之也 以異於彼. 其好之也 欲以明之, 彼非所明而明之. 故以
> 堅白之昧終. 而其子又以文之綸終 終身無成. 若是而可謂成乎
> 雖我亦成也. 若是而不可謂成乎 物與我無成也.——是故滑疑之
> 耀 聖人之所圖也. 爲是不用 而寓諸庸. 此之謂以明.(「齊物論六」)

엿사람들이 '도'를 깨달음은 지극한 바가 있었다. 얼마나 지극했던가? 애초에 개별적 사물들이란 실재가 아니라고 생각했던 것이다. 지극하도다. 최상의 지혜로다. 무엇을 덧붙이겠는가? 그 다음가는 이들은 사물들을 실재로서 간주하긴 했지만, 그것들을 인위적으로 갈라놓지는[封] 않았다. 다시 그 다음가는 이들은 사물들을 인위적으로 갈라놓기는 했지만, 그로써 시비에 힘쓸리지는 않았다. 시비

를 둘러싼 싸움이 불붙자, '도'는 이지러지고 말았다. 도가 이지러
져버리자, 다양한 형태의 편애(偏愛)가 생겨나고 지금과 같은 통념
이 형성되었던 것이다.

그렇다면 과연 도 자체에 이런 퇴락[成與虧]이 내재해 있다고 해
야 할까? 아니면 도 자체에 내재해 있는 것은 아니라고 해야 할까?
'도' 자체에 퇴락이 내재해 있기에, 소문(昭文)이 거문고를 뜯는 것
과 같은 문화가 생겨나지 않았겠는가? 도에 퇴락이 내재해 있지 않
았다면, 이런 문화적 성취 같은 것은 불가능했으리라. 소문이 거문
고를 뜯는 것, 사광(師曠)이 기러기발을 잡고 연주하는 것, 혜자[혜
시]가 논리학적 논변을 펼치는 것, 이 모두가 '도'의 경지에 가까
이 간 것이 사실이다. 모두가 문화의 극치를 이루었기에, 후대에 이
르도록 불후(不朽)로서 기록된 것이 아니겠는가.──하나 [위대한
문화적 성취들에도 불구하고] 이들의 편애는 본래의 도와는 같지 않
은 것이다. 그들은 특정한 애호의 관점에서 도[음악의 도, 학문의 도]
를 드러내려 했으나, 결코 드러낼 수 없는 궁극의 도를 [그런 부분적
'도'들로] 드러내려 한 것이다. 이런 집착이 급기야는 견백론(堅白
論) 같은 어리석은 궤변으로까지 치닫게 한 것이다. 이런 인물들의
자식들 또한 대를 이어서 그러한 도에 매진했으나, 평생토록 이룬
바가 없었다. 세 사람이 도를 이룰 수 있다면 우리 또한 이룰 수 있
고, 세 사람이 도를 이룰 수가 없다면 우리 또한 이룰 수가 없는 것
이다.──하여 감추어진 가운데 은은히 빛나는 도[滑疑之耀]야말로
성인이 추구하는 바이다. 바로 작위[用]의 가치에 머물지 않고 자
연[庸]에 스스로를 맡기는 경지인 것이다. 바로 이것이 밝음으로써

[以明] 사유한다고 한 것이다.(「제물론 6」)

도가 이지러져[虧] 현실세계가 되었다[成]고 했다. 여기에서 장자는 이 과정을 네 단계로, 다만 존재론적인 방식으로가 아니라 인식론적인 방식으로 보여준다. 고대 동북아 철학사를 전체적으로 보면, 도덕→인의→예악→법→폭력으로 이어지는 도의 퇴락 과정을 읽어낼 수 있다. 이 대목은 이 점을 염두에 두고서 읽을 필요가 있다.[1]

첫 번째 수준은 '物' 자체가 없는 지극한 수준이다. 개별적 사물들은 실재가 아니라고 생각한 수준이다. 지금까지 논한 제동, 도추, 양행, 통, 물화의 수준에 달한 옛사람들의 경지가 이런 경지이다. 춘추전국 시대는 계속되는 '몰락'의 시대였다. 그런데 이 역사의 방향을 반대로 보면, 옛날로 거슬러 올라갈수록 도가 있는 세상이었다는 결론에 도달한다. 이렇게 해서 등장한 것이 '숭고주의'(崇古主義)이다. 실제 겪어 온 몰락의 역사를 되짚어 볼 때 자연스럽게 숭고주의에 도달한 것이다. 이런 숭고주의의 그림자는 장자에게서도 나타나고 있다. 물론 유가 철학의 숭고주의와는 그 내용이 판이하다. 또,

---

1) 도의 이지러짐을 우주발생론(cosmogony) 스타일로 논한 부분도 있는데, 이는 『회남자』(淮南子)에서 우주발생론이 정리되기 이전(천하통일 전후)의 형태로 볼 수 있다. 장자 본연의 사유와는 거리가 있지만, 참고할 만하다. "태초에는 無만이 있었고, 有도 名도 없었다. '하나'가 생기(生起)했으나, 그저 '하나'만 있었을 뿐 아직 形은 없었다. 이 形을 얻음으로써 만물이 생겨났으니, 이를 일러 '德'이라 한다. 아직 形 없이 分만 있되 분명한 틈을[開]이 없는 것[아직 점선으로만 분절되어 있는 것]을 일러 命이라 한다. 유동(流動)하여 만물이 생겨나고, 만물이 이루어지면서 그 결[理]들이 생겨나는 것을 일러 形이라 한다. 形體가 神을 품어 각각[만물]이 이법을 갖추게 되니, 이를 일러 [각각의] 性이라 한다."(「천지 8」)

이 논의를 시간적 맥락이 아니라 논리적 맥락에서 읽을 수도 있다. 두 번째 수준은 사물들의 개별성과 변별은 인정하지만, 그것들을 갈라놓지는 않는 수준이다. 장자는 여기에서 '封'자를 쓰고 있는데, 이는 서주에서 등장한 봉건주의를 염두에 둔 것이리라. 세 번째 수준은 사물들을 인위적으로 갈라놓기는 했지만, 그렇다고 그것들 사이를 대립시켜 시비에 사로잡히지는 않은 수준이다. 그리고 마지막 수준이 바로 시비에 사로잡혀 갈등과 대립을 일삼는 수준이다. 여기에서 "시비를 둘러싼 싸움이 불붙자, '도'는 이지러지고 말았다"고 표현하고 있어 도의 이지러짐이 이 단계에서 비로소 도래한 것처럼 서술되어 있지만, 사실 다자와 운동성으로서의 '세계'라는 것이 생겨난 것 자체가 도가 이미 이지러진 것이라고 해야 할 것이다. 후자는 근본적인/최초의 이지러짐이고, 전자는 이지러짐의 여러 단계 중 현실적인/마지막의 단계를 가리키고 있다.

그렇다면 철학적으로 매우 중요한 다음 물음이 떠오른다.

그렇다면 과연 도 자체에 이런 퇴락[成與虧]이 내재해 있다고 해야 할까? 아니면 도 자체에 내재해 있는 것은 아니라고 해야 할까?

서구 신학의 기초적인 물음으로 다음과 같은 것이 있다. 신은 완전한 존재("ens perfectissimum/realissimum"), 다시 말해 타자가 전혀 필요 없는 존재인데, 따라서 그 바깥에 타자가 존재한다면 오히려 그 완전성이 깨지고 그 타자의 제약을 받을 터인데, 도대체 왜 신은 세계를 창조했을까? 장자는 여기에서 형식상 유사한 물음을 던지고 있다. '도'는 왜 이지러져서 지금의 이 현실이 되었을까? 그 안에 이렇게 될 소지가 심어져 있었던 것일까, 아니면 어떤 외적 원인에 의해서일까?

그런데 외적인 원인이 있다면, 그것 자체는 도 바깥의 무엇이란 말인가? 물론 그럴 수 없다. 스피노자가 초월적 신 개념이 내포하는 논리적 모순을 타파하기 위해 신(Deus)을 내재화했듯이, 장자는 도의 이지러짐 자체도 도에 내재한 것으로 이해해야 한다고 보았다. 메를로-퐁티는 존재가 '무'와 '부정'을 내포한다고 보았다. 있음이 없음과 아님을 내포한다는 것이다. 이는 형식논리학으로는 부조리하게 들리지만, 존재라는 동일자 내부에 무와 부정이라는 타자성이 내포되어 있다고 본 것이다. 이 무와 부정으로 인해 존재는 생성한다. 이 타자성으로 인해 존재에서의 '터져-열림'(裂開, déhisence)이 가능한 것이다. 존재는 이렇게 비-가시에서 가시로 터져-열리고 또 가시에서 비-가시로 닫혀-숨는다.[2] 보다 정치한 비교가 필요하지만, 이는 도가 그저 도로서 즉자적으로 존재하기보다 "成與虧"를 통해 되어-가고 이지러지는 것과 통한다. 그리고 도는 스스로를 열어(앞에서 바람과 소리로 표현되었다) 만물로 화해 가면서도 (플로티노스의 '일자'처럼) 결코 소진되지 않고 '항상'(恒常)으로서 존재=생성한다고 할 수 있다.

그래서 장자는 '문화'를 결코 부정하지 않는다. 『장자』에는 자연

---

2) Maurice Merleau-Ponty, *Le visible et l'invisible*, Gallimard, 1964.

만을 긍정하고 문화를 부정하는 구절들도 나오지만, 장자 본연의 생각은 이런 식의 일방적인 사유가 아니다. 소문이 거문고를 뜯고, 사광이 기러기발을 잡고서 연주하고, 혜시가 논리학적 논변을 펼치는 것, 이런 문화(예술과 학문)는 모두 훌륭한 인간적 행위이며, "'도'의 경지에 가까이 간 것"으로서 모두가 "문화의 극치를 이루었기에, 후대에 이르도록 불후(不朽)로서 기록된 것이 아니겠는가". 세계는 공이 아니라 달걀이다. 자연만이 아니라 문화도 존재하며, 문화의 가능성 자체도 '자연'에 내포되어 있기에 바로 이렇게 현실화된 것이다. 그래서 이 존재론적 달걀의 튀어나온 부분, 문화 부분을 두들겨 굳이 달걀을 원형으로 만들려고 해서는 안 된다. 튀어나온 부분은 단순한 혹이 아니라 오히려 원형 부분과 혼연일체를 이루고 있는 것이다. 장자는 문화를 긍정함으로써 존재론적 달걀을 그린다. 도의 이지러짐은 도의 단순한 타락이 아니라 도 자체에 내재해 있는 어떤 역동적 경향의 현실화이다. 장자는 단순히 현실을 부정하면서 도/자연으로 나아가려는 환원론적 자연주의자가 아니다.

　　그런데 문제는 "그들은 특정한 애호의 관점에서 道[음악의 도, 학문의 도]를 드러내려 했으나, 결코 드러낼 수 없는 궁극의 道를 [그런 부분적 '도'들로] 드러내려 한 것이다". 다시 말해 이들은 부분적 도에 머물렀으며, 더 나쁘게는 그 부분적 도를 도 자체로 여겨 집착했다는 것이다. 달걀의 튀어나온 부분을, 게다가 그 일부를 달걀 전체로 여기려 했다는 것이다. 이런 집착이 급기야는 견백론(堅白論)

같은 어리석은 궤변으로까지 치닫게 한 것이다.[3] 자신이 이룬 도에 도취되어, 그것을 전체 도로서 집착했다는 것이다. 그러나 진짜 도는 달걀의 큰 원에, 궁극적으로는 달걀 전체에 있는 것이다. 이로써 장자는 인간이 이룬 문화를 한편 긍정하면서도, 그러한 도를 넘어서는 도 전체, 도 자체로 시선을 돌리기를 촉구하고 있는 것이다. 여기에서는 '해'/독사를 삶의 어떤 갈래(예술, 학문…)로서 이해할 수 있으며, 문제/파라-독사를 그 숱한 갈래들 전체(와 도의 드러나지 않은 측면까지 합한 전체)로 이해할 수 있다. 이 점에서 이 대목 역시 파라-독사의 사유를 펼치고 있음을 알 수 있다.

> 하여 감추어진 가운데 은은히 빛나는 道야말로 성인이 추구하는 바이다. 바로 작위[用]의 가치에 머물지 않고 자연[庸]에 스스로를 맡기는 경지인 것이다. 바로 이것이 밝음으로써[以明] 사유한다고 한 것이다.

'도'는 그렇게 인간이 집착하고 정복할 수 있는 것이 아니다. 부분적 도를 터득했다고 도 전체를 안 것처럼 자만할 일이 아니다. 그렇다고 도가 우리로부터 아예 절연되어 있는 것도 아니다. 그런 것이라면 굳이 논할 이유도 없고, 그런 것이 '존재한다'라고 말할 근거도 없다. 도는 온전히 드러나는 것도 아니고 온전히 숨는 것도 아니다.

---

3) 사실 견백론은 혜시의 논변이 아니라 공손룡의 논변이다. 물론 기록되지 않았을 뿐, 혜시도 같은 주장을 했을 수 있다.

"감추어진 가운데 은은히 빛나는 도", '골의지요'(滑疑之耀)야말로 그러한 도인 것이다. 『관자』(管子)의 용어로 도의 '은현'(隱現)[4]이라고 할 수 있다. 장자는 문화를 인정하면서도 그 한계를 지적하며, 문화와 자연 양자를 모두 포용하는 존재론적 달걀로서의 도를 추구한 것이다.

도의 오묘함

이제 장자는 도에 대한 존재론적 분석을 극한으로 펼쳐 보인다. 하지만 그 과정은 도를 분석적으로 해명하는 과정이 아니라 그러한 해명의 불가능성, 도의 오묘함을 깨닫는 과정이다.

> 今且[借]有言於此. 不知其與是類乎 其與是不類乎. 類與不類 相與爲類 則與彼無以異矣. 雖然 請嘗言之.
>
> 有始也者. 有未始有始也者. 有未始有夫未始有始也者. ──有有也者. 有無也者. 有未始有無也者. 有未始有夫未始有無也者. ──俄而有無矣 而未知有無之果孰有孰無也. 今我則已有謂矣, 而未知吾所謂之其果有謂乎 其果無謂乎.
>
> 天下莫大於秋豪[毫]之末 而大山爲小. 莫壽乎殤子 而彭祖爲天. 天地與我竝生 而萬物與我爲一. 旣已爲一矣 且得有言乎. ──旣已謂之一矣 且得無言乎. 一與言爲二 二與一爲三. 自此以往 巧

---

4) 『管子校注』, 黎翔鳳撰, 梁運華整理, 中華書局, 2004.

歷不能得. 而況其凡乎.──故自無適有 以至於三. 而況自有適有
乎. 無適焉. 因是已.(『齊物論七』)

이제 가령 아래와 같은 말이 있다고 하자. 이것이 진리인지는 단정
할 수 없다. 하나 가까운 것과 가깝지 않은 것이 아무런 차이가 없
다고까지 말한다면, 그것은 진리로부터 멀어져 가는 것이 아니겠는
가. 하나 어디까지나 시론(試論)으로서 말해 보자.

시초라는 것이 있다면, 이 '시초가 있음'이 아직 있지 않음이 있을
것이고, 다시 이 '아직 '시초가 있음'이 있지 않음'이 있지 않음이
있으리라.──있음이라는 것이 있다면, '있음이 있음'이 있지 않음
이 있을 것이고, 다시 '이 '있음이 있음'이 있지 않음'이 애초에 있
지 않음'이 있을 것이고, 다시 '이 '있음이 있음이 있지 않음'이 애
초에 있지 않음'이 애초에 있지 않음이 있으리라.──있음을 논하
려 하면 문득 없음에 부딪히게 되니, '무'가 있다는 것이 있는 것인
지 없는 것인지 모를 노릇이다. 방금 내가 이렇게 '무'에 대해서 이
야기했지만, 내가 이야기한 것이 과연 '유'에 관한 것이었는지 '무'
에 관한 것이었는지 모르겠다.

천하에 추호(秋毫)의 끄트머리보다 더 큰 것이 없고, 태산이야말로
작은 산이다. 일찍 죽어버린 아이보다 장수한 이가 없고, 팽조야말
로 요절한 이이다. 천지가 나와 더불어 나란히 생(生)하고, 만물이
나와 더불어 일(一)을 이룬다. 이미 하나가 되었으니, 무슨 말이 더
필요하겠는가.──하지만 이미 '하나'라고 말했다면, 어찌 말이 없
다 할 수 있겠는가. '하나'와 '말'이 있으니 둘이 되고, '둘'과 '하

나'[진정한 도]가 있으니 셋이 된다. 이런 식으로 간다면, 교력(巧
歷)⁵⁾조차도 계산하기 힘들 텐데 하물며 보통 사람들임에랴.——이
렇게 '무'에서 '유'로 나아가도 셋에 도달하는데, '유'에서 '유'로
나아간다면 어떻겠는가. 그러니 나아가지 [말하지] 말지어다. 오로
지 '도'를 따를 따름이니.(「제물론 7」)

도의 오저(奧底)를 탐색하려는 이 대목에서 장자는 무와 유에
대하여 논한다. 유와 무의 문제는 무엇인가가(궁극적으로는 세계가)
생겨났을 때와 생겨나기 전(또는 대칭적으로 세계 소멸의 경우, 생겨나
있을 때와 그 후)을 가르는 '시초'가 문제가 된다. 그렇기 때문에 여기
서 장자는 시초의 문제, 유와 무의 문제를 통해 존재론적 사유를 전
개한다.

　도란 말할 수 없다("知者不言 言者不知")는 것이 장자 자신의 기
본 입장이기에, 첫 번째 문단에서는 도에 관해 이하 말하는 것에 대
해 변론하고 있다. "가령 아래와 같은 말이 있다고 하자. 이것이 진리
인지는 단정할 수가 없다." 여기에서 진리는 물론 도 또는 도에 대한
인식을 뜻하며, 앞의 내용과 연관해 볼 경우, '골의지요'를 가리키고
있다. 그러면서도 "道可道 非常道"이기에 도라는 것을 온전히 밝힐
수 없음을 말하고 있다. 하나 "가까운 것과 가깝지 않은 것이 아무런
차이가 없다고까지 말한다면, 그것은 진리로부터 멀어져 가는 것이

---

5) 유명한 계산의 달인.『회남자』,「남명편」(覽冥篇)에도 등장한다.

아니겠는가." 도를 단적으로 말할 수 없다 해도, 도에 가까운 것과 가깝지 않은 것이 아무런 차이가 없다고 말한다면 그것은 진리 탐구와는 거리가 먼 것이다. 도를 온전히 말하는 것은 불가능하지만, 도에 가까이 갈 수는 있다. 그래서 장자는 어디까지나 시론으로서 말해 보자고 한다. 도에 대한 논변을 한번 집요하게 밀고 나아가 보았을 때, 비로소 도가 왜 온전히 말할 수 없는 것인지가 드러난다는 것이다.

장자의 논변은 두 단락으로 전개된다. 첫 번째 논변은 도에 관해 논해 가면 결국 무와 유의 개념에 부딪히게 되며, 유와 무가 서로를 물고 들어오기 때문에 끝내 논변이 끝날 수가 없음을 말한다. 이를 '유-무 혼효 논변'이라 부르자. 두 번째 논변은 혜시의 역설들을 논한 후, 도에 대해 논할 경우 결국 무한진행에 부딪히게 됨을 말한다. 이를 '무한 불가지의 논변'이라고 부르자.

유-무 혼효 논변

여기에서 장자는 시초의 문제를 논한다. 도를 근원적으로 해명하려면 애초에 세계라는 것이 '존재한다'는 것에서 시작해야 한다는 생각이다. "시초라는 것이 있다면, … 내가 이야기한 것이 과연 '유'에 관한 것이었는지 '무'에 관한 것이었는지 모르겠다"는 세 부분으로 구성된 논변이다. 다음과 같이 재구성할 수 있다.

1-1. 시초가 있다면, 이 시초가 없는 경우도 있다.

1-2. 시초가 없는 경우가 있다면, 이 시초의 없음도 없는 경우도 있다.

2-1. 존재가 있다면, 존재가 없는 경우도 있다.

2-2. 존재가 없을 수 있다면, 이 존재의 없음도 없는 경우도 있다.

2-3. 존재의 없음도 없을 수 있다면, 다시 이 존재의 없음의 없음도 없는 경우도 있다.

3-1. 있음을 논하려 하면 없음에 부딪히니, 없음이라는 것은 있는 것인가 없는 것인가.

3-2. 방금 없음에 대해 논했는데, 내가 없음에 대해 논한 것일까 있음에 대해 논한 것일까.

1-1, 1-2를 보자. 형이상학적 사유가 발아해 '있음'에 대해서, 라이프니츠의 물음에 대해서 생각할 때면 '시초'라는 문제에 부딪히게 된다. 시초란 그것을 전제해야 다른 모든 것을 이야기할 수 있는 것이다. 시초는 두 가지로, 즉 논리적인 시초와 시간적인 시초로 논할 수 있다. 그리스 자연철학자들의 '아르케'는 전자의 경우이고, 우주론에서의 '태초'는 후자의 경우이다. 여기에서는 두 가지 경우 모두로 해석할 수 있다.

장자는 이렇게 논한다. 시초가 있다면, 그 시초가 없는 경우도 생각할 수 있다. 하지만 나아가 시초가 없음조차도 없는 경우까지도 생각할 수 있다. 세계의 아르케가 있다면, 우리는 그 아르케가 없는 경우, 나아가 그 없음까지도 없는 경우를 생각할 수 있다는 것이다. 또 발생적으로 볼 경우, 예컨대 대폭발이 있었다고 할 때, 그 대폭발이 없었을 경우를 생각할 수 있고, 또 그 없음의 없음도 생각할 수 있다.[6] 이렇게 시초를 이야기하다 보면, '有'와 '無'가 얽히면서 무한퇴행이 일어난다. 이런 얽힘을 장자는 '有'가 있다면 '無'도 있고, '無'가 있다면 이 '無'의 '無'도 있을 수 있고, 그렇다면 이 '無의 無'의 '無'도 있을 수 있다고 표현하고 있다.

그래서 장자는 "있음을 논하려 하면 문득 없음에 부딪히게 되니, '무'가 있다는 것이 있는 것인지 없는 것인지 모를 노릇이다. 방금 내가 이렇게 '무'에 대해서 이야기했지만, 내가 이야기한 것이 과연 '유'에 관한 것이었는지 '무'에 관한 것이었는지 모르겠다"고 토로한다. '有'를 이야기하려고 하면 어디선가 '無'에 부딪히게 된다. 그런데 '무'를 이야기하려고 하면 다시 '유'에 부딪히게 된다. 무가 존재한다? 무는 아무것도 없음인데 어떻게 무가 있다는 것인가? 라는 묘한 문제에 부딪히게 되는 것이다. 플라톤은 『소피스테스』에서 무라는 것도 "어떤 의미에서는" 있다고 이야기한다. 그러고서 무를 타자로 이해한다. 사실 이는 무를 유로 흡수시킨 것이다. 즉, 근본적 무를 부정한 것이다. 그러나 장자는 '무'라는 근본적 아포리아를 던지고 있다. 도를 근본적으로 파고들어 갈 때, 우리는 유와 무가 얽혀 버리고 '무의 존재'라는 문제를 만나게 되는 것이다.

---

6) 아우구스티누스의 신학적 논변을 우주론의 맥락으로 응용할 때 이 아포리아에 대한 한 가지 응답이 성립한다. 우주는 '시간 안에서'(in tempore) 탄생한 것이 아니라 '시간과 더불어'(cum tempore) 탄생했다고.

무한 불가지의 논변

다음으로 "천하에 추호(秋毫)의 끄트머리보다 더 큰 것이 없고, …
무슨 말이 더 필요하겠는가"라는 이 구절은 사실 혜시의 역설들을
가져온 것이다. 「천하 7」에는 혜시가 제시했다는 열 가지의 역설들
(歷物十事)이 채록되어 있다. 혜시의 명제들과 그것의 역설적 구조
를 분석하면 다음과 같다.

1. 지극히 커서 바깥이 없는 것을 일러 대일(大一)이라 하고, 지극
   히 작아 안이 없는 것을 일러 소일(小一)이라 한다. ──극대와
   극소라는 '다름'이 공히 하나라는 점에서 '같음'이다. 다르면 같
   고, 같으면 다르다. 그래서 역설이다.

2. 두께가 없어 쌓을 수 없지만, 그 크기[두께]가 천 리에 달한다.
   ──두께가 없음과 두께가 어마어마함의 역설이다.[7]

3. 하늘은 땅과 같이 낮고, 산과 못은 모두 평평하다. ──하늘, 산
   의 높음과 땅, 못의 낮음 사이의 역설.

4. 해는 중천에 떠오르면서 기울고, 사물은 태어나면서 죽는다.
   ──떠오름과 기움, 태어남과 죽음의 역설.

5. 대동(大同)이어서 소동(小同)과 다른 것[과 '大異'여서 '小異'와

---

7) 이것이 온전한 역설이 되려면, "그 크기[두께]가 천 리에 달하는 것은 두께가 없어 쌓을 수
없다"가 보충되어야 한다. 혜시의 역설은 대개 반쪽으로만 구성되어 있는데, 앞에서 언급했
듯이 역설의 핵심은 순환적인 데에 있다. 따라서 1) 혜시의 논변은 역설이 아니거나, 2) 아니
면 역설을 그 한 면만을 서술한 것이며 다른 한 면은 함축되어 있는 것으로 볼 수 있다. 여기
에서는 후자로 보았다.

다른 것]을 소동이(小同異)라 하고,[8] 만물이 반드시 같고 반드시 다른 것을 대동이(大同異)라고 한다. ──크게 같아 작게 같음과 다르고 크게 달라 작은 다름과는 다르다면 '대동이'라 해야 하는데 '소동이'라 했고, 각각의 사물들 사이에 항상 작은 같음과 다름이 동시에 성립하므로 '소동이'라 해야 하는데 '대동이'라 했다. 대동이와 소동이 사이의 역설이다.

6. 남쪽은 끝이 없으면서 있다. ──끝의 유와 무의 역설.

7. 오늘 월나라에 갔는데 어제 도착했다.[9] ──시간의 흐름의 역설. "어제 월나라에 갔는데 오늘 도착했다"와 시간의 흐름이 반대된다.

8. 이어진 고리는 풀 수 있다. ──보다 역설다우려면, "이어진 고리는 풀려 있다"고 또는 "풀 수 없는 고리는 풀 수 있다"고 해야 할 것이다.

9. 내 천하의 가운데가 어디인지 아노니, 연나라의 북쪽과 월나라의 남쪽이다. ──가운데와 테두리의 역설이다.

10. 널리 만물을 사랑할지니, 천지는 하나로다.

마지막의 명제는 다른 명제들과 달리 모든 것이 궁극적으로 하나이니, 개별성에 집착하지 말고 만물을 사랑하라는 윤리적 명법으

---

8) "'大異'여서 '小異'와 다른 것"을 삽입해서 읽어야 논지가 성립하고, 또 뒤의 문장과 대칭을 형성한다.

9) 이 역설은 「제물론 3」에서 인용되었던 궤변이다. 장자의 입장에서는 궤변이지만, 혜시의 입장에서 보면 어디까지나 역설이다.

로서, 앞의 아홉 가지 명제들을 기반으로 내린 실천적 결론으로 이해할 수 있다. 서로 상반되는 것들이 사실은 서로를 불러오기에 만물은 결국 하나이며, 따라서 어떤 개별성/부분에 집착하지 말고 만물을 사랑하라는 뜻이다.

이렇게 보면, 혜시의 사유는 노자, 장자의 파라-독사의 사유와 큰 차이가 없다. 장자가 언급하고 있는 "천하에 추호의 끝머리보다 더 큰 것이 없고, 태산이야말로 작은 산이다. 일찍 죽어버린 아이보다 장수한 이가 없고, 팽조야말로 요절한 이이다. 천지가 나와 더불어 나란히 생(生)하고, 만물이 나와 더불어 일(一)을 이룬다"는 전형적으로 혜시적인 역설들이다. 그리고 마지막 역설은 "널리 만물을 사랑할지니, 천지는 하나로다"에서 윤리적 명법은 빼고, 후자의 역설(부분과 전체의 역설)만을 언급하고 있다. 장자가 혜시의 사유에 큰 영향을 받았음을 알 수 있다.

그러면서도 장자는 혜시를 비판한다. "이미 하나가 되었으니, 무슨 말이 더 필요하겠는가. … 오로지 도를 따를 따름이니." "만물은 일체"라고 말하면 일체인 그 만물과 이 말이 있으니 둘이다. 이 둘 그리고 둘이 아닌 진정한 하나를 생각하면 다시 셋이다. 무한진행이 되는 것이다. 도에서 도에 대한 말로 나아가도 셋이 되는데, 말에서 말로 나아가면 또는 물(物)에서 물(物)로 나아가면 어떻게 되겠는가. 결국 장자가 말하고자 하는 바는 "오로지 도를 따를 따름"이라는 것이다. 어찌 보면 말꼬리 붙잡기식의 비판으로 보이기도 하지만, 요점은 논리적으로 분석하면 명가적인 결론에 도달하지만 중요한 것은 논리적 분석의 한계를 깨닫고 그저 도를 따르는 데에 있다는 것이다.

도는 '오묘'(奧妙)한 것이며, 오묘한 것을 자꾸 분석하려고 하지 말고 오묘한 것으로서 받아들이라는 것이다.

「소요유 6」에서 논한 '무용지용'(無用之用)의 가치도 이러한 성격을 띠고 있다. '무용지용'은 가치론적인 명제이기 이전에 논리학적인 명제, 하나의 역설이다. '무용'이 곧 '용'이고, '용'이 사실은 '무용'이기 때문이다. 그러나 장자는 이런 논리적이고 분석적인 명제들을 제시하는 것에 그치지 않고 그것을 통해 매우 중요한 실천적 통찰을 제시하고 있는 것이다(그러나 혜시 역시 평범하긴 하지만 "널리 만물을 사랑하라"는 윤리적 명법을 제시한 점을 간과해서는 안 될 것이다). 장자와 혜시는 단순히 대립하는 것이 아니다. 오히려 혜시의 사유는 장자 사유의 기초이며, 장자는 그 근간 위에서 자신의 사유를 전개했다고 할 수 있다.

하늘곳간, 보광

도를 분석해서 밝히려는 시도들을 논하면서, 결국 그 끝에서 도의 오묘함을 깨닫게 되고 오직 도를 따를 뿐이라는 입장을 재확인했다.

도의 존재론의 세 번째 부분은 같은 내용을 보다 긍정적인 방식으로 새롭게 표현한다. 도에 대한 분석을 밀고 나아갔을 때 부딪히는 한계를 논하는 데 그치지 않고, 도의 오묘함을 보다 적극적인 뉘앙스로써 말하고 있다.

夫道未始有封 言未始有常. 爲是而有畛也. 請言其畛. 有左有右

有倫有義 有分有辯[辨] 有競有爭. 此之謂八德.

六合之外 聖人存而不論. 六合之內 聖人論而不議. 春秋經世 先
王之志[誌] 聖人議而不辯.——故分也者 有不分也. 辯也者 有不
辯也. 曰 何也. 聖人懷之 衆人辯之 以相示也. 故曰 辯也者 有不
見也.

夫大道不稱 大辯不言 大仁不仁 大廉不嗛 大勇不忮. 道昭而不道
言辯而不及 仁常而不成 廉清而不信 勇忮而不成. 五者园而幾向
方矣.——故知止其所不知 至矣. 孰知不言之辯 不道之道. 若有能
知 此之謂天府. 注焉而不滿 酌焉而不竭 而不知其所由來. 此之
謂葆光.

故昔者堯問於舜曰, "我欲伐宗膾胥敖. 南面而不釋然 其故何
也". 舜曰, "夫三子者 猶存乎蓬艾之閒. 若不釋然 何哉. 昔者十日
竝出 萬物皆照. 而況德之進乎日者乎".(「齊物論八」)

무릇 도에는 본시 경계란 없고, 말에는 본시 고정된 의미란 없다. 그
러나 道의 퇴락[成與虧]으로 인해 경계들이 생기고 말았다. 어떤
경계들이 생겨났던가? 왼쪽과 오른쪽, 기울어짐[倫]과 바름, 나눔
과 가름, 겨룸과 다툼이 경계들을 낳으니, 이를 가리켜 팔덕(八德)
이라 한다.

성인은 육합(六合)의 바깥에 대해서는 그 존재를 긍정할 뿐[存] 논
(論)하지 않으며, 육합의 안에 대해서는 논하되 옳고 그름을 세세히

따지지[議] 않는다. 역사[10]에 대해서는 옳고 그름을 따지되 편견을 개입시키지는[辯/辨] 않는다.──이렇게 나눔의 이전에는 나누지 않음이 존재하는 법이며, 차별함의 이전에는 차별하지 않음이 존재하는 법이다. 무엇을 보고 이렇게 말할 수 있는가? 성인은 이 모두를 품을 뿐이지만, 범인들은 그것들을 나누고 서로가 옳다고 다툰다. 하니 편견을 가지고서 차별하는 것이야말로 道에서 멀어지는 것에 다름 아니다.

무릇 큰 道는 이름 불리지 아니하며, 큰 논변은 시끄럽지 않으며, 큰 어짊은 편애하지 않으며, 큰 청렴함은 깨끗한 척하지 않으며, 큰 용기는 사납지 않다. 道가 겉으로 드러나면 이미 道가 아니고, 논변이 시끄러우면 진실을 벗어나버리며, 어짊이 치우치면 포용적이지 못하며, 청렴함이 너무 강조되면 믿음을 얻기 어렵고, 용기가 너무 사나우면 일을 그르친다. 하여 이 다섯 가지가 원래 둥글고자 했으나 결국 모난 쪽으로 가버린 것이다.──하여 알지 못하는 곳에서 멈출 줄을 알면 더함이 없으리로다. 시끄럽지 않게 논변할 줄 아는 이, 드러나지 않게 道를 추구할 줄 아는 이, 그 누구일까? 그런 이를 일러 하늘곳간[天府]이라 한다. 아무리 채워도 가득하지 않고, 아무리 비워 내도 마르지 않을지니. 그 온 곳을 알지 못해, 일러 보광(葆光)이라 한다.

---

10) 여기에서 '역사'로 번역한 것의 원문은 "春秋經世 先王之志[誌]"인데 문장의 흐름을 고려하여 간단히 '역사'로 번역했다. "春秋經世 先王之志[誌]"는 "『춘추』의 경세(경제를 포괄하는 정치)에서 볼 수 있는 선왕들에 대한 기록"을 뜻한다.

하여 그 옛날 요(堯) 임금이 순(舜)에게 묻기를, "내가 종(宗), 회(膾), 서오(胥敖)를 정벌코자 하는데, 왕 된 마음으로 석연치가 않으니 어찌 된 일인가?" 순 답하여 가로되, "저 세 나라는 약소하기 이를 데 없으니 왕의 마음으로 석연하다면 이상타 하지 않겠습니까? 옛날 옛적에 열 개의 태양이 한꺼번에 떠올라 세상이 불타버렸다 하지 않습니까? 하물며 태양보다 더 위대한 왕이시라면 어떻게 해야 하겠습니까?"[11]「제물론 8」)

첫 번째 문단은 노자의 "道可道 非常道, 名可名 非常名"과 연결되고, 또 「제물론」의 모두에 나왔던 남곽자기와 안성자유의 대화와도 연결된다.

"무릇 도에는 본시 경계란 없고, 말에는 본시 고정된 의미란 없다. 그러나 道의 퇴락으로 인해 경계들이 생기고 말았다." 도는 단지 하나이기 때문에, 거기에 본래 경계들이 있을 리 없다. 앞에서 언급했듯이 도가 이지러짐으로써 경계들이 나타났던 것이다.("無名天地之始 有名萬物之母") 미셸 푸코는 우리 삶을 구획하고 있는 갖가지 분절들을 심도 있게 파헤쳤거니와, 장자는 더 근본적인 맥락에서 모든 분절이 내포하는 도의 퇴락을 논하고 있다. 아울러, 「제물론 4」에서도 논했듯이 장자는 소쉬르에게서 라캉으로 이행하면서 두드러지게 된 기호의 자의성이라는 생각을 이 시대에 이미 간파했던 것

---

11) 이 마지막 문단은 맥락이 닿지 않는다고는 할 수 없지만 그리 적절한 예로 보이지는 않는다. 아마 나중에 삽입된 문단일 것이다.

으로 보인다. 인간의 자의적인 분절체계에 상응해 언표되는 언어란 그 역시 자의적인 것에 불과한 것이다. 도를 이르는 이름을 말하면 그것은 더 이상 그 이름이 아닌 것이다. 장자의 사유는 이렇게 분절(articulation)의 자의성을 통렬하게 지적한다.

인간 세상의 많은 갈등과 다툼은 분절에서 벌어진다. 만일 경상도와 전라도가 원래 하나의 도였다면? 한국과 일본이 원래 하나의 나라였다면? '동양'과 '서양'의 구분 같은 것이 존재하지 않는다면? '하나'일 경우 모두가 그에 속하기에 갈등과 다툼은 일어나지 않는다. 그러나 분절되는 순간 서로를 구분하는 의식이 생기고, 점차 갈등과 다툼이 생겨난다. 앞에서도 나왔듯이, '경계'로 번역한 '封'은 주(周) 왕조의 공간적 분할을 통해 성립한 것이다. 장자는 이렇게 땅을 분할해서 거기에 이름들의 경계[畛]를 세우는 것을 염두에 두고서 분절을 논하고 있다.

이는 추상적인 공간, 예컨대 담론공간의 경우도 마찬가지이다. 과거의 대학 체제에서는 '문리대학'(文理大學)이라는 단과대학이 있었다. 지금의 문과대학과 이과대학이 구분되지 않고 문리대학으로 존재했고, 이 학부에서는 역사, 철학, 정치학, 경제학, 물리학, 화학, 생물학 등이 모두 한 학부에 공존했던 것이다. 또, 만일 '문학', '역사', '철학' 같은 이런 이름이 존재하지 않는다면, 누구도 베르길리우스의 『아이네이스』, 카이사르의 『갈리아 전기』, 키케로의 『신들의 본성에 관하여』를 읽는 깃이 "다른 전공"의 일이라고는 생각하지 않을 것이다. 분절이라는 것은 인간을 갈라놓고, 때로는 갈등하고 다툼하게까지 만든다. 이름은 눈에 보이지 않는 인식론적 감옥이다. 이것이 도가 이지러져 경계가 그어짐으로써 생겨난 이 인간세인 것이다.

경계들 중 원초적인 것들로서 장자는 왼쪽과 오른쪽, 기울어짐 [倫]과 바름, 나눔과 가름, 겨룸과 다툼이라는 여덟 개의 덕을 들고 있다. 노자가 "도가 무너지자 덕이 생겨났다"(38장)고 한 것이 이것 이다. 이때의 덕은 '得' 또는 더 적절하게는 '成'으로 읽을 수 있다. 앞 에서 언급한 "成形", "成心"에서의 '成'이고, "成與虧"에서의 '成'이 다. 여기에서는 아직 신분 차별이라든가 하는 식의 분절까지는 나타 나지 않는다. 더 근본적인 분절들이다. 장자는 지금 도가 이지러짐으 로써, 하늘이 준 가장 원초적인 '成'의 세계를, 더 정확히는 이 '成'의 세계를 도래시킨 기초 원리들을 언급하고 있다.

"성인은 육합의 바깥에 대해서는 그 존재를 긍정할 뿐 논하지 않으며, 육합의 안에 대해서는 논하되 옳고 그름을 세세히 따지지 않 는다. 역사에 대해서는 옳고 그름을 따지되 편견을 개입시키지는 않 는다." '육합'은 천지사방을 뜻하고, 육합의 바깥은 도의 세계를 뜻한 다. 『주역』의 개념으로, '형이상'(形而上)의 세계이다. 성인은 육합의 바깥, 즉 도의 세계에 대해서는 그 존재를 긍정할 뿐 말하지 않는다. 육합의 안은 천지사방에 존재하는 만물을 일컫는다. 성인은 육합의 안인 천지사방의 세계에 대해서는 논하되 옳고 그름을 따지지 않는 다. 그리고 역사에 대해서는 옳고 그름을 따지되 편견을 개입시키지 는 않는다는 것이다.

분절이 가져오는 것은 편견과 차별이다. 그래서 장자는 편견과 차별의 극복을 역설한다. "성인은 이 모두를 품을 뿐이지만, 범인들 은 그것들을 나누고 서로가 옳다고 다툰다. 하니 편견을 가지고서 차별하는 것이야말로 道에서 멀어지는 것에 다름 아니다." '모두'란 육합지외, 육합지내, 그리고 역사를 뜻한다. 다시 말해 형이상의 세계, 형이하의 세계, 그리고 인간의 역사 모두를 뜻한다. 만물의 차별상은 진정한 실재가 아니므로 차별하지 말라, 편애하지 말라, 분별하지 말라는 것은『장자』에서 가장 핵심적인 테제 중 하나이다. 불교가 처음 들어왔을 때『장자』가 출발점이 된 것은 특히 이런 맥락에서였다.

"무릇 큰 道는 이름 불리지 아니하며, 큰 논변은 시끄럽지 않으며, 큰 어짊은 편애하지 않으며, 큰 청렴함은 깨끗한 척하지 않으며, 큰 용기는 사납지 않다." 도는 숨기 때문에 이름이 없다.("道隱無名") 노자와 장자에게서 '크다'(大)는 이 도를 가리키는 긍정적인 표현이다. "吾不知其名 字之曰道 强爲之名 曰大"(나는 그 이름을 몰라 '道'라 쓰고 굳이 이름을 부른다면 '크다'고 할 뿐, 25장), "大辯若訥"(큰 논변은 어눌한 듯하고, 45장)이라 한 것도 이런 맥락에서이다. 「제물론 1」의 "큰 앎은 넓고 너그러우나 작은 앎은 좁고 쩨쩨하고, 큰 말은 담박하지만 작은 말은 수다스러울 뿐"이라는 구절과 통한다. 그리고 큰 어짊은 편애하지 않으니, "天地不仁 以萬物爲芻狗, 聖人不仁 以百姓爲芻狗"(천지는 어질지 않으니, 만물을 지푸라기 개처럼 여길 뿐. 성인은 어질지 않으니, 백성을 지푸라기 개처럼 여길 뿐, 5장)는 이런 의미에서 이해할 수 있다. 도는 차별하지 않는다. 마찬가지로 "큰 청렴함은 깨끗한 척하지 않으며, 큰 용기는 사납지 않다".

같은 이야기를 반대 방향에서 한다면, "道가 겉으로 드러나면 이미 道가 아니고, 논변이 시끄러우면 진실을 벗어나버리며, 어짊이 치우치면 포용적이지 못하며, 청렴함이 너무 강조되면 믿음을 얻기 어렵고, 용기가 너무 사나우면 일을 그르친다". 장자는 이 다섯 가지가 "원래 둥글고자 했으나 결국 모난 쪽으로 가버린 것"이라고 말한다. 도가적 가치로서 중요한 것은 둥글고 모나지 않는 것이다. '원융무애'(圓融無碍)의 개념은 노장의 사유를 반영한다. 그런데 둥글어야 할 가치들이 모두 모나게 되어버렸다. 왜인가? 멈추지 않았기 때문이다. "知足不辱 知止不殆"를 망각했기 때문이다. 둥긂, 그침 같은 이치를 망각했기 때문에, 가짜 도, 진실되지 못한 논변, 치우친 어짊, 불신을 사는 청렴함, 일을 그르치는 용기가 생겨난 것이다.

> 시끄럽지 않게 논변할 줄 아는 이, 드러나지 않게 道를 추구할 줄
> 아는 이, 그 누구일까? 그런 이를 일러 하늘곳간[天府]이라 한다.
> 아무리 채워도 가득하지 않고, 아무리 비워내도 마르지 않을지니.
> 그 온 곳을 알지 못해, 일러 보광(葆光)이라 한다.

'하늘못'[天池], '하늘통소'[天籟]. '하늘고름'[天均]을 이어 하늘곳간[天府]을 이야기하고 있다. 하늘의 곳간이기에 아무리 채워도 가득하지 않고, 아무리 비워도 마르지 않는 곳간이다. 그리고 인간으로서는 그 온 곳을 가늠하기 힘들기에 '보광'(가려진 빛)이라 한다. '골의지요'가 뜻하듯이 도는 숨기를 좋아하기에, 그 빛은 직접 드러나는 것이 아니라 '은현'(隱現)으로써 드러난다.

그래서 도를 품고 있는 사람 역시 그 빛을 함부로 직접 드러내지 않는다. 도의 빛을 품은 사람이 그 빛을 직접 드러내려 하면 주위 사람은 그 빛에 눈이 부실 것이다. 하여 진정으로 뛰어난 사람은 오

히려 그 빛을 감춘다. "挫其銳 解其紛 和其光 同其塵"(그 날카로움을 무디게 하고, 그 얽힘을 풀라. 그 빛을 눈부시지 않게 하고, 그 티끌을 함께 하라. 4장)이라 한 것도 이 때문이다.

5장 도의 에티카

도의 경계 없음에 대해서 논했으나, 경계를 짓고, 거기에 이름을 붙이고, 그것들 사이에 가치의 서열을 매기고, 그 가치를 두고서 갈등하고 쟁투하는 것이 우리의 현실적 삶이다. 이는 우리가 도가 이지러져 퇴락한 세계에 살고 있기 때문이다.

도를 '골의지요', '오묘함', '보광'으로 논한 장자는 이어서 이 내용을 보다 실천적인 맥락에서 논한다. 그 근저에는 역시 파라-독사의 사유가 깔려 있다. 앞의 논의를 '도의 존재론'이라 한다면, 이제 펼쳐질 '만물제동'(萬物齊同, 고착된 금들을 벗어나 만물을 가지런히 하다)의 논의는 도의 에티카라 할 만하다.

고착된 금들을 벗어나

齧缺問乎王倪曰, "子知物之所同是乎".

<王倪>曰, "吾惡乎知之".

<齧缺曰>, "子知子之所不知邪".

<王倪>曰, "吾惡乎知之".

<齧缺曰>. "然則物無知邪".

<王倪>曰, "吾惡乎知之. 雖然 嘗試言之. 庸詎知吾所謂知之非不知邪. 庸詎知吾所謂不知之非知邪.

且吾嘗試問乎汝. 民溼[濕]寢則腰疾偏死 鰌然乎哉. 木處則惴慄恂懼 猿猴然乎哉. 三者孰知正處. ──民食芻豢 麋鹿食薦 蝍蛆甘帶 鴟鴉耆[嗜]鼠. 四者孰知正味. ──猨猵狙以爲雌 麋與鹿交 鰌與魚游. 毛嬙麗姬 人之所美也. 魚見之深入 鳥見之高飛 麋鹿見之決驟. 四者孰知天下之正色哉. ──自我觀之 仁義之端 是非之塗 樊然殽亂. 吾惡能知其辯[辨]".

齧缺曰, "子不知利害 則至人固不知利害乎".

王倪曰, "至人神矣. 大澤焚而不能熱 河漢沍而不能寒 疾雷破山 風振海而不能驚. 若然者 乘雲氣 騎日月 而遊乎四海之外. 死生無變於己 而況利害之端乎". (「齊物論九」)

설결(齧缺)이 왕예(王倪)에게 여쭈었다. "선생께서는 '사물들이 똑같이 그러한 바'에 대해 아십니까?"

왕예 답하여 가로되, "내 어찌 그걸 알겠는가?"

설결이 다시 여쭙기를, "선생께서는 선생께서 모른다는 것에 대해서는 아십니까?"

왕예 답하길, "내 어찌 그걸 알겠는가?"

설결 다시 여쭙기를, "그렇다면 무엇인가에 대해 안다는 것은 아예 불가능합니까?"

왕예 답하길, "내 그것을 어찌 알겠는가? 하나 시험 삼아 말해 보자. 내가 안다고 하는 것이 사실은 모르는 것이 아닐지 어찌 알겠는가? 역으로 내가 모른다고 하는 것이 사실은 아는 것이 아닐지 어찌 알 겠는가?

또 내가 시험 삼아 네게 묻노니, 사람은 습한 곳에서 자면 허리에 병 이 생겨 죽지만 어디 미꾸라지도 그렇더냐? 사람은 나무 꼭대기에 서 있으면 무서워 벌벌 떨지만, 어디 원숭이도 그렇더냐? 이 셋 중 과연 누가 올바른 장소를 안다 할까?——사람은 소, 양, 개, 돼지를 먹지만 사슴은 풀을 뜯어 먹고, 지네는 작은 뱀들을 파먹고, 솔개와 갈까마귀는 쥐들을 채서 먹는다. 이 넷 중 과연 누가 올바른 맛을 안 다 할까?——암컷 원숭이는 수컷 원숭이를 짝으로 하고, 수컷 사슴 은 암컷 사슴과 교미하며, 미꾸라지는 물고기와 함께 헤엄치며 다 닌다. 사람들은 모장과 여희가 예쁘다고 하면서 좋아한다. 하지만 물고기는 그들을 보면 황급히 물속 깊이 들어가고, 새는 깜작 놀라 날아가버리고, 사슴은 기를 쓰면서 도망가버린다. 하면 이 넷 중 누 가 천하의 올바른 색(色)을 안다 할까?——내 보기에, 인의(仁義)에 서의 옳고 그름이니 시비(是非)에서의 맞고 틀림이니 하는 것들이 란 그저 이러저리 금을 그어 놓아 혼란스럽게 하는 것들일 뿐. 내 어 찌 그런 금 긋기들에 일일이 눈길을 주겠는가?"

설결이 여쭙기를, "선생께서 이로움과 해로움을 알지 못하신다면, 지인(至人)은 틀림없이 그런 것들을 알지 못한다고 해야 할까요?"

왕예 답하여 가로되, "지인은 신적인 존재이다. 수택(藪澤)이 불에 타도 그를 덥게 할 수 없으며, 하한(河漢)이 얼어붙어도 그를 춥게 할 수 없으며, 엄청난 우레와 바람이 산을 쪼개고 바다를 뒤흔든다 해도 그를 놀라게 할 수는 없다. 그와 같은 이는 구름을 타고 해와 달을 몰아서 사해의 바깥에서 노닌다. 죽음도 그를 어쩌지 못하는데, 하물며 그깟 이해관계의 말단 따위야". (『제물론 9』)

앎과 모름

설결(齧缺)이 "선생께서는 '사물들이 똑같이 그러한 바'에 대해 아십니까?" 하고 물었을 때, 이 '사물들이 똑같이 그러한 바'(物之所同是)란 곧 '만물제동'의 이치를 말한다. 그야말로 근본적인 질문을 던진 것이다.

여기에 대해서 왕예는 처음부터 안다고 하는 것이 아니라 "내 어찌 그걸 알겠는가?"라고 답한다. 도에 대해 말하는 것에 대해 주저하는 장면은 『장자』 전편에서 반복되고 있다. "선생께서는 선생께서 모른다는 것에 대해서는 아십니까?"에 대해서 다시 왕예는 "내 어찌 그걸 알겠는가?"라고 답하는데, 이는 '만물제동'의 이치에 대해서 아는지 모르는지 그것 자체를 확실하게 말하기가 어렵다는 것이다. 그러자 설결은 다시 "그렇다면 무엇인가에 대해 안다는 것은 아예 불가능합니까?"라고 묻는데, 이는 왕예가 두 번 다 모른다고 했기에 앎이라는 것 자체가 불가능한 것인지를 물은 것이다. 하나 이에 대해서조차 왕예는 다시 "내 그것을 어찌 알겠는가?"라고 답하는데, 이는 앎이란 불가능하다고 단정적으로 말하기도 어렵다는 것을 뜻한다. 그렇다면 알 수 있는 것일까, 알 수 없는 것일까?

하나 시험 삼아 말해 보자. 내가 안다고 하는 것이 사실은 모르는 것이 아닐지 어찌 알겠는가?

역으로 내가 모른다고 하는 것이 사실은 아는 것이 아닐지 어찌 알겠는가?

역시 파라-독사의 논리이다. 앎과 모름은 모순관계가 아니다. 모순관계라면 어느 하나는 사라져야 하고, 앎에서 모름으로 또 모름에서 앎으로 이행할 수 없다. 또, 앎과 모름은 정도(degree)의 문제도 아니다. 앎이 점차 퇴색해 모름으로 가고 모름이 점차 개선되어 앎으로 가는 것도 아니다. 지금의 앎, 모름은 이런 성격의 앎, 모름이 아니다. 앎과 모름은 서로가 서로에게로 전환될 수 있는 파라-독사의 구조를 형성하고 있는 것이다. 어느 한 독사만을 긍정함으로써 그것을 고착화할 수 있는 것이 아니다.

장자는 도에 관해 독단론적으로 이야기하는 것도 아니고, 도는 아예 말할 수 없는 것이라는 회의주의적 입장을 이야기하고 있는 것도 아니다. 언뜻 보기에 장자는 주관성, 상대성을 역설하고 있는 것처럼 보인다. 그러나 사실 그는 우리가 주관적이고 상대적이라는 것을 진정으로 깨닫기 위해서는 도의 입장에 서야 한다는 것을 강조하고 있다. 다시 말해, 모든 것이 주관적이고 상대적임을 강조하는 것이 아니라, 도의 경지에 설 때 어느 주관성이나 상대성에 머물지 않고 그 주관성과 상대성을 깨닫게 된다는 것을 말하고 있다. 우리가 절대화하고 선을 긋고 배제하는 것들이 도의 경지에서 보면 주관적이고 상대적이라는 점을 깨달아야 한다는 것이다. '도추'와 '양행'의 관점에서 보아야 하는 것이다.

상대성의 깨달음, 금을 지우기

장자는 이야기를 보다 구체화한다. 처음에는 사람, 미꾸라지, 원숭이가 사는 장소를 이야기하고, 두 번째는 사람, 사슴, 지네, 솔개와 갈까마귀가 먹는 먹거리를 말하고, 세 번째는 원숭이, 사슴, 미꾸라지, 사람이 찾는 색을 이야기하면서, 장소, 맛, 색에서의 상대성을 강조하고 있다. 진흙탕이나 나무 위가 살 곳이 못 된다고, 풀, 작은 뱀, 쥐는 먹을 것이 못 된다고, 원숭이, 사슴, 물고기와는 색기(色氣)를 느끼고 짝을 맺을 수 없다고 생각하는 것은 어디까지나 인간의 '독사' 테두리 내에서 성립한다. 그러나 논했듯이, 논변의 핵심은 현실세계에서의 가치들이 도의 경지 ——현실세계와 가능세계들을 모두 포용하는 궁극의 이치 ——에서 보면 얼마나 상대적인가 하는 것이다.

도의 견지에서 보면 분별지가 의미를 상실하고, 만물은 '제동'의 경지에 놓이게 된다. 설결의 물음("物之所同是")에 직접적으로 답하기보다는, 세상의 분별이 얼마나 상대적이고 자의적인지를 드러내 보이고 도의 견지에서 그 상대성을 깨달아야 함을 말하고 있다.

'보광'(葆光)에 대해 논할 때 여러 예들을 들었거니와, 세상이라는 것은 끝없이 금을 긋고 차별하고 배제한다. 하나 인간이 그어 놓은 금들은 자의적인 것들일 뿐이다. 그 금들의 포로가 되지 않고 사는 존재, 인식론적 감옥에서 탈주해 가는 존재, 술어적 주체에 갇히지 않는 존재가 '무위인'(無位人)이다.

존재론적 맥락에서 가치론적 맥락으로 이행해서 논한다면, 금을 지운다는 것은 곧 고착된 가치들의 금을 지우는 것이다. 즉, "이로움과 해로움을 알지 못한다"는 것이다. 사람들은 이로움과 해로움에 맞춰서 금을 긋지만, 지인은 이러한 금들을 벗어나 있다. 그 가장 궁극의 경지는 곧 삶과 죽음 사이의 금을 지우는 경지이다.

만물을 가지런히 하다

'만물제동'은 장자 사유를 가장 압축적으로 표현하고 있다. 이 사유는 『장자』 전체를 관류한다. 앞의 문단에서는 도의 견지에 서야 비로소 상대성을 깨닫게 되고, 어떤 특정한 존재들/가치들에 집착하지 않을 수 있음을 말했다. 이하 대목에서는 그렇게 상대적인 존재들/가치들이 도의 견지에서는 '제동'임을 역설하는 논의로 나아간다. 도는 만물을 가지런히 한다. 물론 '제동'은 그것들이 같다는 것을 뜻하지 않는다. 민들레와 족제비, 철수…는 모두 다르다. 이 독사들 사이의 메우기 힘든 거리가 파라-독사의 견지에서는 무화된다는 것이다. 우리가 그렸던 그림[1]의 원 전체의 견지에서 보면 그 조각들 사이의 차이가 무화되고 모두가 궁극의 하나로 녹아들어 간다는 것이다.

> 瞿鵲子問乎長梧子曰, "吾問諸夫子, '聖人不從事於務. 不就利 不違[避]害. 不喜求 不緣道. 無謂有謂 有謂無謂, 而遊乎塵垢之

---

1) 맥락에 따라서 두 반원이 아니라 여러 원-조각들을 그려야 할 것이다. 예컨대 흑인종, 황인종, 백인종의 경우는 3개를, 국가들의 경우는 200여 개를… 그려야 할 것이다.

外.' 夫子以爲孟浪之言 而我以爲妙道之行也. 吾子以爲奚若".

長梧子曰, "是黃帝之所聽熒[瑩]也 而丘也何足以知之. 且汝亦大早計. 見卵而求時夜 見彈而求鴞炙. 予嘗爲汝妄言之 汝以妄聽之. ——奚. 旁日月 挾宇宙 爲其脗合 置其滑[亂]涽[昏] 以隷相尊. 衆人役役 聖人愚芚. 參[糝=糊]萬歲而一成純 萬物盡然 而以是相蘊. ——予惡乎知說[悅]生之非惑邪 予惡乎知惡死之非弱喪而不知歸者邪. 麗之姬 艾封人之子也. 晉國之始得之也 涕泣沾襟. 及其至於王所 與王同筐牀 食芻豢 而後悔其泣也. 予惡乎知夫死者不悔其始之蘄生乎. ——夢飲酒者 旦而哭泣, 夢哭泣者 旦而田獵. 方其夢也 不知其夢也. 夢之中又占其夢焉 覺而後知其夢也. 且有大覺 而後知此其大夢也. 而愚者自以爲覺 竊竊然知之 君乎 牧[司]乎 固哉. 丘也與汝 皆夢也. 予謂汝夢 亦夢也. 是其言也 其名爲弔詭[至異]. 萬世之後 而一遇大聖知其解者 是旦暮遇之也. ——旣使我與若辯矣 若勝我 我不若勝, 若果是也 我果非也邪. 我勝若 若不吾勝, 我果是也 而果非也邪. 其或是也 其或非也邪. 其俱是也 其俱非也邪. 我與若不能相知也 則人固受其黮闇, 吾誰使正之. 使同乎若者正之 旣與若同矣 惡能正之. 使同乎我者正之 旣同乎我矣 惡能正之. 然則我與若與人 俱不能相知也, 而待彼也邪. 化聲之相待 若其不相待. 和之以天倪 因之以曼衍 所以窮年也".

<瞿鵲子曰> "何謂和之以天倪".

<長梧子>曰 "是不是 然不然. 是若果是也 則是之異乎不是也 亦無辯. 然若果然也 則然之異乎不然也 亦無辯. 忘年忘義 振於無

竟. 故寓諸無竟". (『齊物論十』)

구작자(瞿鵲子)가 장오자(長梧子)에게 그의 선생[공자]에게서 들은 말을 전하며 여쭈었다.[2] "저희 선생께서 이런 말을 들으셨습니다. '성인은 시무(時務)에 종사치 아니하며, 이익을 취하지도 손해를 피하지도 않는다. 道를 구한다고 티 내지 않으며, 道에 집착하지도 않는다. 말이 있는 듯하지만 없고 없는 듯하지만 있으니, 세속[塵垢]의 바깥에서 노닐 뿐이다.' 선생은 이 말을 그저 맹랑(孟浪)한 말일 뿐이라 하셨으나, 제게는 오히려 오묘한 道를 실천하는 것으로 들렸습니다. 선생께서는 어떻게 생각하시는지요?"

장오자 답하여 가로되, "그런 말은 황제(黃帝)가 들어도 놀랄 말인데, 공구(孔丘)가 어떻게 이해하겠는가? 하나 그대 또한 참으로 성급하구나. 달걀을 보고선 새벽의 수탉 울음소리를 들으려 하고, 탄환을 보고선 새 구이 냄새를 맡으려 하다니. 내 이제 그대를 위해 시험 삼아 그저 말할 터이니, 그대도 그저 들으라.──어떤가. 성인은 해와 달과 더불어 우주를 옆에 낀 채 만물과 하나가 되고자 하며, 세상의 낮은 곳에 거하면서 헐벗은 이들과 함께한다. 뭇사람들은 세속의 일에 몰두하나 성인은 우둔(愚芚)하야,[3] 만세(萬歲)를 조화롭게 하여 순일(純一)의 세계를 이루나니. 만물이 이러한 세계에서 서

---

2) 구작자와 장오자는 가공의 인물들. 구작자는 공자의 제자로 설정되어 있다.
3) 『도덕경』 20장에서 "俗人昭昭 我獨昏昏"(세상 사람들 웃고 떠드는데, 나 홀로 어두컴컴하구나)이라 했다. 마지막의 "我獨昏昏"은 「제물론 2」를 끝맺는 "나만 그런 걸까, 그렇지 않은 사람도 있는 걸까"라는 구절과 통한다.

로를 보듬는다.──내 어찌 삶을 기뻐하는 것이 '미혹'이 아닌지 알겠으며, 내 어찌 죽음을 슬퍼하는 것이 '어린 나이에 고향을 떠나 그리 돌아갈 줄 모르는 것'인지 알겠는가. 애(艾)의 국경 관리인의 딸인 여희(麗姬)[4]는 진(晉)나라에 잡혀 갔을 때 눈물로 옷섶을 적시며 울었으나, 왕과 함께 호강에 겨운 삶을 살게 되자 이전에 울었던 것을 후회했다고 한다. 내 어찌 죽은 이가 이전에 애써 살기를 바랐던 것을 후회한다 하지 않겠는가.──꿈속에서 술 마시던 이 아침이 되면 눈물을 흘리고, 꿈속에서 울던 이 아침에는 사냥을 떠난다. 꿈속에서 그곳이 꿈인 줄을 모른 채 꿈속 꿈을 놓고서 점을 치다가, 꿈이 깬 후에야 그것이 꿈인 줄을 깨닫는다. 큰 깨어남[大覺]이 있은 후에야 이것이 큰 꿈임을 알 터인데, 어리석은 자들은 스스로 깨어 있다 착각해 임금이니 신하니 하고 있으니, 참으로 딱하도다. 공구와 그대도 모두 꿈이고, 그대가 꿈이라고 하는 나 또한 꿈이거늘. 이런 말을 가리켜서 수수께끼 같은 말[弔詭]이라 한다. 만세 후에 위대한 성인을 만나 그 답을 얻게 된다 해도, 그 시간은 오히려 매우 짧은 것이라 해야 할지니.──가령 그대와 내가 논쟁을 해서 그대가 이기고 내가 졌다면, 정말로 그대가 옳은 것이고 내가 그른 것일까? 내가 그대를 이기고 그대가 졌다면, 정말로 내가 옳고 그대는 그른 것일까? 한쪽이 옳다면 다른 한쪽은 그른 것일까? 아니라면 양쪽이 모두 옳거나, 양쪽이 모두 그른 것일까? 그대와 내가 옳고 그름

---

4) 여희는 호색한으로 유명한 진 헌공에게 잡혀갔고, 후에 그 경국지색으로 진을 혼란으로 몰아넣게 되는 여성이다. 『춘추좌씨전』 장공(莊公) 28년 2월에 자세한 전말이 나와 있다.

을 가릴 수 없다면 다른 이들 역시 어두움에 빠지고 말 터인데, 내 누구로 하여금 이를 바로잡을 수 있겠는가? 그대와 의견이 같은 사람으로 하여금 바로잡게 한다면, 이미 같은 의견일진대 어찌 바로잡을 수 있을까? 나와 의견이 같은 사람으로 하여금 바로잡게 한다면, 역시 이미 같은 의견일진대 어찌 바로잡을 수 있을까? 나와도 그대와도 의견이 다른 사람으로 하여금 바로잡게 한다면, 애초에 다를진대 어찌 바로잡을 수 있을까? 그대와도 나와도 의견이 같은 사람으로 하여금 바로잡게 한다면, 애초에 같을진대 어찌 바로 잡을 수 있을까? 결국 나와 그대 그리고 다른 이까지 모두 옳고 그름을 가릴 수 없다면, 또 다른 이를 기다려야 할까? 옳고 그름을 두고 다투는 그런 소리들에, 그대 휩쓸려 들지 말지어다. 그러한 갈등을 하늘맷돌[天倪]로 갈아 화합케 하며, 넓디넓은 자연의 품[曼衍]으로 이끌어 가면, 하늘이 준 시간을 다할 수 있을지니".

[구작자 여쭈어 가로되] "하늘맷돌로써 화합케 함은 무엇을 말합니까?"

[장오자 답하여 가로되] "옳지 않다 하는 것을 옳다고, 그렇지 않다고 하는 것을 그렇다고 하는 것이다. 진정으로 옳은 것은 세상이 옳지 않다 하는 것과 다르다는 것을 다시 말해야 할까? 진정으로 그러한 것은 세상이 그렇지 않다고 하는 것과 다르다는 것을 다시 말해야 할까? 시간도 잊고 생각도 잊은 채 가없는 곳에서 노니니, 이야말로 가없는 곳에 자신을 맡기는 것이라네."(「제물론10」)

구작자가 공자에게서 들은 말에서, 시무(時務)는 실무(實務)와 어감이 비슷하지만 의미가 다르다. 형주의 지식인들이 유비에게 제갈량을 소개하면서 "시무에 밝은 이"라고 한 것이 한 용례이다. 공자 역시 (단순한 '器'가 아니라) 시무에 밝았고, 시대의 과제를 해결하고 싶어 했던 이이다. 그러나 공자가 들은 말은 성인 —— 유가적 성인이 아니라 도가적 성인 —— 은 시무에 종사치 않으며…라는 도가적 가치였다. 때문에 공자는 이를 듣고서 맹랑한 말일 뿐이라고 했다. 장오자가 "그런 말은 황제(黃帝)가 들어도 놀랄 말인데"라 한 것은 훗날 '黃老之學'의 선구로서 숭앙받을 황제를 공자와 대조적으로 도가적인 인물로 보았기 때문이다.[5]

장오자는 도에 대한 성급한 판단을 경계하면서, "오묘한 이치를 실천하는 것"을 만물제동의 이치로써 설명한다.

첫 번째의 설명은 성인이 이루는 '순일의 세계'를 말한다. 우선 성인은 "해와 달과 더불어 우주를 옆에 낀 채 만물과 하나가 되고자" 한다. 현대인에게 우주는 물리적 세계 전체를 의미하고 그중 일부가 해와 달이지만, 고대에 해와 달은 우주 바깥에 있는 것으로 이해됐다. 『시자』(尸子)에서 "天地四方曰宇 往古來今曰宙"라 했다.[6] 천지사방이 '宇'이고 고금왕래가 '宙'이다. 그런데 성인은 해, 달과 나란히 하고, 우주를 옆에 낀다고 표현하고 있다. 핵심적인 것은 '하나가 된다'는 것, 곧 '제동'의 경지이다. 또 "세상의 낮은 곳에 거하면서 혈

---

5) 황로지학과 관련이 깊은 편들 중 하나로 외편의 「재유」(在宥)를 들 수 있다. '재유'라는 표현이 한초의 즉물적인 무위지치의 맥락을 잘 보여준다.

6) 尸佼, 『尸子譯注』, 朱海雷 撰, 上海古籍出版社, 2007, 47頁. '宇'는 공간적 틀이고 '宙'는 시간적 틀이다.

벗은 이들과 함께한다"는 것은 『도덕경』의 "상선약수"(上善若水, 높은 선은 물과도 같다)를 떠올리는 구절이고, 모든 구분과 차별을 타파하고 물처럼 가장 아래에 임(臨)하면서 역시 하나-됨을 추구하는 것이다. 그리고 만세를 조화롭게 하여 '순일'(純一)의 경지를 이룬다고 했다. 이 순일의 세계가 바로 만물제동의 세계이다. 이 세계에서 비로소 만물이 서로를 보듬는다. 도가적인 유토피아 사상이라 하겠다.

경계를 넘어

장자는 경계를 넘어 파라-독사의 차원으로 나아갈 것을 논한다. 첫 번째는 삶과 죽음의 차이를 넘어서는 제동의 경지를 말한다. 삶과 죽음의 차이를 파라-독사의 차원에서, 제동의 경지에서 극복하는 것이다. "내 어찌 삶을 기뻐하는 것이 '미혹'이 아닌지 알겠으며, 내 어찌 죽음을 슬퍼하는 것이 '어린 나이에 고향을 떠나 그리 돌아갈 줄 모르는 것'인지 알겠는가."

장자는 삶을 기뻐하고 죽음을 슬퍼하는 것을 넘어서고자 한다. 상대적인 것에 불과한 것들 사이에 금을 긋고 가치에서의 차별성을 부여하는 모든 것들이 도의 경지에서 보면 지극히 주관적이고 자의적인 것에 불과한 것이기 때문이다. 삶을 기뻐하고 죽음을 슬퍼하는 것은 이로움과 해로움이라는 자의성에 따라서 선을 긋는 것에 불과하다. 도의 견지에서 보면 삶을 좋아하는 것이 미혹에 불과할지도 모르고, 죽음을 슬퍼하는 것이 일찍이 고향을 떠난 바람에 아예 그곳을 잊어버려 돌아갈 줄을 모르는 것일 수도 있다. 여기서 고향은 '저 세상'이다. 지금의 삶은 타향살이이고 저 세상이 고향일지 누가 알겠는가? 고향에서 나비였던 내가 지금 사람이 되어 이렇게 타향살이를 하고 있는지 누가 알겠는가? 아니, 모든 것이 도에서 나와 도로 돌아간다는 점을 생각하면, 장자에게 죽음은 궁극적으로는 도의 세계, 고향으로 돌아가는 것이다. 장자의 관점에서, 우리가 죽음을 슬퍼하는 것은 너무 일찍 도의 세계, 고향을 떠나왔기에 그곳으로 돌아갈 줄을 모르는 것일 수도 있다.

두 번째는 꿈과 생시의 경계를 넘는 것이다. 삶과 대비되는 것이 죽음이듯이, 현실과 대비되는 것이 꿈이다. 꿈과 죽음은 통한다. 잠드는 것은 죽는 것과 통하며, 우리가 매일 잠을 자는 것은 매일 죽는 연습을 하는 것과도 같다. 장자는 삶과 죽음, 현실과 꿈이라는 대비를 이야기하면서, 결국은 그 대비가 우리가 생각하는 것처럼 그렇게 분명한 것이 아니라는 점을 이야기하고자 한다.

장사가 현실과 꿈의 상대성만을 이야기하고 있는 것은 아니다. 꿈인지 생시인지 알 수가 없다는 것을 말하면서도, 진짜 깨어남, '큰 깨어남'을 이야기하고 있기 때문이다. 이것은 곧 큰 깨달음이기도 하다. 하지만 장자는 여러 세계들 중 진짜 세계인 어느 하나의 세계가 있음을 말하고 있는 것이 아니다. 그가 말하고자 하는 바는 꿈과 생시, 나아가 여러 세계들을 파라-독사의 견지에서 볼 때, 그 모두가 상대적이라는 사실, 그러나 그 상대성 모두를 보듬는 도는 절대적이라는 사실을 깨닫게 된다는 것이다. 여러 번 논했듯이, 장자는 상대성만을 역설하고 있는 것이 아니라 도의 경지에 설 때, 파라-독사의 경지에 설 때 그 상대성이 비로소 분명해진다는 것을 말하고 있는 것이다. 그러면서 그런 큰 깨어남=깨달음을 이루지 못하고서 특정한

'독사'에 사로잡혀 사는 것을 비판하고 있다.

　이어서 세 번째로는 옳음/그름의 경계를 넘어서야 함을 말하고 있다. 누군가가 누군가의 논쟁에서 '이겼다'고 해서 그것이 진정 이긴 것일까? 그것은 그저 독사와 독사 사이에서 일어난 자의적인 사건일 뿐이다. 독사와 독사 사이에서의 옳고 그름을 따져서는 그 어떤 해결책도 나오지 않는다. 그것들을 해들로서 포용하는 문제로 나아감으로써만, 파라-독사의 차원으로 나아감으로써만 각각의 독사가 가진 상대성과 한계를 조감할 수 있는 것이다. 이는 독사들의 수를 늘린다고 해서 해결될 일이 아니다.

　장자 사유의 기본 성격에 관련해 언급했듯이, 지식을 쌓는다고, 앎을, "옳음"을 양적으로 늘린다고 될 문제가 아닌 것이다. 장자의 철학은 '회심'(回心)의 철학이라고 했다. 바로 큰 깨달음/깨어남의 철학인 것이다.

　'하늘맷돌'[天倪]은 '하늘못', '하늘퉁소', '하늘고름', '하늘곳간'과 궤를 같이한다. 파라-독사의 경지, 만물제동의 경지, 도의 경지가 성립하는 곳이다. 바로 그곳에서 만물을 갈아 화합케 해야 함을 말하고 있다. 이곳은 또한 "넓디넓은 자연의 품", 아무런 경계도 없는 '만연'(曼衍)이기도 하다. 바로 '순일'의 경지이다. 이때 "하늘이 준 시간을 다할 수 있을지니[窮年]"라 한 것은 단지 주어진 수명을 다 산다는 것만이 아니라, "만세 후에 위대한 성인을 만나 그 답을 얻게 된다 해도, 그 시간은 오히려 매우 짧은 것이라 해야 할진저"라는 구절과 연계된다. '만연'의 경지로 이끌어 간다면, 만세 후에 답을 얻어도 짧다고 할 수 있는 그런 지난한 깨달음의 길을 완수한 것임을 뜻한다.

하늘맷돌이란 어떤 것인가? "옳지 않다 하는 것을 옳다고, 그렇지 않다고 하는 것을 그렇다고 하는 것이다." –1이 결코 답이 아니라고 생각하는 사람들에게 문제의 차원에서 보면 –1도 답일 수 있음을 보여주는 것이 곧 하늘맷돌이다. 하늘맷돌의 진정으로 옳은 경지, 진정으로 그러한 경지에서 보면, 세상에서 옳지 않다고, 그렇지 않다고 하는 것도 옳을 수, 그럴 수 있는 것이다. 지금까지 거듭 이 제동의 경지를 말해 온 것이다. 이런 큰 깨달음/깨어남을 얻어 "넓디넓은 자연의 품[旻衍]"에서 노닐게 해주는 것이 하늘맷돌이다.

도의 경지에서는 모든 가치의 구분이 무화되는데, 그렇다고 한다면 나와 다른 사람과의 차이는 어떻게 받아들여야 할까? 현실세계에서는 나와 다른 사람의 차이는 여전히 그 차이이다. 그러나 도의 세계에서는 그 차이가 무화된다. 현실세계로부터 도의 세계로 나아가려면, 두 사람의 차이가 개입되는 그 '사이'에 서도록 노력해야 한다. '사이짓기'의 사유. 나와 다른 사람 사이의 도의 지도리에 서야 하는 것이다. 우리는 모두 '나'이기 때문에 지도리에 서지 못하고, 이미 '나'에게로 기울어진 입장을 가지고 있다. 도의 세계는 이 차이가 무화되는 세계이기 때문에, 우리가 그리로 향하려면 결국 나와 타인 사이의 도추에 서서 해들이 아니라 문제를 보아야 하는 것이다. 당연히 이를 실제 실천하기는 매우 어렵다. '나'를 벗어나는 것은 어렵기 때문이다. 그래서 논리적인 사유로써만이 아니라 내 기(氣)를 바꿔나가는 노력이 필요하다. 들뢰즈와 가타리가 말하는 '되기'가 필요한 것이다. 정신적인 깨달음만이 아니라 신체적인 되기가 필요한 것이다. 이것은 '기'가 띨 수 있는 윤리적 차원이다.

6장 물화

장자의 '化'의 철학은 '물화'(物化) 개념에서 절정에 달한다. 개별성, 동일성에 집착하는 사유를 버리고 독사들에서 파라-독사로, '化'의 사유로 이행하기. 정확히 말하면, 물화 개념은 도와 만물 사이에, '氣'의 차원에 위치한다. 파라-독사와 독사들, 도와 만물 사이에서 독사들, 물(物)들, 동일성들이 허물어지고 도의 차원으로 나아가는 과정, '기화'를 논하고 있다고 할 수 있다. 물화 또는 물화의 토대는 기화이다.

만물의 의존성

> 罔兩問景[影]曰, "曩子行 今子止 曩子座 今子起, 何其無特操與".
> 景曰, "吾有待而然者邪. 吾所待又有待而然者邪. 吾待蛇蚹蜩翼
> 邪. 惡識所以然 惡識所以不然". (「齊物論十一」)

결그림자가 그림자에게 물었다. "방금 전엔 걷더니 이제는 멈추어 있고 방금 전엔 앉아 있더니 이제는 일어나 있으니, 어찌 그리 지조(志操)가 없는가?"

그림자 답하여 가로되, "[네가 나에게 의지해 존재하듯이] 나 역시 내가 의지해 있는 존재가 있어 그런 게 아니겠는가. 내가 의지하고 있는 그 존재 또한 다른 어떤 존재에 의지하고 있을 터이고. 하니 나는 뱀의 허물이나 매미의 날개에 의지해 있는 셈이 아니겠는가. 의지해 있는 까닭을 내 어찌 알겠으며, 의지해 있지 않는 까닭을 내 어찌 알겠는가".(「제물론11」)

뱀의 허물은 뱀에 의지해 있고 매미의 날개는 매미에 의지해 있다. 그림자인 나 역시 내가 의지하는 것에 의지하고 있는데, 내가 의지하고 있는 것조차도 다른 것에 의지해 있는 것이다. 그러니 나는 흡사 뱀의 허물이나 매미의 날개에 의지해 있는 것과 같다. 그런데 이런 그림자에 의지해 있는 곁그림자가 그림자가 움직인다고 불평하니, 그림자로서는 참으로 허탈한 일이다.

분화되어 있는 만물을 살펴보면, 모든 것은 무언가에 의지하고 있다. 장자가 여기에서 이야기하고 있는 것은 인과관계의 형식은 아니지만, 그 논의에 해당하는 이야기를 하고 있다. 그림자가 원인이고 곁그림자가 결과이다. 결과는 원인에 의지한다. 뱀의 허물은 뱀에 의지하고 매미의 날개는 매미에 의지하고 있고, 또 뱀과 매미는 다른 것들에 의지한다. 만물이 고립적으로/독립적으로 존재하지 않고 모두가 다 무언가에 의지해서 존재한다.

이 모든 의존관계의 근원을 찾는다면, 그것은 물론 '도'이다. 여기에서 장자는 개별성, 동일성에 고착화하는 사유를 비판하면서, 만물이 계속적인 의존관계에 있음을 말하고 있다. 이 문단이 동일성을 고착화하는 것을 비판하는 것에 그치고 있다면, 「제물론」의 마지막을 장식하는 '호접몽'(胡蝶夢) 이야기에서는 보다 적극적으로 물화를 묘사하고 있다.

호접몽

昔者莊周夢爲胡蝶. 栩栩然胡蝶也. 自喩[愉]適志與 不知周也. 俄然覺 則蘧蘧然周也. 不知周之夢爲胡蝶與 胡蝶之夢爲周與. 周與胡蝶 則必有分矣. 此之謂物化.(「齊物論十二」)

언젠가 나는 꿈속에서 나비[胡蝶]가 되었다. 신이 나서 팔락팔락 날아다니는 한 마리 나비였다. 스스로 즐거워하며 마음이 부풀어, 나인지조차도 몰랐다. 문득 깨어나 놀라서 보니 바로 나였다. 내가 꿈속에서 나비가 되었던 것일까? 아니면 나비가 꿈속에서 내가 되었던 것일까? 나와 나비 사이에는 구분이 있는 것이 사실이다. 하여 이런 변화를 가리켜 '물화'(物化)라 한다.(「제물론 12」)

정적으로 보면 장자와 나비 사이에는 구분이 있다. 양자는 모두 '物'이다. 장자가 나비가 될 수 없고, 나비가 장자가 될 수 없다. 그러나 꿈속에서 장자는 나비가 되고, 나비는 장자가 된다. 그리고 어느 것이 꿈이고 어느 것이 생시인지는 불확실하다. 꿈과 생시가 엇갈리면서 장자가 나비가 되고 나비가 장자가 되는 것, 이를 일컬어 '물화'라 한다. 여기에서 핵심은 장자가 나비가 된 것인가 나비가 장자가 된 것인가에 있지 않다. 한쪽이 현실이라면 다른 한쪽은 꿈이라는 구분이 유지되기 때문이다. 핵심은 둘 중 어느 한 경우만이 진실은 아니라는 점이다. 꿈과 생시가 한쪽은 실재이고 다른 한쪽은 허구인 고착된 관계가 아니라 상호 전화(轉化)의 관계를 맺고 있다. 파라-독사의 경지에서는 꿈과 생시(죽음과 삶/저세상과 이 세상) 사이의 고착된 관계는 성립하지 않는다. 꿈과 생시이든 생시와 꿈이든 그 고착성은 결국 파라-독사의 세계에서 극복되기 되기 때문이다. 장주와 나비 사이에는 구분이 있지만, 그 구분의 고착성은 결국 파라-독사의 세계에서 사라진다. 이것이 '물'(物)들의 '화'(化)이다.

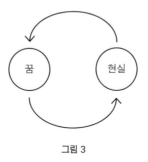

그림 3

생시-세계가 현실세계라면, 꿈-세계는 가능세계이다. 현실세계를 기반으로 가능세계가 구축되는 것이지 그 역은 아니다. 그러나 장자에게서 현실세계와 가능세계는 뒤집힐 수 있다. 이 점에서 급진적인 파라-독사의 사유이다.

장자의 사유는 도를 찾는 사유이다. 그러나 그의 사유에는 "道
可道 非常道"라는 노자의 가르침이 항상 현존해 있다. 때문에 그는
늘 만물과 도 사이에서 사유하며, 사람통소·땅통소·하늘통소를 함
께 사유한다. 숱한 형태를 띠고서 다채롭기 이를 데 없는 소리들을
내는 만물의 개별성, 상대성, 다원성과 도의 포용성, 주재성 사이를
오가면서 사유한다. 그래서 그의 사유는 삶의 고해(苦海)로부터 도
의 순일함의 경지에 이르는 넓은 폭을 아우른다.

장자의 사유는 파라-독사의 사유이다. 그것은 특정한 독사에
고착된 사유들을 해체하고자 하며, 그러면서도 상대성에 만족하기
보다 그것들을 보듬는 파라-독사의 차원을 응시한다. 때문에 그의
사유는 독사들이 갈라지는 지도리, 나아가 현실성과 가능성이 갈라
지는 지도리에 서서 사유하는 도추, 양행의 사유이다.

상대적 존재들은 물화를 통해 연속성의 지반 위에서 생성하며,
궁극적으로는 도에서 하나가 된다. 그러나 무수한 독사들이 도에서
녹아 하나가 된다는 것이 그것들 사이의 차이가 완전히 무화된다는
것을 뜻하는 것은 아니다. 만물이 도에서 나와 도로 돌아가거니와,
세상에 많은 것들이 반복된다는 것은 곧 반복되는 것들의 동일성이
도 안에서 완전히 사라지는 것은 아니라는 점을 시사하기 때문이다.
그것들은 도 안에서 점선으로서만 존재하면서 서로 혼효한다(이 때
문에 반복은 항상 차이를 동반한다). 도는 무질서가 아니라 무한한 질
서이다. '그 길' 안에서 무수한 크고 작은 길들이 무화되는 것은 아니
다. 그것들은 '그 길' 안에서 점선으로서 혼효하되 다시 개별화되곤

한다. 이것이 세계가 '차이와 반복'의 성격을 띠는 이유이다.

장자의 파라-독사의 사유는 존재론적 평등을 지향한다. 세상을 지배하는 독사들을 넘어 그것들이 도 안에서 평등함을, 인간세의 가치들이 도의 차원에서 부질없음을 깨닫는다. 그러나 장자는 어떤 사람들처럼 문화, 업적의 세계를 부정하지 않는다. 그런 차원 역시 도에서 나온 것이기 때문이다. 그에게 세계는 구가 아니라 달걀이다. 존재론적 달걀 전체를 긍정할 때, 우리는 상대성과 절대성을, 자연주의와 인간주의를 넘어 세계 전체를 포용할 수 있다. 때문에 장자에게서 자연으로의 탈주와 사회에서의 투쟁은 모순되지 않는다. 자연에의 '인순'(因循)과 대붕의 비상은 동전의 양면인 것이다.

장자와 함께하는 삶은 도의 지도리에 서서 사유하고 실천하는 삶이다. 도가의 철학은 파라-독사의 사유이지만, 현실적 독사와 가능적 독사는 대칭적이지 않다. 우리는 어떤 한 독사 안에서 살아가기 때문이다. 자동차의 운전석이 한가운데가 아니라 왼쪽(또는 오른쪽)에 있듯이, 우리의 현실(actuality)은 특정 독사에 위치해 있다. 그래서 우리는 왼쪽(또는 오른쪽)으로 기울어진 관점에서 운전을 해야 하듯이, 특정 현실성에 정위(定位)해서 현실적 독사와 가능적 독사를 사유할 수밖에 없다. 그래서 우리는 항상 현실성과 가능성이 갈라지는 경계선에서, 현실세계와 가능세계가 접하고 있는 도추에서 사유해야 한다.

현실성으로서의 독사는 강고한 동일성을 띠고 있다. 그것은 좀처럼 변하지 않는 바위와도 같다. 그래서 장자가 말하는 파라-독사의 경지는 꿈과도 같다. 그것은 꿈처럼 환상적이다. 그러나 꿈조차 없는 인간보다 더 비참한 존재가 어디에 있으랴. 파라-독사의 세계는 꿈이기에 아름다운 것이고, 우리는 꿈꿀 수 있는 존재이기에 사유할 수 있고 실천할 수 있는 것이다. 그 실천이 아무리 미약한 것일지라도 그것은 꿈 없이는 애초에 불가능한 것이다. 그리고 파라-독사를 공유하는 사람들이 힘을 합할 때 그 힘은 결코 미약하지 않은 것일 수 있다. 장자의 사유는 꿈이고, 우리는 그와 더불어 꿈꿀 수 있다.

3부
만물의 기와 통하다

'물화'와 '되기'는 만물에 근원적인 수준에서의 연속성을 부여하는 바탕으로서 기(氣)의 존재를 함축한다. 사물과 사물, 개별자와 개별자가 서로 통하는 것은 연속적인 기화(氣化)의 차원을 함축한다. 사람과 사람이 서로 통하고, 동식물들, 사물들과 사람이 서로 통하는 것은 그 모두가 기화의 매듭들이기 때문이다. 이 관점은 동북아적 세계관의 근저에 놓여 있으며, 장자의 사유를 이해하는 데에도 본질적이다. 특히 사람의 신기가 통하는 '신기통'(神氣通)을 제외한다면, 동북아 사유는 삽시간에 그 생동감과 매력을 상실할 것이다.

'양생'(養生) 역시 이러한 기초에서 성립한다. '양'(養)은 기르고 돌보는 것을 뜻하고, '생'(生)은 넓게 말하면 생명을, 좁게 말하면 인생을 뜻한다. 그래서 '양생'이란 생명을, 인생을 돌보고 기르는 것이다. 노자적 사유의 한 갈래로서 양생술은 도교, 황로지학, 한의학과 밀접한 관련을 맺으면서 전개되어 왔고,『서유기』같은 소설을 통해서도 흥미롭게 표현되었다. 양생술은 도가 철학 신기통을 실천적 맥락으로 활용해 간 의미 있는 길이다.

존재론적 달걀에 대해 논했거니와, 양생술은 자연과 문화의 접면에서 이루어진다. '生'이란 자연의 차원과 인간의 차원을 보듬는 개념이기 때문이다. 아울러 양생술은 인식론적 성격을 띠기도 한다. 사물의 기와 통하는 것은 곧 ('지식'과는 다른 차원에서) 사물을 알아가는 것이기도 하기 때문이다.

　　우리가 사는 오늘날은 미셸 푸코가 분석한 '생명정치'의 시대이다. '양생술'을 이 생명정치의 대척점에 놓고서 현대적인 형태로 재개념화하는 것, 생명정치에서 양생술로 나아감은 21세기 철학의 가장 중요한 화두들 중 하나이다. 우리는 이러한 사유의 기초를 「양생주」(養生主)에서 발견한다.

1장 오로지 중(中)을 따름

여기에서는 양생술의 기초적이고 소극적인 측면이 제시되고 있다. 양생술에는 여러 맥락이 있을 수 있지만, 우선은 생명을 보존하고 천수를 누림을 기초로 한다. 그래서 생명을 위협하는 지식 추구와 선악에의 치우침을 경계하면서, 오로지 '中'의 가치를 따를 것을 이야기하고 있다.

> 吾生也有涯 而知也無涯. 以有涯隨[遂]無涯 殆已. 已而爲知者 殆而已矣.
> 爲善無[毋]近名 爲惡無近刑 緣[順]督[1]以爲經, 可以保身 可以全生 可以養親 可以盡年.(「養生主一」)

---

1) '督'을 '中'으로 읽었다. 『황제내경 영추』(黃帝內經 靈樞)에 나오는 '독맥'(督脈)에서의 독(督)과 통한다. 기경팔맥(奇經八脈)에서 중맥(中脈)을 독맥(督脈) —— 몸의 뒤쪽이 독맥이고, 앞쪽의 경우는 임맥(任脈)이다 —— 이라고 부르는 경우와 같은 용례이다. '中'을 따른다는 것은 「제물론」에서 보았던 "도의 지도리에 서는 것"과 통한다.

우리의 생명은 유한하지만 앎은 무한하다. 한계 있는 것으로써 한계 없는 것을 정복하고자 하면 위태로우리라. 이를 알면서도 기어이 앎을 이루려는 자는 더더욱 위태로우리라.

선을 행하여 명예에 가까이 가지도 말고, 악을 행하여 형벌에 가까이 가지도 말라. 오로지 중(中)을 따름을 삶의 줄기로 삼으면, 몸을 보존할 수 있고 생명을 온전히 할 수 있고 어버이를 잘 모실 수 있으니. 그로써 천수를 누릴 수 있으리라.(「양생주1」)

우리의 생명은 유한하다. 하지만 지식에는 끝이 없다. 때문에 유한한 생으로써 무한한 지식을 쫓으려 하면 위태롭다. 이를 알면서도 기어이 지식을 쌓으려 하는 자는 더욱 위태로워질 것이다. 지식으로 생명을 위태롭게 하지 말아야 함을 말하고 있다. 지식의 가치보다 생명의 가치를 위에 두는 사상이다.

도가의 입장에서는 선을 행해서 명예를 얻는 유가 등의 가치가 생명의 가치와 조화되지 않는다고 본다. 사회에 좋은 일을 해서 이름을 세우는 것은 유가 등의 가치이다. 도가적인 맥락으로 보면, 사회적으로 좋은 일을 해서 이름을 남기는 것이 오히려 생명에 위배가 될 수 있다. 생명에 가치를 두는 사람과 명예에 가치를 두는 사람의 차이라고 할 수 있다. 도가의 관점에서 보면 사회적 가치로 볼 때 좋은 일을 하다가 죽은 백이(伯夷)나 나쁜 일을 하다가 죽은 도척(盜跖)이나 주어진 생명을 함부로 한 것은 마찬가지이다.

夫不自見而見彼 不自得而得彼者, 是得人之得 而不自得其得者

也. 適人之適 而不自適其適者也. 夫適人之適, 而不自適其適, 雖
盜跖與伯夷 是同爲淫僻也.(「騈拇五」)

무릇 자신을 보지 못하고 남만 보고 또 자신을 얻지 못하고 남만
을 얻는 자는 남이 얻고자 하는 것만을 얻을 뿐 자신이 얻고자 하는
것을 얻지 못하는 자이다. 남이 즐거워하는 것만 즐거워하고 자신
이 즐거워하는 것은 즐거워하지 못하는 자인 것이다. 남의 즐거움
만 즐거워하고 자신의 즐거움은 즐거워하지 못한다면, 도척과 백
이처럼 대조되는 자들일지라도 사실 지나친 것은 마찬가지인 것이
다.(「변무5」)

그러므로 선을 행하여 명예에 가까이 가는 것이나 악을 행하여
형벌에 가까이 가는 것이나, 둘 다 생명에는 위배되므로 삼가야 한
다. 유가적 가치와 도가적 가치 사이에는 큰 차이가 있다.[2] 선과 악
의 중(中)에 서는 것은 "무엇이든 지나치지 않게"라는 델포이 신전
의 금언과 통한다.

'양생'은 무병장수만 뜻하는 것이 아니라 타인들과 좋은 관계를
갖는 것, 어버이를 잘 모시는 것, 넓게 보면 자연(현대적 의미)과 인간
의 좋은 관계 등을 포함하는, 외연이 넓은 개념이다. 유가 철학자들
은 이러한 도가적인 양생을 비판했다. 그러나 '존재론적 달걀'로써

---

2) 『열자』, 「양주」(楊朱)가 이런 사상을 전개하고 있다.

언급했듯이, 이는 장자에 대한 적절한 비판은 아니다. 달걀의 구도에 입각해, '양생'의 개념을 유가적 가치까지 포용하는, 현대적인 형태로 다시 다듬어낼 필요가 있다.

2장 신기통과 양생의 길

포정의 해우 장면은 장자가 생각하는 양생의 길을 가장 농밀하게 형상화하고 있는 대목이다. 게다가 사회적으로 하층민인 백정으로 하여금 당대의 권력자에게 양생의 '도'를 가르치는 장면을 연출함으로써, 사회와 시대에 대한 강렬한 저항정신을 표현하고 있기도 하다.

이 대목을 기의 존재론과 인식론의 관점에서, '신기통'(神氣通) 개념을 토대로 읽을 수 있다.

> 庖丁爲文惠君解牛. 手之所觸 肩之所倚, 足之所履 膝之所踦, 砉
> 然[1]嚮然. 奏刀騞然[2] 莫不中音. 合於桑林之舞 乃中經首之會.
> 文惠君曰, "譆, 善哉. 技蓋[3]至此乎".

---

1) '획연'(砉然)은 가죽이 뼈에서 분리될 때 나오는 소리이다.
2) 소 잡는 것을 음악에 비유하고 있기 때문에 '주'(奏)를 썼다. '획'(騞)은 '획'(砉)보다 더 큰 소리이다.
3) '합'으로 읽고 '何故'를 뜻한다.

庖丁釋刀 對曰, "臣之所好者 道也. 進乎技矣. 始臣之解牛之時 所見無非牛者. 三年之後 未嘗見全牛也. 方今之時 臣以神遇 而 不以目視. 官知止 而神欲行. 依乎天理 批大郤 導大窾 因其固然. 技經肯綮之未嘗 而況大軱乎.——良庖歲更刀 割也. 族庖月更刀 折也. 今臣之刀十九年矣 所解數千牛矣. 而刀刃若新發於硎. 彼 節者有閒 而刀刃者無厚. 以無厚入有閒 恢恢乎其於遊刃 必有餘 地矣. 是以十九年 而刀刃若新發於硎.——雖然 每至於族[4] 吾見 其難爲 怵然爲戒 視爲止 行爲遲 動刀甚微. 謋然已解 如土委地. 提刀而立 爲之四顧 爲之躊躇. 滿志 善刀而藏之".

文惠君曰, "善哉. 吾聞庖丁之言 得養生焉".(「養生主二」)

포정(庖丁)이 문혜군(文惠君)[5]을 위해 소를 잡았다. 손으로 잡고 어깨로 누르고 발로 밟고 무릎으로 받치면서 칼질을 하니, 서걱서걱 칼질하는 소리, 툭툭 뼈에서 살 떨어지는 소리가 울려 퍼졌다. 율동(律動)에 맞춰 칼을 쓰면 더욱 큰 소리가 울렸는데, 음률에 어긋나는 바가 없어 상림(桑林)의 춤에 합치하고 경수(經首)의 박자에 딱 들어맞았다.

문혜군이 감탄하면서 이르길, "대단하구나! 소 잡는 기술이 이런 경지에 이를 수 있다니!"

포정이 칼을 내려놓고서 답하여 가로되, "소인이 다다르고자 하는

---

4) '族'은 '交錯聚結'을 뜻한다. 뼈와 힘줄이 얽혀 있는 곳을 가리킨다.
5) 젊은 시절의 양 혜왕으로 추측되나, 확실하지는 않다.

바는 道의 경지이니, 이는 한갓된 기술에서 더 나아간 곳이지요. 처음에 소를 잡기 시작했을 때는 그저 소 몸뚱어리가 통째로만 보였습니다만, 3년이 지나니까 겨우 칼질할 곳이 보이기 시작하더군요. 지금에 이르러서는 소를 신(神)으로써 볼 뿐, 눈으로 보는 것이 아닙니다. 감각에 의존하기를 그치고 오로지 신명에 의존하면, 소 몸의 결들을 따라 해우(解牛)할 수 있게 됩니다. 자연의 이치에 따라서, 비어 있는 곳들을 칠 수 있게 되고 뼈마디들의 틈새에 칼질을 할 수 있게 되는 것이죠. 제 기술로 뼈와 살이 붙은 곳에서도 실패한 적이 없거늘, 뼈 휘어진 곳 정도야 문제가 되지 않습지요.

솜씨 좋은 백정은 일 년에 한 번씩 칼을 바꾸는데 칼이 살코기에 부딪치기 때문이고, 평범한 백정은 한 달에 한 번씩 칼을 바꾸는데 칼이 자꾸 뼈를 치기 때문입니다. 지금 제가 쓰고 있는 것은 19년 된 칼이고 이제까지 잡은 소가 수천 마리는 되지만, 칼날이 이제 막 숫돌에서 간 것 같습니다. 뼈의 마디마디에는 빈틈이 있고 칼날에는 두께가 없지요. 두께가 없는 것을 틈 있는 곳에 집어넣으면, 그 사이가 넓어 칼질을 하기에 여유가 있습니다. 해서 19년을 썼는데도 칼날이 막 숫돌에서 간 것 같은 것이죠. 하지만 뼈와 힘줄이 엉켜 있는 곳에 이를 때면 저 또한 매양 난감해하며 긴장하게 되어, 정신을 극도로 집중해서 천천히 작업을 진행하게 됩니다. 그렇게 칼을 미세하게 움직여 가면, 결국 스르륵 하고 힘줄이 뼈에서 분리되어 땅 위의 흙더미처럼 바닥에 떨어져 있습니다. 저는 칼을 잡고 우두커니 서 있다가 사방을 둘러보면서 머뭇거리다가, 문득 정신이 다시 돌아와 칼을 닦아서 잘 보관합니다".

문혜군이 감동해서 외치기를, "훌륭하구나! 나는 포정의 이야기를 듣고서 양생(養生)의 길을 깨달았다".(「양생주 2」)

우선 포정이 소를 잡는 광경이 묘사되고 있다. 이 광경을 "율동(律動)에 맞춰 칼을 쓰면 더욱 큰 소리가 울렸는데, 음률에 어긋나는 바가 없어 상림(桑林)의 춤에 합치하고 경수(經首)의 박자에 딱 들어맞았다"고 표현하고 있다.

소 잡는 장면의 구성이 흥미롭다. 칼로 소를 해부하는 것은 매우 천한 일이다. 생명체를 죽여야 하고, 칼질을 해야 하고, 피가 튀고, 살이 베이고…, 하는 일이 아닌가. 그런데 이 일에 율동이라는 의미/이미지를 부여하고, 그것을 음악에 연결하고 있다. 이때의 음악은 현대의 그것에 비해 보다 무거운 함의를 띠고 있다. 플라톤이 그의 4분과에 음악을 포함시켰듯이, 동북아에서는 '樂'을 '禮'와 결합해 '예악'으로서 숭상했다. 이는 특히 문화를 중시한 유가 철학자들에게서 두드러지게 나타났으며, 이 때문에 묵가 철학자들은 '비악'(非樂)을 강조하면서 그들에 맞섰던 것이다. 고대에 음악은 국가의 대사였다. 여기에서 등장하는 상림의 춤이라든가 경수의 박자는 특히 이런 의미를 띠고 있었는데, 전자는 송나라의 상림에서 상제에게 기우제를 지낼 때 바쳤던 무곡(舞曲)이고, 후자는 함지악(咸池樂)의 악장 이름으로서 황제가 만들고 요 임금이 증수(增修)해 기우제에서 사용한 음악이다. 이런 장면 구성 자체가 매우 의미심장하며, 달리 보면 코믹하고 풍자적이라고도 할 수 있다.

소 잡는 일에 율동을 결부시킨 것은 내용상으로도 의미심장하다. 인간의 행동은 시간 안에서(그리고 특정한 장소에서) 이루어진다. 시간은 그 본성상 연속적이다. 그런데 행동은 그 연속성에 어떤 '분절'을 도입한다. 시간에 분절이 도입될 때, '사건'이 성립한다. 사건들의 분절이 어떤 규칙성을 띨 때 '리듬'이 성립한다. '律'은 이 리듬을 말한다. 리듬에 맞추어 사건들이, 행동들이 이루어질 때 리듬을 갖춘 '율동'이 이루어진다. 포정의 해우는 이렇게 율동을 동반한 행동으로서 묘사되고 있다. 이런 율동성은 그 앞에 나온 "손으로 잡고 어깨로 누르고 발로 밟고 무릎으로 받치면서"라는 구절이 드러내고 있는 긴장된 역학적 평형과 대비를 이룬다. 힘과 힘의 균형, 서로 상쇄되면서 평형을 유지하는 긴장을 보여주는 앞 구절과 율동에 맞추어 이루어지는 동작을 보여주는 뒤의 구절이 절묘한 대비를 이루면서, 해우(解牛)의 구조와 생성을 압축적으로 묘사하고 있는 것이다. 장자 글쓰기의 묘미를 만끽할 수 있는 대목이다.

기(技)와 도(道)

이 광경을 보고 감탄하는 문혜군에게 포정은 "소인이 다다르고자 하는 바는 道의 경지이니, 이는 한갓된 기술에서 더 나아간 곳이지요"라 답한다.

고대 그리스에서는 점으로서의 아르케(원리, 근원, 뿌리)를 찾았고, 고대 동북아에서는 선으로서의 '道'(길)를 찾았다. 아르케인 점과 현실은 떨어져 있다. 현실세계의 너머에 점(이데아, 신 등)이 있고 그것이 현실세계를 지배한다. 그리고 인간은 그 점을 북극성으로 삼아 그것을 따라야 한다(미메시스). 반면 길은 하나로 정해져 있는 것이 아니라 어디에나 있고, 그래서 어떤 길을 걸어가느냐가 중요하다. 이런 내재적 구도를 취했기에, 다도, 무도, 검도 등 다양한 분야에서 도를 찾았고, 지금 포정이 이야기하듯이 소 잡는 데에도 도를 말할 수가 있는 것이다.[6] 소 잡는 데에서 도를 찾는 이 대목은 동북아 사유의 성격을 매우 뚜렷이 보여주는 의미심장한 대목이다.

　　포정은 지금 '技'와 '道'를 대비시키고 있다. 전통적으로 "形而上者謂之道 形而下者謂之器"(형이상의 것을 '도'라 하고, 형이하의 것을 '기'라 한다)라 했고 "君子不器"(군자는 실무에 종사하는 존재가 아니다)라 했듯이, '器'/'技'의 수준에 머물기보다는 '道'의 차원으로 나아가려는 경향이 존재했다.[7] 흥미로운 것은 소를 잡는 것은 누가 봐도 '技'의 수준에 머무는 것임에도, 포정은 이 천하기 짝이 없는 '技'의 맥락에서 오히려 '道'를 이야기하고 있다는 점이다. 그리스식으로 말해서, 아무리 높여 이야기한다 해도 '테크네'라고 해야 할 것에 '에피스테메', 아니 '소피아'의 뉘앙스를 부여하고 있는 것이다. 이는 윤리적-정치적인 뉘앙스를 넘어, 형이상학적으로 내재적 철학의 추구를 함축하고 있다.

---

6) 천하통일 전후를 즈음해 저술된 것으로 보이는 외편 「거협 2」(胠篋二)에서는 도척으로 하여금 '도적질의 도'에 대해 말하게 하고 있다.

7) 외편 「천지 11」(天地十一)에서는 기계와 도를 대비시키고 있다. 자공이 우물에서 항아리로 물을 긷고 있는 한 노인에게 기계(두레박)의 사용을 권하자 노인은 이렇게 말한다. "기계를 사용하는 자는 반드시 그 기계에 의존하게 되고, 그렇게 기계에 복속된 자는 기심(機心)을 가지게 되오. 마음속에 기심을 가진 자는 순수한 마음을 잃게 되어 신성(神性)이 불안정해지기에, 결국 도를 얻지 못하는 법이라오."

사물들의 '결', '마디'와 신기(神氣)

그렇다면 포정이 도달하고자 하는 도의 경지는 어떤 것인가?

> 처음에 소를 잡기 시작했을 때는 그저 소 몸뚱어리가 통째로만 보였습니다만, 3년이 지나니까 겨우 칼질할 곳이 보이기 시작하더군요. 지금에 이르러서는 소를 신(神)으로써 볼 뿐, 눈으로 보는 것이 아닙니다. 감각에 의존하기를 그치고 오로지 신명에 의존하면, 소 몸의 결들을 따라 해우(解牛)할 수 있게 됩니다. 자연의 이치에 따라서, 비어 있는 곳들을 칠 수 있게 되고 뼈마디들의 틈새에 칼질을 할 수 있게 되는 것이죠.

두 가지 핵심을 읽어낼 수 있다. 첫째, 소에는 어떤 마디들, 결들이 있어, 포정은 이 자연의 이치를 따라서 해부할 수 있었다. 둘째, 그 마디들, 결들을 눈이 아니라 '神'으로 볼 수 있었다.

포정이 처음에 소를 잡으려 했을 때, "소 몸뚱어리가 통째로만" 보였다. 이는 곧 소의 몸에 나 있는 '결'이 보이지 않았다는 뜻이다. '결'은 '길'과 통한다. 순일의 존재인 도가 이지러지면, 무수한 결들/길들이 생겨난다. '里'는 땅 위에 나 있는 결이다. 자연의 결(산, 강…)을 따라서 마을이 만들어진다. 우리 몸에도 각종 결/길이 나 있어, 의사들은 이 결[脈]을 따라서 침을 놓는다. 땅에도 각종 산맥, 광맥…이 나 있고, 바둑에도 결/길들이 있어 그 맥을 따라서 두어야만 잘 둘 수 있다. 사람들 사이에서도 각종 결들이 나 있다. 결에는 각종 마디들

[節]이 나 있다. '절차'(節次)는 결을 따라서 진행되는 어떤 일을 마디로 나눠서 차례대로 한다는 뜻이다. '분절'(分節)은 마디들을 잘 찾아서 나눈다는 뜻이다. 이렇게 '결'과 '마디' —— 현대식으로 말해 '계열'과 '특이성' —— 는 도의 현실화된 결과 마디로서 세계를 주재한다. 포정이 처음 소를 잡을 때는 이 결들과 마디들이 보이지 않았으나, 3년이 지나자 겨우 보이기 시작한 것이다.

그런데 포정은 19년이 지나 경지에 오른 지금 소를 "신으로써 [신기로써] 볼 뿐, 눈으로 보는 것이 아닙니다"라고 말한다. 신기란 곧 사람의 마음이다.[8] '神'이라는 개념은 우리가 이해할 수 있는 범주를 벗어난다는 뉘앙스를 함축한다. "神無方易無體"('神'은 일반적 법칙성을 벗어나고, '易'은 고착된 실체성을 띠지 않는다)라 했다. 포정이 소를 '神'으로써 볼 뿐 눈으로 보는 것이 아니라고 한 것은 감각기관인 눈이 아니라 '신기'로써 소의 결들과 마디들을 보았음을 뜻한다. "감각에 의존하기를 그치고 오로지 신명에 의존하면, 소 몸의 결들을 따라 해우(解牛)할 수 있게" 된다는 것이다. 공간적으로 말해 눈으로 하나씩 확인하는[視] 것이 아니라 이미 신기가 결들과 마디들 전체를 관(觀)하고 있고, 시간적으로 말해 그것들을 단계적으로 종합하는 과정이 이미 극복되었기 때문에 단번에 직관한다는 것이다. 그래서 신기의 활동은 의식의 차원에서 이루어지는 것이 아니라 ('의식'은 마음의 한 결일 뿐이다) 대상과 온전히 합일해 있어 더 이상

---

8) '신기'(神氣) 개념은 훗날 혜강 최한기에 의해 다듬어지게 된다. 이 장 말미의 보론을 보라.

그것을 의식하지 않는 경지에서, 즉 "자연의 이치[天理]에 따라서", 道에서 유래한 결들과 마디들을 따라서 이루어진다. 포정이 "저는 칼을 잡고 우두커니 서 있다가 사방을 둘러보면서 머뭇거리다가, 문득 정신이 다시 돌아와…"라고 한 것은 이 때문이다.

로고스와 신기

감각을 넘어서 사물의 진상(眞相)을 보아야 함을 강조한 것은 그리스 철학 이래의 서양 철학에서도 발견된다. 그렇다면 이런 전통과 여기에서 장자가 말하고 있는 것은 어떻게 다를까? 장자에게서도 또 플라톤에게서도 이 차원은 눈 등의 감각적 능력을 넘어서는 정신적 능력에 의해 도달 가능하다. 그리고 이 차원이 결들과 마디들로 분절되어 있고, 이 분절을 파악해야 한다는 점도 같다. 플라톤의 '분할법'(diairesis)[9]은 포정의 '해우'를 연상시킨다. 장자에게서도 역시 포정이 19년의 세월에 걸쳐 터득해 가는 차원은 이런 감각을 초월한 분절들의 세계이다.

　그러나 분할법은 논리적인 해우이고, 해우는 신체적인 변증법이다. 사회학적 맥락에서, 이 점은 분할법이 정치 지도자들의 과제이고 해우가 백정의 과제라는 것에서도 선명하게 드러난다. 물론 변증법이 신체적인 차원을 배제하는 것은 아니다. 최고의 학문인 변증법은

---

9) 분할법은 『소피스테스』, 『정치가』에서 집중적으로 논의되고 있다. 『신족과 거인족의 투쟁』(이정우, 한길사, 2008), 『소은 박홍규와 서구 존재론사』(이정우, 길, 2016)에서 이 논의를 자세히 다루었다.

그 이전의 과학적 연구를 전제하며, 이런 지성적 작업은 그 이전의 감성적 작업(감각적 탐구 및 그로부터 더 나아간 경험적 탐구)을 디디고서 성립한다. 변증법은 그 아래의 세 단계를 거쳐 그것들을 넘어서면서 성립하는 것이다. 이와 대칭적으로 포정의 해우는 지성적인 작업을 전제한다. 소의 결들과 마디들을 파악해내는 과정이 전제되어야 능숙한 신체적 해부도 가능한 것이다. 변증법이 신체적 노력을 배제하는 것도 해우가 지성적 노력을 배제하는 것도 아니다. 그러나 결국 양자는 그 궁극에서 갈라선다. 변증법이 순수 지성의 차원에서 성립한다면, 해우는 소와 백정의 신체가 혼연일체가 되는 체득(體得)의 차원에서 이루어진다.

이것은 곧 플라톤적인 '로고스'와 장자적인 '신기'가 그 근저에서 다르다는 것을 뜻한다. 플라톤의 로고스(이데아를 인식할 수 있는 능력)는 모래를 솎아내고 금을 찾아내는 경우처럼 전(前)로고스적인 것들을 솎아냄으로써 도달할 수 있는 경지이다. 신체적인/감각적인 차원을 '정화'해내고 "영혼이 자기 자신을 찾아낸"(박홍규) 지점에 도달하는 것이 플라톤 인식론의 핵이다. 반면 신기는 신체적 차원을 떠나서는 의미를 상실한다. 신기의 기본은 신체를 통어(統御)하는 것이기 때문이다. 신기의 핵심은 신체를 사물의 움직임의 결들과 마디들에 조금씩 조금씩 일치시켜 가면서, 궁극에는 사물과 신체가 하나의 통일된 장 ── 역동적으로 생성해 가는 장 ──에서 합일(合一)하는 경지로 이끌어 가는 것이다. 의사가 맥진(脈診)을 할 때 환자의 맥의 기도 생성하고 의사의 손끝의 기도 생성한다. 따라서 맥진의 결과는 플라톤에게서처럼 어떤 동일성에 도달하는 것이 아니다. 플라톤의 경우 보다 차원 높은 인식일수록 감각적인 것들, 생성하는 것들이 극복되면서 보다 고도의 동일성에 도달한다. 반면 신기의 작동은 보다 고도화되면 될수록 대상과 주체가 함께-생성해 가는 어떤 동적 합일(dynamic becoming-one)에 이르는 것이다. 장자가 처음에 해우 과정을 음악의 율동과 더불어 이야기하기 시작한 것은 바로 이 때문이다.[10]

직관과 체득

서구 철학에서 플라톤 이래 인식이란 동일성의 인식이었다. 인식은 대상의 동일성, 주체의 동일성, 그리고 양자 사이에서의 동일성(상응성)이라는 삼중의 동일성을 요청했다. 이런 오랜 전통을 뒤집는 혁명적인 인식론을 제시한 인물은 베르그송이다. 베르그송에게 동일성의 인식은 '실용적인' 것이다. 오히려 생성/지속의 인식이야말로 세계의 진상에 대한 인식이다.

　전통 인식론의 눈길로 볼 때 '생성의 인식'이라는 표현 자체가 부조리하다. 인식이란 그 어떤 동일성의 인식이기에 말이다. 생성의 인식, 즉 직관이란 무엇인가? 그것은 사물을 외부에서 파악해 그것을 분석하고 언어로 포착해내는 것이 아니라, 그 내부로 들어가 "그

---

10) 눈은 대상의 '形', 어떤 동일성에 집중하게 만든다. 경지에 오른 무인(武人)이 눈을 가리고 연습하는 것은 상대의 '形'이 아니라 (소리, 냄새 등을 포함해서) 그 기의 움직임을 신기로써 감지(感知)하기 위해서이다.

것에 유일하고, 따라서 [언어로] 표현될 수 없는 것과 합치하는" 공감이다.[11] "Sympathie"라는 말 그대로, 대상의 파토스와 주체의 파토스가 합치하는 것이다. 분석은 사물을 그 외부에서 분절해 그 각각을 동일화하고 다시 이어 붙이지만, 직관은 그 내부에서 그 온전한 하나, 생동하는 전체와 공감한다. 베르그송이 말하는 직관을 특히 잘 예시해 주는 것은 음악이다. 어떤 음악에 대한 경험은 그 어떤 언어로도 잘 표현되지 않는다. 음악에 대한 최상의 경험은 그 곡의 율동과 듣는 사람의 율동이 완벽히 합치할 때 가능하다.

그러나 전통적으로 이런 경우를 '느낌'이라 하지 '인식'이라 하지는 않는다. 만일 '인식'이라고 한다면, 가장 근접하는 경우는 다른 사람의 마음과 공감을 일으킬 때이다. 우리는 다른 사람의 마음을 '추론'으로 아는 것이 아니다. 타인의 행동을 보고서 추론하기도 하지만, 그 행동을 건너뛰어 그 사람의 마음속으로 들어가 공감할 때 비로소 그 마음을 확연히 알 수 있다. 그것이 때로 오해일 수도 있지만, 오해도 실패한 공감이라는 점에서 공감의 일종이라 할 수 있다. '반감' 역시 존재론적으로는 마이너스의 공감이라고 할 수 있다. 베르그송의 인식론은 사람과 사람 사이의 이런 '通'을 일반화함으로써 새로운 의미의 '인식' 개념을 제시한다. 인간은 그 자신이 가장 빼어난 지속이기에 만물의 지속과 공감할 수 있을 것이다.[12]

---

11) Henri Bergson, *Introduction à la métaphysique*, PUF, 2011, p. 5.
12) 이는 근대적인 아래→위의 사유와는 대비되는 위→아래의 사유이다. 가장 아래의 것(예컨대 원자)을 찾아서 그것들을 구축해 가장 위의 것(현실세계, 인간)을 설명하는 것이 근대 과학의 방법이라면(그래서 가장 미시적인 것을 찾는 물리과학의 경우에는 "최종 이론"을 논하기도

베르그송적 직관과 장자의 '신기통' 사이의 가장 큰 차이는 전자가 '정신적'(spirituel)이라면 후자는 신체적이라는 점에 있다. 베르그송은 사물에 대한 공간적 동일성을 파악하는 분석적 사유는 실용적인 것이며(진화론적 맥락에서 본다면 '고체의 사유'이며), 시간적-생명적 차이생성의 직관은 '사변적인' 것이라고 말한다. 그의 인식론에 따르면 일반적으로 말하는 '인식'이 사실상은 인간중심적인 실용성을 바탕에 깔고 있으며, 지속의 직관이야말로 그런 인간중심주의에 물들지 않은 세계의 진상에 대한 인식인 것이다. 반면 신기통은 신체를 떠나서는 의미를 상실한다. 신기는 신체적인 구현을 통해서 실재성을 얻기 때문이다(역으로 신체는 신기를 구현함으로써 단순한 물체가 아닐 수 있다). 베르그송의 경우와 달리, 포정의 해우는 신기를 통해서 대상의 분절, 역동성, 율동과 그의 신체의 분절, 역동성, 율동이 점차 완전한 경지로 합일해 들어가는 과정을 본질로 한다. 이는 베르그송적 직관보다는 들뢰즈와 가타리가 말한 실재적인 '~되기'에 더 가깝다. 베르그송의 직관도 장자의 신기통도 주체와 대상 사이의 타자성을 소거해 가는 것[13]을 공통으로 하지만, 양자의 방식은 다르

한다), 베르그송식의 사유는 가장 위의 것인 인간을 출발점으로 해서 (그것으로부터 감해 나감으로써) 그보다 아래의 것을 직관하는 방법이다. 인간이 만물과 통할 수 있고 그것들을 직관할 수 있다면, 그것은 인간 자신이 가장 차원 높은 지속이기 때문이다.

13) 경험주의/실증주의는 현상을 있는 그대로 받아들이려는 수동성을 핵으로 한다. 칸트적 구성주의에서 현상은 범주들에 의한 구성을 기다리는 삽다/인식질료이다. 두 경우에 공히 인식 대상과 인식 주체 사이의 타자성이 깔려 있고, 방식은 다르지만 대상을 주체화하는 것을 핵심으로 한다. 말하자면 몸으로 음식물들을 먹고 마시듯이, 인식이란 정신으로 사물들을 먹고 마시는 것이라 하겠다. 그러나 타자들/사물들은 온전히 주체에게 먹히지 않는다. 그래서 칸트는 '물 자체'를 이야기하고, 사르트르는 '구토'를 이야기한 것이다. 장자의 '신기통'

다고 해야 할 것이다.

언어의 한계를 넘어서

사물들을 분석해 그 결과들 하나하나에 동일성을 부여하고, 그 각각
에 이름을 붙여 언어화하는 것은 인식의 기본이다. 이런 인식을 넘어
사물과 합치하기를 원하는 베르그송과 장자에게서 공히 언어 비판
이 등장하는 것은 우연이 아니다.

世之所貴道[14]者 書也. 書不過語 語有貴也. 語之所貴者 意也. 意
有所隨, 意之所隨者 不可以言傳也.[15] 而世因貴言傳書. 世雖貴
之哉 猶不足貴也. 爲其貴非其貴也.
故視而可見者 形與色也, 聽而可聞者 名與聲也. 悲夫, 世人以形
色名聲 爲足以得彼之情. 夫形色名聲 果不足以得彼之情, 則知
者不言 言者不知. 而世豈識之哉.(「天道十」)

세상에서 귀히 여기는 바는 서책이다. 서책이란 말에 불과한 것이
지만 말에는 귀함이 있는가 보다. 말에 귀함이 있다면 그것은 분명
뜻일 것이니. 뜻에는 그것이 따르는 바의 것[道]이 있으려니와, 뜻
이 따르는 바의 것 그 자체는 말로써 전달할 수가 없으리라. 하나 사

은 들뢰즈·가타리의 '~되기'와 마찬가지로 '먹기'로서의 인식론을 벗어난다.
14) '道'를 빼고 읽는 것이 좋다.
15) "書不盡言 言不盡意."("책은 말을 다할 수 없고, 말은 뜻을 다할 수 없다." 「계사전 상」)

람들은 말을 귀하게 여겨 서책들을 전해 온 것이다. 이렇듯 사람들이 서책들을 귀하게 여기고 있으나, 과연 그 귀함에 부족함이 없다 할 것인가? 그들이 귀하게 여기는 것이 진정으로 귀한 것은 아니기 때문이다.

보고자 할 때 볼 수 있는 것은 형(形)과 색(色)이요, 들으려 할 때 들을 수 있는 것은 명(名)과 성(聲)이다. 슬프구나! 세인들은 형, 색, 명, 성만으로 도의 실정[情]을 알기에 족하다 한다. 하나 이것들만으로써 어찌 도의 실정을 알 수 있겠는가. 그래서 "知者不言 言者不知"라 했건만, 어찌 다들 이를 깨닫지 못하는 걸까.(「천도10」)[16]

장자에게 언어로 화석화되는 분석지(分析知)는 도의 실정을 알 수 없다. 신기로써 사물들의 '氣'와 통함으로써만 그 '道'를 체득해 가는 것이 가능하다. 장자는 이렇게 도에 가까이 갈 수 있는 잠재성으로서의 신기 자체는 인간에게 갖추어져 있다고 보았다. 애초에 '신기통'을 선험적 조건으로서 갖추고 있기에 타자의 기와 통할 수 있는 것이다. 다음 이야기는 음미해 볼 만하다.

莊子與惠子遊於濠梁之上. 莊子曰, "儵魚出遊從容, 是魚樂也".
惠子曰, "子非魚, 安知魚之樂".
莊子曰, "子非我, 安知我不知魚之樂".

---

16) 이 편은 장자의 글로 보기 어려우며, 도가 철학자들의 글로 보기도 어렵다. 그러나 인용한 대목은 장자 언어철학의 대의에 크게 어긋나지 않는다.

惠子曰, "我非子, 固不知子矣. 子固非魚也, 子之不知魚之樂全矣".

莊子曰, "請循其本. 子曰, '汝安知魚樂云者', 旣已知吾知之而問我. 我知之濠上也". (「秋水七」)

장자와 혜자가 호수(濠水)¹⁷⁾의 다리 위에서 거닐고 있었다. 장자 가로되, "물고기들이 떼지어 돌아다니고 있구먼. 저게 바로 물고기의 낙이지".

혜자 가로되, "자네가 물고기도 아닌데, 어찌 물고기의 낙을 아는가?"

장자 답하여 가로되, "자네는 내가 아닌데, 어찌 내가 물고기의 낙을 알 수 없으리라는 걸 아는가?"

혜자 답하여 가로되, "내가 자네가 아니니 자네를 알 수가 없지. 마찬가지로 자네는 물고기가 아니니, 자네가 물고기의 낙을 알지 못하리라는 것은 분명하지 않은가".

장자 가로되, "처음으로 돌아가 보세. 자네가 내게 '자네가 어찌 물고기의 낙을 아는가?'라고 한 것은 자네가 이미 내가 그것을 알고 있음을 알고서 내게 물은 것 아니겠나. 나는 바로 이 다리 위에서 [물고기의 낙을] 알았네". (「추수7」)

---

17) 성소에 따르면, 호수는 회남의 종리군(鍾離郡)에 있으며 장자의 묘가 있는 곳이기도 하다.

장자가 물고기의 낙을 안 것은 신기로써 물고기의 기와 감응한 것이다. 만물이 기로 되어 있거니와, 신기는 인식의 수준에서 타자의 기에 감응할 수 있는 기이기 때문이다. 그래서 우리는 동물들이, 나아가 식물들의 경우까지도, 생기가 있는지 시들한지 즐거워하는지 고통스러워하는지 알 수 있는 것이다. 이런 존재론 및 인식론은 동물들은 고통을 느끼지 못한다고 보아 개를 산 채로 묶어 놓고 해부하곤 했던 데카르트의 존재론 및 인식론과는 대극에 서 있다고 하겠다.

혜자가 장자에게 물고기도 아닌데 어떻게 물고기의 낙을 아느냐고 물은 것은 그 자신이 이미 장자가 하는 말의 뜻을 알아듣고서도, 그 상황을 분석지의 방식으로 언어화해 묻고 있는 것이다. 그래서 장자는 "자네는 내가 아닌데, 어찌 내가 물고기의 낙을 알 수 없으리라는 걸 아는가?"라 되물은 것이다. 신기통을 분석지로 환원해버리면, 장자가 물고기의 낙을 알 수 없으리라는 것도 알 수가 없는 것이다. 혜자, 장자, 물고기는 바로 지금 이 다리 위에서 언제나-이미 氣로써 통하고 있었던 것이다. 그 상황을 분석지로써 환원해 분석적 추론의 대상을 삼는 그 순간 이미 그 '通'은 사라져버린 것이다.

생명정치에서 양생술로

포정의 해우 이야기에는 이런 인식론이 깔려 있다. 그런데 문혜군은 포정의 이야기를 듣고서 "훌륭하구나! 나는 포정의 이야기를 듣고서 양생(養生)의 길을 깨달았다"고 감탄한다. 문혜군은 어떤 이유에서 포정의 이야기를 '양생'과 관련시킨 것일까?

포정이 한 일은 자연의 이치, 자연의 결과 마디, 도의 얼굴을 찾아내서 해우한 것이다. 다시 말해, 주관이 객관을 작위적으로 다룬 것이 아니라 주관과 객관이 합치해서 해우했음을 뜻한다. 신기가 구현되어 있는 또는 신기에 의해 통어되는 것으로서의 우리 몸은 세계와 부딪히면서 살아간다. 평범한 포인(庖人)은 소의 결과 마디를 잘 보지 못하기 때문에 칼이 소의 살과 뼈에 부딪혀 금방 상하지만, 포정의 경우 소의 결과 마디를 잘 파악해서 해우하므로 칼이 거의 상하지 않는다. 자연의 이치에 실행적으로 합치해서 해우하기 때문이다. 마찬가지로 우리 몸과 마음도 세계와 세상의 결과 마디에 잘 맞추지 않으면, 계속 그것과 부딪히게 되어 상할 수밖에 없다. 삶이 힘겨운 것은 세계/세상과 계속 알력을 겪기 때문인 것이다. 세계/세상의 이치를, 그 결과 마디를 잘 파악한다면 몸과 마음이 상함을 최소화할 수 있다. 예컨대 한의학적 관점에서 보면, 계절과 신체는 서로 밀접한 관련을 맺으면서 생성해 간다. '계절'(季節)은 자연의 중요한 결이고 마디이다. 때문에 우리 신체는 사계절 똑같은 논리에 따라 관리되어야 하는 것이 아니라, 계절에 맞추어 '섭생'(攝生)을 할 때 건강할 수 있다. 우리의 몸과 마음, 인생을 자연의 이치에 따라서 보살피고 돌보는 것이 양생의 기초이다. 문혜군이 포정의 해우를 보고서 양생의 길을 깨달은 것은 바로 이 때문이다.

오늘날 우리의 삶은 앞에서 말했듯이 '생명정치'에 의해 지배되고 있다. 이 생명정치와 대결하면서 현대적 양생술을 구축하는 것, 한의학을 비롯한 동북아의 과학과 대화하면서 전통의 지혜를 살리는 것, 과학의 '보편성'이라는 이데올로기와 투쟁하면서 양생술이라는 새로운 방식의 과학을 구축하는 것[18]은 21세기 사유의 손가락에 꼽을 수 있는 과제라 하겠다.

보론: 최한기의 신기

'신/신기' 개념은 동북아 철학사에서 줄곧 내려오거니와, 이 흐름의 마지막을 장식한 이가 혜강 최한기(와 동무 이제마)이다. 『신기통』은 제목 그대로 신기의 통함을 다루고 있다. 1권에서는 '체통'(體通)을, 2권에서는 '목통'(目通), '이통'(耳通), '구통'(口通)을, 3권에서는 '생통'(生通), '수통'(手通), '변통'(變通)을 다루고 있다.

天民形體 乃備諸用, 通神氣之機械也. 目爲顯色之鏡, 耳爲聽音之管, 鼻爲嗅香之筒, 口爲出納之門, 手爲執持之器, 足爲推運之輪. 總載於一身 而神氣爲主宰.

하늘이 사람에게 형체를 주어 그것이 사람에게 쓸모 있게 되었으니, 바로 신기가 통하는 기계이다. 눈은 색을 비추어 주는 거울이고, 귀는 소리를 듣게 해주는 관이고, 코는 냄새를 맡게 해주는 통이고, 입은 공기가 들고날 수 있게 해주는 문이고, 손은 사물들을 잡을 수 있게 해주는 기틀이며, 발은 여기저기 옮겨 다닐 수 있게 해주는 바

---

18) 물론 궁극적으로는 이 새로운 과학이 기존의 "보편적" 과학과 대화/투쟁해서 진정한 의미에서의 보편적 과학으로 나아가는 것이 중요할 것이다. 그러나 이런 길로 나아가기 위해서도 오늘날의 허구적인 보편성을 비판하면서 동아시아 고유의 과학을 수립하는 것이 필요하다.

퀴이다. 이 모든 것들이 하나의 몸에 구비되어 있고, 신기가 이 모두를 주재한다.

최한기 사유의 성격을 확연하게 드러내 주는 도입부이다. 이목구비와 수족에 대한 서술은 근대 기계론적 서술이다. 서구 근대 과학의 세례를 받은 결과이다. 그러나 이 모두는 하늘이 사람에게 형체를 줌으로써 성립한다고 함으로써, 혜강은 유가 철학의 전통을 그대로 잇고 있다. 더욱 의미심장한 것은 "신기가 이 모두를 주재한다"는 것이다. 이목구비와 수족이 하나의 몸에 단순히 병치되어 있는 것이 아니라, 신기의 주재를 받아서 통일적으로 기능하고 있는 것이다. 그렇지 않다면 이목구비와 수족은 재료만 좀 다를 뿐 문자 그대로 거울, 관, 통, 문, 기틀, 바퀴와 별다른 차이가 없을 것이다. 이 모두를 조화롭고 정교하게 기능할 수 있도록 주재하는 것은 신기인 것이다.

從諸竅諸觸 而收聚人情物理 習染於神氣. 及其發用積中之人情物理 從諸竅諸觸而施行. 卽踐形之大道也.

제규(諸竅)와 제촉(諸觸)에 따라 인정과 물리를 모아서 신기에 쌓는다. 그리고 그렇게 신기에 쌓인 인정과 물리를 끄집어 쓸 때면 제규와 제촉에 따라서 시행한다. 바로 이것이 천형(踐形)의 대도이다.

'제규'는 우리 몸에 있는 구멍들이다. 만일 우리 몸에 구멍들이 없다면 몸의 내부와 외부세계는 통할 수 없을 것이다. 기의 관점에서 본 세계는 '流'의 세계이고 '通'의 세계이다. 몸의 내부와 외부도 반드시 통해야 한다. 그래서 '제규'가 필수적이다. 반면 우리 몸에 구멍들이 아무렇게나 수없이 뚫려 있다면 어떻게 될까? 머리 위에 구멍이 뚫려 있어 비를 맞으면 빗물이 우리 머릿속으로 마구 들어오는 등, 우리의 개체성은 보장받지 못할 것이다. 구멍들이 적재적소에 뚫려 있어 고유한 기능들을 하기 때문에, 우리의 개체성과 외부세계와의 소통이라는 두 측면이 적절히 조화를 이루고 있다고 할 수 있다. '제촉'은 문자 그대로는 여러 촉감들이라 해야겠지만, 여기에서는 우리 몸이 외부의 타자들과 접(接)하는 다양한 방식들, 그때그때의 느낌들을 뜻한다고 보면 될 것이다.

이 제규와 제촉을 따라서 인정과 물리가, 즉 사람과 사람의 관계와 사람(/사물)과 사물의 관계가 축적된다. 어디에 축적되는가? 바로 신기에 축적된다. 신기는 고정된 실체가 아니다. 그것은 잠재성, 살아 있는 역능이고, 경험을 축적함으로써 변해 가는 어떤 주체성이다. 베르그송적 뉘앙스에서의 생명, 기억과 비교해 볼 만하다. 외부와의 소통을 통해서 이렇게 신기에 인정과 물리의 성과가 쌓이는 것과 반대 방향으로, 그 성과들을 다시 바깥으로 끄집어내어 사용하는 것이 '발용'(發用)이다.

그리고 이런 발용, 시행이야말로 '천형'(踐形)의 대도라 했다. "形"은 처음에 말한 '형체'(形體)이다. 이 '형체'가 단순한 외형으로 그치지 않는 것은 곧 그 안에 신기가 흐르고 있기 때문이다. 하늘이 신기를 품고 있는 이 몸을 주었다는 생각은 전통과의 끈을 품고 있다. 이 몸의 잠재성을 실천하는 것이 천형이다. 천형의 대도는 바로 이 신기의 역능을 발휘하는 데에 있는 것이다.

'신기' 개념은 이렇게 장자로부터 최한기에 이르기까지 긴 역사를 거쳐 오면서 다듬어져 온 흥미로운 개념으로서, 오늘날 유행하고 있는 속류 유물론의 극복을 위해서도 꼭 필요한 개념이라 하겠다.

3장 달관의 양생술

이하의 두 단락 역시 양생술과 관련되지만 내용은 포정의 해우와 상반되며, 양자가 동전의 양면을 이루고 있다고 할 수 있다. 포정의 해우 이야기가 자연의 이치/하늘의 뜻에 따라서 훌륭한 성취를 이루는 양생술을 이야기하고 있다면, 이 대목은 반대로 삶에서 큰 상해를 입고서 비극적인 상황에 빠진 인물이 그 또한 자연의 이치/하늘의 뜻임을 깨달아 그것을 극복하는 이야기이다. 삶에서 성취가 있다면 그것은 하늘의 뜻에 따랐기 때문이지만, 성취가 아니라 상처와 비극이 있다면 어찌할 것인가? 이런 경우조차도 그것이 하늘의 뜻임을 깨달아 달관(達觀)해야 한다는 것이다. 포정의 해우가 끝없는 노력을 통해 사물의 '氣'와 통하는 얻음의 양생술이라면, 이 양생술은 환난의 상황에 처해 그것을 극복해 나가는 버림의 양생술이다. 이는 곧 스토아 철학자들이 말하는 '초연'(超然)의 경지이다. '운명애'(Amor fati)의 경지인 것이다.

포정의 해우 이야기와 아래의 우사, 노담의 이야기는 이렇게 동전의 양면을 이루고 있다. 그리고 우사 이야기와 노담 이야기도 다시 동전의 양면을 이루고 있는데, 우사 이야기가 비극을 달관해서 초연의 경지에 이룬 이야기라면 노담의 이야기는 반대로 그런 경지를 이루지 못한 경우를 이야기하고 있다. 포정 이야기와 우사, 노담 이야기가 대조를 이루고, 다시 우사 이야기와 노담 이야기가 대조를 이룬다는 점에서, 논의의 전체적인 배치가 훌륭하다.

하늘의 뜻에 따를 뿐

公文軒見右師而驚曰, "是何人也. 惡乎介也. 天與 其人與".
曰, "天也, 非人也. 天之生是使獨也 人之貌有與也. 以是知其天也, 非人也. 澤雉十步一啄 百步一飮 不蘄畜乎樊中. 神雖王不善也". (「養生主三」)

공문헌(公文軒)[1]이 우사(右師)[2]를 보고서 놀라 물었다. "이 사람아, 어찌된 일인가! 어찌 발이 하나뿐인가? 하늘이 그렇게 한 것인가, 사람이 그렇게 한 것인가?"
우사 답하여 가로되, "하늘이 그렇게 한 것이지, 사람이 한 것이 아니라오. 하늘이 나를 세상에 내보낼 때, 이미 외발로 하신 것이오.

---

1) 성이 공문이고 이름이 헌이며, 송나라 사람이라고 한다.
2) 우사(右師)는 송나라의 관명(官名). 『주례』의 소사도(小司徒)에 해당한다. 백성의 교육을 담당하는 직으로서, 우사와 좌사가 있었다.

사람의 모습은 전부 하늘이 내리는 것이니, 내가 외발이 된 것 또한 하늘이 하심이지 사람이 한 것이 아니지 않겠소. 못가에 사는 꿩은 열 걸음 만에 한 입 쪼아 먹고, 백 걸음 만에 한 모금 마시지만, 새장 안에서 길러지기를 원치는 않소이다. 겉으로야 신수가 훤한 듯 보이지만, 그것은 양생의 길을 따르는 것이 아니라오".(「양생주 3」)

공문헌의 물음에 대한 우사의 답은 스토아적 초연함을 보여준다. 월형(刖刑)을 당해 한쪽 발을 잘렸음에도, 그것이 결국 사람이 한 짓이 아니라 하늘이 내린 것이라고 말하고 있다. 도가 이지러질 때 이미 그렇게 된 것이니, 받아들일 뿐이라는 태도이다. 이는 이론적 구조는 다르지만, 불교에서의 '보원행'(報怨行)과 통하는 생각이다.

우사는 이에 그치지 않고, 표면상 신수가 훤한 공문헌이 양생의 길을 따르고 있지 않음을 부정적으로 언급한다. 못가에 사는 빈한한 꿩은 우사 자신을, 새장 안에서 길러지는 새는 공문헌을 일컫는다. 우사 자신은 불행한 신세이고 공문헌은 고관대작에 올라 있지만, 사실 자신은 자연 속에서 사는 자유로운 사람이고 공문헌은 새장 안에 갇힌 새와 같은 신세라고 말하고 있는 것이다.

하늘의 뜻에 따르지 못해

老聃死. 秦失[佚]弔之 三號而出.
弟子曰, "非夫子之友邪".
<秦失>曰 "然".

<弟子曰>"然則弔焉若此 可乎."

<秦失>曰, "然. 始也吾以爲其人也 而今非也. 向吾人而弔焉 有老者哭之如哭其子 少者哭之如哭其母. 彼其所以會之 必有不蘄言而言 不蘄哭而哭者. 是遁天倍情[3] 忘其所受. 古者謂之遁天之刑. 適來 夫子時也. 適去 夫子順也. 安時而處順 哀樂不能入也. 古者謂是帝之縣解[4]. 指窮於爲薪 火傳也 不知其盡也".(「養生主四」)

노담(老聃)이 세상을 떴다. 주일(秦失)이 조문하러 와 세 번 호곡(號哭)하고 나왔다.

노자의 제자가 묻기를, "선생께서는 고인의 친구 분 아니십니까?"

주일 답하여 가로되, "그렇다네".

[제자가 다시 묻기를] "하면 이렇게 성의 없이 조문해도 되는 것입니까?"

주일이 답하여 가로되, "그렇다네. 처음에 나는 그가 훌륭한 사람이라 여겼는데, 이제 보니 그렇지가 않구먼. 내가 곡을 하러 들어갔더니, 나이 든 사람들은 곡하는 게 흡사 자식을 잃은 듯하고, 젊은 사람들은 흡사 어버이 잃은 듯하더군. 그를 보내려 사람들이 이

---

3) '情'을 성소에서처럼 "流俗之情"으로, 즉 '人情'으로 보는 것은 적절하지 않다. 오히려 죽음을 두려워해서 즉물적인 양생술에 집착하는 것이 인정이기 때문이다. "'非彼 無我, 非我 無所取', 是亦近矣, 而不知其所爲使. 若有眞宰 而特不得其眹[朕], 可行 已信 而不見其形, 有情 而無形"(「제물론 2」)에서의 '情'과 유사한 뜻이다. 자연의 이치 정도로 이해할 수 있다.

4) "猶解倒懸也."(『맹자』「공손추 상」)

렇게 많이 모여 구슬피 곡하는 걸 보니, 그의 가르침에 뭔가 문제가 있다고 해야 하지 않겠나. 이는 하늘로부터 등을 돌리고 자연의 이치를 저버리는 짓이니, 곧 하늘로부터 받은 바를 망각하는 것이 아니겠는가. 옛말에 이를 일러 '하늘로부터 등 돌리는 죄'(遁天之刑)라 했거늘. 태어날 때가 되어 태어난 것이고 돌아갈 때가 되어 돌아가는 것일 뿐, 세상에 온 것을 편히 여기고 순리에 따라 돌아간다면 슬퍼하고 기뻐하는 따위의 감정들은 들어설 자리가 없을 것이네. 옛말에 이런 경지를 일러 '거꾸로 매달려 있음을 하늘이 풀어 주었다'(帝之縣解)고 했다네. 땔나무가 다 타도 불은 이어져 가니, 그 다함을 알 수는 없다는 것이지".(「양생주 4」)

「양생주 4」에 나오는 노담이라는 인물은 노자로 추정된다. 『사기』에서 노자의 호를 '담'(聃)이라 했다. 그러나 여기에서 노담이 깨치지 못한 인물로서 그려지고 있기 때문에, 노자와 구분되는 다른 인물일 수도 있다. 노자 자체가 수수께끼 같은 인물이기 때문에 확정하기 어렵다.

노자가 세상을 떴을 때, 그의 친구였던 주일이 "세 번 호곡하고 나왔다"라는 것은 곧 형식적으로만 고하고 나왔음을 뜻한다.

원문의 다섯 번째 줄의 "기인"(其人)을 어떻게 읽느냐에 따라 문단 전체를 달리 해석하게 된다. 노자를 가리키는 것으로 읽으면 노자 사유의 불충분성을 비판하는 내용이 되고, 곡하러 온 사람들을 가리키는 것으로 읽으면 이 사람들이 노자의 진정한 뜻을 모름을 비판하는 내용이 된다. 여기에서는 전자로 해석했다. 잡편 「열어구 1」(列

禦寇一)에서는 유사한 상황에서 열어구(열자)가 비판의 대상이 되고 있다. 이렇게 본다면, 여기에서의 노자는 곧 열자이거나, 또는 노자 자신보다는 노자를 계승한 한 계열, 즉 (진정한 양생을 추구하기보다) 오로지 생명의 연장에 초점을 맞춘 계열, 양주의 계열이 생각한 노자임을 알 수 있다. 장자는 여기에서 양생술이란 그저 생명을 연장하려 애쓰는 것이 아님을 말하고 있는 것이다. 노담(열자/양주)이 이런 이치를 제대로 가르치지 못하였기에, 사람들이 이렇게 구슬피 곡을 하고 있는 것이 아닌가 하는 뜻이다.

장자가 볼 때 열자 계열의 이런 사유는 양생술을 너무 즉물적으로 이해한 것이고, 때문에 그것은 하늘의 뜻에 따르는 것이 아니라 오히려 거역하는 것이다. "이는 하늘로부터 등을 돌리고 자연의 이치를 저버리는 짓이니, 곧 하늘로부터 받은 바를 망각하는 것"이다. 여기에서 "하늘로부터 받은 바"는 곧 "一受其成形 不亡以待盡"(한 번 몸을 받으면 죽지 않으려 해도 어차피 그 힘 소진되길 기다리는 것일 뿐, 「제물론 2」)에서의 '受'를 뜻한다. 진정한 양생술은 삶을 연장하려 애쓰는 것이 아니라, 오로지 삶, 죽음, 운명을 달관해서 초연한 경지에 이르고, "세상에 온 것을 편히 여기고 순리에 따라 돌아"가는 것일 뿐이다.

"거꾸로 매달려 있음을 하늘이 풀어 주었다"고 한 것은 하늘의 뜻을 달관한다면 하늘이 거꾸로 매달린 것(삶을 기뻐하고 죽음을 슬퍼하는 것)을 풀어 준다는 뜻이다.

마지막 문장에서 땔나무는 각 개체의 신체, 불은 생명을 뜻한다. 개체들의 신체가 소멸하여도 생명 자체는 이어져 가며, 그 생명의 다함=궁극은 인간으로서는 알 수 없음을 뜻한다. 개체의 생명에 집착하는 열자나 양주식의 양생술이 아니라, 생명 자체에, 궁극적으로는 도에 충실한 양생술을 시사하고 있다.

4부

도를 품고 세상을 살다

순자는 "장자는 자연은 알았지만, 인간은 몰랐다"라며 장자를 비판한다. 순자는 장자를 자연, 도, 기, 하늘 쪽으로 사유를 전개한 사람이고 인간의 세계에 대해서는 관심을 가지지 않았던 인물로 비판한 것이다. 하지만 『장자』에는 「인간세」처럼 인간에 관련된 편이 들어 있다. 장자도 나름대로 세상적인 삶에 대한 사유를 펼친 것이다.

존재론적 달걀에 대해 말했거니와, 장자는 달걀의 작은 부분, 튀어나온 부분을 단적으로 부정하지 않는다. 인간의 삶은 바로 거기에서 이루어지기 때문이다. 다만 그 부분에 집착하여 큰 구 부분으로 돌아가지 않으려 애쓴다거나, 그 부분에서 이룬 성취에 도취한다거나, 그 부분의 현실성을 절대화한다거나… 하는 식의 행위들을 비판할 뿐이다.

앞에서 논했듯이, 우리는 문제의 일정한 해를 살아간다. 따라서 문제의 맥락에서 해들이 대칭적이라 해도, 실제 우리는 비대칭적인 관점에서 세계와 인생을 볼 수밖에 없다. 인간에게 전체의 조감은 불가능하며, 인간세를 살아가면서 道를 추구할 수밖에 없는 것이다.

인간세는 '用'의 세계이고, 사람들 사이의 경쟁과 질시, 권력을 둘러싼 이전투구, (오늘날의 경우) 자본주의적 효율성… 같은 것들이 지배하는 곳이다. 따라서 인간세에 사는 한 어떤 식으로든 이런 것들과 맞닥뜨릴 수밖에 없다. 이런 경우에 우리는 어떻게 행위해야 하는가? 도를 추구하고, '안의 바깥'에서만 사는 것이 불가능하다면, 이 물음은 절실하다. 장자는 우리에게 도를 품고서 인간세를 살 것을 가르친다. 그리고 인간세란 '用'의 세계이고 그것에 사로잡히지 말 것을 가르친다.

1장 모름지기 인간세를 살아가려면

「인간세」는 두 부분으로 구성되어 있다. 첫 번째 부분에서는 정치가, 외교관, 선생 등 위태위태한 직업에 종사하려는 사람에게 주는 도가적인 충고, 항상 마음속에 도를 품고서 행위하라는 충고이다. 두 번째 대목은 인간세란 요컨대 '用'의 세계이며 거기에서 모든 것은 효율성을 위한 소모품이 될 수밖에 없음을 논한다.

모름지기 정치가가 되려면

여기에서 장자는 벼슬을 하기 위해 떠나는 안회에게 충고하는 공자의 이야기를 구성해서, 도가적 경지에 입각해 벼슬자리에 나아가는 것에 대해 논하고 있다.

> 顔回見仲尼, 請行.
> <仲尼>曰, "奚之".

<顔回>曰, "將之衛".

<仲尼>曰, "奚爲焉".

[1]<顔回>曰, "回聞 衛君 其年壯 其行獨. 輕用其國 而不見其過. 輕用民死 死者以國量 乎澤若蕉. 民其無如矣. 回嘗聞之夫子曰 '治國去之 亂國就之. 醫門多疾.' 願以所聞思其所行. 則庶幾其國有瘳乎".

仲尼曰, "譆! 若殆往而刑耳. 夫道不欲雜. 雜卽多 多卽擾 擾卽憂 憂而不救. 古之至人 先存諸己 而後存諸人. 所存於己者未定 何暇至於暴人之所行.──且若亦知夫德之所蕩 而知之所爲出乎哉. 德蕩乎名 知出乎爭. 名也者 相軋也. 知也者 爭之器也. 二者凶器 非所以盡行也.──且德厚信矼 未達人氣, 名聞不爭 未達人心, 而彊以仁義繩墨之言術[述/術]暴人之前者 是以人惡有其美也. 命之曰菑[災]人 菑人者 人必反菑之. 若殆爲人菑夫.──[1] 若唯無詔 王公必將乘人而鬪[鬥]其捷. 而目將熒之 而色將平之 口將營之 容將形之 心且成之. 是以火救火 以水救水. 名之曰益多. 順始無窮. 若殆以不信厚言 必死於暴人之前矣.──且昔者桀殺關龍逢 紂殺王子比干. 是皆脩[修]其身 以下偏拊人之民 以下拂其上者也. 故其君 因其脩以擠之. 是好名者也. 昔者堯攻叢枝胥敖 禹攻有扈, 國爲虛[墟]厲[2] 身爲刑戮. 其用兵不止 其求實無已. 是

---

1) 여기에 "且苟爲悅賢而惡不肖 惡用而求有以異"라는 구절이 있으나 글의 흐름상 불필요한 대목이다.

2) 『석문』에서 "집에 사람이 없는 것을 '허'라 하고, 후사를 남기지 못한 채로 죽은 것을 '려'라 한다"고 했다.

皆求名實者也. 而獨不聞之乎. 名實者 聖人之所不能勝也. 而況若乎. 雖然 若必有以也. 嘗以語我來".

[2] 顔回曰, "端而虛 勉而一 則可乎".

<仲尼>曰, "惡 惡可. 夫以陽爲充孔[甚]揚 采色不定, 常人之所不違. 因案[抑]人之所感 以求容與[放縱]其心. 名之曰日漸之德不成 而況大德乎. 將執而不化, 外合而內不訾[量], 其庸詎可乎".

[3] <顔回 曰> "然則 我內直而外曲[3) 成而上比.[4) 內直者 與天爲徒, 與天爲徒者 知天子之與己 皆天之所子. 而獨以己言蘄乎而人善之 蘄乎而人不善之邪. 若然者 人謂之童子. 是之謂與天爲徒. ── 外曲者 與人之爲徒也. 擎跽曲拳 人臣之禮也. 人皆爲之 吾敢不爲邪. 爲人之所爲者 人亦無疵焉. 是之謂與人爲徒. ── 成而上比者 與古爲徒, 其言雖敎讁[責]之實也. 古之有也 非吾有也, 若然者 雖直不爲病. 是之謂與古爲徒. 若是則可乎."

仲尼曰, "惡, 惡可. 大[太]多政[正]法而不諜. 雖固亦無罪. 雖然 止是耳<已>矣. 夫胡可以及化. 猶師心者也".

[4] 顔回曰, "吾無以進矣. 敢問其方".

仲尼曰, "齋, 吾將語若. 有<心>而爲之 其易邪. 易之者 暤天不宜".

顔回曰, "回之家貧 唯不飮酒不茹葷者 數月矣. 若此 則可以爲齋乎".

---

3) [2]에서 언급한 위왕의 "外合而內不訾"에 대응하는 구절이다.
4) [2]에서 언급한 위왕의 "執而不化"에 대응하는 구절이다.

<仲尼>曰, "是祭祀之齋 非心齋也".

<顔>回曰, "敢問心齋".

仲尼曰, "若一志. 無聽之以耳 而聽之以心. 無聽之以心 而聽之以氣. 聽止於耳 心止於符. 氣也者 虛而待物者也. 唯道集虛. 虛者心齋也".

[5] 顔回曰, "回之未始得使 實自回也. 得使之也 未始有回也. 可謂虛乎".

夫子曰, "盡矣. 吾語若. 若能入遊其樊 而無感其名 入則鳴 不入則止. 無門無毒[堵] 一宅而寓於不得已 則幾矣. ──絶迹易 無行地難. 爲人使易以僞 爲天使難以僞. 聞以有翼飛者矣 未聞以無翼飛者也. 聞以有知知者矣 未聞以無知知者也. 瞻彼闋者 虛室生白 吉祥止止. 夫且不止 是之謂坐馳. ──夫徇耳目內通 而外於心知 鬼神將來舍 而況人乎. 是萬物之化也 禹舜之所紐也 伏戲几蘧之所行終. 而況散焉者乎". (「人間世一」)

안회(顔回)가 공자를 만나 뵙고서, 떠나기를 청하였다.

공자 묻기를, "어디로 가려 하느냐?"

안회 답하여 가로되, "위(衛)로 가려 합니다".

공자 다시 묻기를, "그래, 가서 어찌하려 하느냐?"

[1]⁵⁾ 안회 답하여 가로되, "제가 듣기로 위왕은 혈기가 왕성하여 제멋대로 굴고 있다고 합니다. 나라를 함부로 굴리고, 자신의 허물은

보지 못하고 있습니다. 게다가 백성들을 함부로 동원해 죽게 만드니, 국토 곳곳이 시체들로 덮인 것이 늪지의 수풀을 태워버린 듯하고, 백성들은 어찌할 바를 모르고 있습니다. 저는 선생님께서 이리 말씀하셨던 것이 기억납니다. '잘 다스려지고 있는 나라에서 떠나, 어지러운 나라로 나아가거라. 의원의 집에는 병자들이 많은 법.' 저의 바라는 바는 오로지 선생님께 배운 바를 실천하는 것이니, 이제 그 나라로 나아가 그곳의 병을 낫게 할 것입니다".

공자 가로되, "오호라! 그곳에 가면 형벌만이 너를 기다릴 뿐. 道는 불순함을 멀리하니, 불순하면 갈피를 못 잡게 되고, 갈피를 못 잡으면 우환에 빠지고, 우환에 빠지면 세상을 구하지 못하느니. 옛 至人이 그랬듯, 먼저 스스로 道를 깨달은 후에야 남에게 그것을 전해 줄 수 있을 뿐. 스스로의 道가 아직 미진할진대, 어느 겨를에 난폭한 군주의 소행을 바로잡을 수 있을런가?——또 너는 [임금이라는 자들이] '덕'을 휘두르는 연유와 [학자라는 자들이] '지식'을 내보이지 못해 안달하는 까닭을 아느냐? 덕을 휘두르는 것은 명예(지배)를 원해서이고, 지식을 내보이려 하는 것은 논쟁[에서의 승리]을 위해서이다.[6] 명예란 상호 알력이고 지식은 싸움의 무기이니, 이 양자는 흉기여서 애써 추구할 바가 못 되느니라.——또 너는 덕은 도탑고

---

6) 원문은 "德蕩乎名 知出乎爭"이다. 직역하면 "덕은 이름에서 드러나고, 지는 싸움에서 나온다"로 할 수 있다. 일반적인 시각에서 보면, '名'과 '爭'이 반대가 되어야 할 것 같다. 군주들이 덕을 휘두르는 것은 (영토를 넓히려는) 싸움에서 나오고, 학자들이 지식을 내보이려 애쓰는 것은 명예를 얻기 위해서이니 말이다. 여기에서는 영토를 넓히려는 것을 '名'으로 표현하고, 명예를 얻으려는 것을 '爭'으로 표현한 것으로 보면 될 것이다.

믿음은 단단하지만 아직 사람의 氣를 간파해낼 정도는 못되고, 명성을 위해 다투지는 않지만 사람의 속내[心]를 읽어낼 정도에는 이르지 못했다. 그런데도 난폭한 자 앞에서 윤리도덕[仁義]과 법도를 설파한다면, 그것은 타인의 악함을 드러냄으로써 자신의 선함을 뽐내려 하는 짓 이외에 무엇이겠는가? 이런 자를 일러 재앙을 불러오는 자라 일컬으니, 남에게 재앙을 준 자 필히 남에게서 재앙을 받게 되는 법.——7) 너는 오로지 침묵을 지킬지어다. [그렇지 않을 경우] 위왕과 그 신하들은 너를 누르려 하고 논쟁에서 무조건 이기려고만 들 것이다. 그럼 너는 눈앞이 흐려지고, 표정 관리가 힘들어질 것이고, 이리저리 둘러대기에 급급하게 되며, 몸가짐을 어찌해야 할지를 몰라, 결국 그들의 호승심(好勝心)만 채워 주게 될 것이다. 이런 짓이야말로 불로 불을 끄려 하고 물로 물을 막으려 하는 짓에 다름 아니니, 일러 '악(惡)만 더 키워 준다'고 하는 것이다. 이렇게 시작부터 일이 잘못되면 그 끝은 가늠할 길이 없지 않겠느냐. 그런데도 네가 이런 이치를 망각하고 입바른 말을 낸다면, 위왕 앞에서 죽임을 당하리라는 것은 명약관화하다 하지 않을 수 없느니.——또 옛적에 걸왕은 관룡봉8)을 죽였고, 주왕은 왕자 비간을 죽였다. 이들은 수양을 쌓았음에 자만하여 신하된 몸인데도 왕처럼 백성들을 어루

---

7) 여기에는 "또 위왕이 현자들을 가까이 하고 그렇지 못한 자들을 멀리하는 자라면, 너를 등용하는 것이 오히려 이상타 하리라"라는 구절이 있다. 위왕이 이런 왕이라면 이미 주변에 현자들(위정자들)이 많이 있을 터인데 굳이 너를 등용할 필요가 있겠느냐라는 뜻으로 이해할 수 있거니와, 글의 흐름상 불필요하다고 생각되어 생략했다.
8) 관룡봉(關龍逢)은 하나라의 충신.

만졌고, 이 때문에 왕을 능멸한 자들이 되어버렸다. 결국 왕들은 그들의 능력을 질시해 해치기에 이르니, 이는 명예를 좋았기에 당한 일인 것이다. 옛적에 요 임금은 총(叢), 지(枝), 서오(胥敖)[9]를 공격하고 우 임금은 유호(有扈)[10]를 공격해, 그 나라들은 폐허가 되고 사람들은 살육당했다. 이들은 모두 전쟁을 그치지 않고, 끝없이 이익만을 탐했던 자들이다. 이런 자들은 권력욕과 소유욕으로 가득 차 있는 자들인데, 너만 홀로 듣지 못했더란 말이냐? 권력욕과 소유욕은 성인조차도 꺾기가 어려운 것인데, 하물며 네가 그것을 어찌 하겠느냐? 하나 네가 분명 마음먹은 바가 있을 터이니, 어디 한번 들어나 보자꾸나".

[2] 안회 답하여 가로되, "몸을 단정히 하고 마음을 비워, 한결같이 노력하면 어떻겠습니까?"

중니 답하여 가로되, "아니다. 어찌 그것으로 되겠느냐. 위왕은 마음속 사나운 기운이 뻗쳐올라 얼굴색이 붉으락푸르락하고 자기 뜻을 거역하는 것을 참지를 못해, 다른 사람들의 감정을 무시해버리고 제 감정에 따라서만 행동하는 자이다. 이를 일러 나날의 작은 덕들조차 나아지지 않는다고 하거늘, 어찌 큰 덕을 이루기를 바랄 수 있겠는가. 자기 뜻에만 집착하고 남의 말은 듣지 않으니, 겉으로는 듣는 척해도 속으로는 남의 뜻을 헤아리지 않는 자이다. 어찌 너의 뜻이 통할 수 있겠느냐".

---

9) 총, 지, 서오는 각각 나라 이름.
10) 유호 역시 나라 이름이다.

[3] [안회 답하여 가로되] "그렇다면 저는 안으로는 강직함을 지키되 겉으로는 굽히면서, 일반적인 이야기를 할 때에는 고전에 가탁(假託)하도록 하겠습니다. 내면의 강직함을 지키는 이는 하늘과 함께 하는 이이고, 이런 이는 만물이 자신과 함께하며 모두가 하늘이 낳은 바임을 알고 있습니다. 하니 타인(특히 위왕)이 이러쿵저러쿵하는 것에 흔들릴 이유가 어디에 있겠습니까. 이러한 이를 사람들은 어린애 같은 이라고 부르지만, 나는 하늘과 함께하는 이라고 부르고 싶습니다.——겉으로 굽히는 자는 사람들과 함께하는 이이고, 궁궐의 법도를 지키면서[11] 신하답게 행동하는 것입니다. 남들이 모두 이렇게 하는데, 저라고 그렇게 하지 않을 수 있겠습니까. 남들이 행하는 대로 행하는 이를 사람들은 해치지 않습니다. 저는 이런 이를 사람들과 함께하는 이라고 부릅니다.——일반적인 이야기를 할 때면 고전에 가탁하는 이를 옛사람들과 함께하는 이라 합니다. 그의 이야기는 옛사람들의 교훈을 인용하고 있지만, 기실 왕을 꾸짖고 있는 것입니다. 그런 이야기들은 전해 내려오는 것이지 제가 만들어낸 것이 아니므로, 그렇게 할 경우 강직함을 지키면서도 해를 당하지는 않을 것입니다. 저는 이를 일러 옛사람들과 함께하는 이라고 합니다. 이렇게 하면 되지 않겠습니까?"

중니 답하여 가로되, "아니다 어찌 그것으로 되겠느냐. 너무 여러 방식을 구사하려 하니, 효과가 없겠구나. 그렇게 하면 죄를 얻지야

---

11) "擎跽曲拳"을 간단히 번역했다. 경(擎)은 홀(笏)을 들어 올리는 것, 기(跽)는 무릎을 꿇고 절하는 것, 곡권(曲拳)은 몸을 굽히는 것이다. '拳'은 '卷'의 가차자.

않겠지만, 그저 그뿐 어찌 위왕을 변화시킬 수 있겠느냐. 성심을 스승으로 삼는 것[12]과 다를 바 없는 것이다".

[4] 안회 답하여 가로되, "저로서는 더 이상 모르겠습니다. 감히 올바른 방식을 여쭙습니다".

중니 답하여 가로되, "재계(齋戒)하여라. 내 이제 네게 말해 주마. [하지만 명심하거라.] 사심을 버리지 않은 채 재계한다면 쉽긴 하겠지만, 쉽게 하려는 그런 마음은 밝은 하늘이 허여치 않는다".

안회 답하여 가로되, "저의 집이 빈한하여 술이나 맛을 낸 음식을 못 먹은 지 몇 달이 되었습니다. 이 정도면 재계했다 할 수 있지 않겠습니까".

중니 답하여 가로되, "그것은 제사의 재계일 뿐 마음의 재계[心齋]가 아니다".

안회 답하여 가로되, "감히 심재가 무엇인지 여쭙습니다".

중니 답하여 가로되, "네 뜻을 한결같이 하여라. 그리고 귀로 듣지 말고 마음으로 들을 것이며, 마음으로 듣지 말고 氣로 들어야 할 것이다. 귀는 듣는 것에 그칠 뿐이고 마음은 아는 것에 그칠 뿐이지만, 氣란 모든 것을 비우고서 사물을 대하는 존재이다. 道는 비워진 곳에 깃드나니, 마음을 비우는 것이 바로 심재이니라".

[5] 안회 가로되, "제가 가르침을 행하지 못했을 때에는 실로 저는 저였습니다. 가르침을 행하자 이제 저는 제가 아니게 되었습니다.

---

12) 이는 "무릇 주어진 성심(成心)을 스승으로 삼는다면, 누구에겐들 스승이 없겠는가"(「제물론 2」)를 잇고 있는 표현이다. 지금 맥락에서는, 상식의 수준에 머문다는 것을 뜻한다.

이제 비웠다고 할 수 있을는지요?"

공자 답하여 가로되, "지극하도다. 네 너에게 이르노니, 세상의 울타리에 들어가 있으면서도 명예에 예민하지 않고, 왕이 들으면 말하고 듣지 않으면 말하지 않으며, 마음에 문도 담장도 치지 않은 채 오로지 마음속에 道를 모시고서 부득이한 경우에만 응한다면 도에 가까울 것이다.——세속에서 자취를 끊는 것이야 쉽지만, 세속을 살면서 세속적이지 않기는 어려운 법. 사람의 부림을 받으면 거짓을 짓기 쉽지만, 하늘의 부림을 받으면 거짓을 짓기 어려운 법. 날개를 가지고서 난다는 말은 들었어도 날개 없이 난다는 것은 못 들었고, 지식을 통해서 안다는 것은 들었어도 무지를 통해서 안다는 것은 듣지 못했노라. 저 텅 빈 곳을 보거라. 빈 곳에 햇살이 비치니, 길상(吉祥)은 고요히 머문 곳에 깃드느니라. 하여 고요히 머물지 못하면, 앉아 있어도 불안하다고 하는 것이다.——귀와 눈을 안으로 통하게 하고 마음의 작용을 밖으로 향하게 하면, 귀신도 찾아와 머물 터인데 하물며 사람이야. 이를 일러 만물의 화함[萬物之化]이라 하느니라. 우 임금과 순 임금도 이에 의지했고 복희씨와 궤거씨[13]도 평생 이를 행했는데, 하물며 보통 사람들이야 말할 필요가 있겠느냐".(「인간세 1」)

안회는 출사를 못 하고 죽었지만, 장자는 안회가 출사를 막 하려

---

13) 궤거씨(儿蘧氏)는 상고 시대의 제왕으로 알려져 있다.

고 하는 상황을 꾸며서 이야기하고 있다.

안회가 위(衛)나라로 떠나려 한다. 14년 주유의 시절, 공자가 처음 간 나라가 위나라이다. 노나라는 주공이, 위나라는 강숙이 세웠는데 둘은 형제지간이다. 노나라나 위나라나 혼란스럽기는 마찬가지여서 공자가 "그 형에 그 동생이구나!" 하고 개탄했던 이야기가 전해온다.

[1] 안회는 "잘 다스려지고 있는 나라에서 떠나, 어지러운 나라로 나아가거라. 의원의 집에는 병자들이 많은 법"이라는, 공자에게서 받은 가르침에 따라 출사하고자 한다.

그가 출사하려고 하는 위나라의 왕은 연대상으로는 영공(靈公)의 손자인 출공(出公) 첩(輒)을 염두에 둔 듯하고, 내용상으로는 첩의 아비인 장공(莊公) 괴외(蒯聵)를 염두에 둔 듯하다. 그러나 역사적 맥락보다는 논의를 전개하기 위해 설정한 전형적인 어떤 '폭군'으로 보면 좋을 것이다.

도를 추구한다는 것은 순수를 추구하는 것, 즉 불순함을 멀리하는 것이지만, 정치의 세계에 들어가면 당연히 불순함을 만나게 되고 그러면 혼란에 빠지게 된다. 배웠던 학문적인 도, 이치와 살벌한 현실 사이에는 큰 괴리가 있으므로 갈피를 못 잡게 되고 우환에 떨어지는 것이다. 공자는 정치에 나가기 전에 도를 깨달아야만, 그것을 남에게 전해 줄 수 있다고 말하고 있다. 이 대목은 소크라테스와 알키비아데스의 대화와 매우 흡사한 상황이다.(『알키비아데스』)

"먼저 스스로 도를 깨달은 후에야 남에게 그것을 전해 줄 수 있을 뿐"(先存諸己 而後存諸人)에서 '存'은 기나 도를 안으로 보듬는 것을 뜻한다.

"또 너는 [임금이라는 자들이] '덕'을 휘두르는 연유와 [학자라는 자들이] '지식'을 내보이지 못해 안달하는 까닭을 아느냐?"에서 '덕'(원래 '悳'으로 썼다)은 권력을 뜻한다. 유교 사상이 도래하면서, 왕을 교화하는 맥락에서 의미가 바뀌게 된다. 왕의 정체성은 덕에 있다는 것이다("짐이 부덕하여…"). 여기서는 덕 개념의 이전 맥락을 가져와 "덕을 휘두른다"고 번역했다. 유가 철학자들은 지식을 통해서 세계를 바꿔 나가고자 하는데, 여기에서는 유가의 출세욕을 꼬집고 있다.

"또 너는 덕은 도탑고 믿음은 단단하지만, 아직 사람의 氣를 간파해낼 정도는 못되고, 명성을 위해 다투지는 않지만 사람의 속내[心]를 읽어낼 정도에는 이르지 못했다"는 구절도 흥미롭다. 정치를 하려면 사람의 '氣'를 간파할 줄 알아야 한다. 상대가 어떤 기질의 인간인가, 지금 기가 어떤 상태인가를 간파해야 하는 것이다. 또 실제 정치를 할 때는 명성을 다투지 않는 것만으로는 부족하고, 타인의 속내를 읽어낼 줄 알아야 한다. 안회 자신이 명성을 다투지는 않겠지만, 명성을 다투는 자들의 속내를 잘못 읽어서 그런 자들에게 당할 수 있다는 뜻이다.

"그런데도 난폭한 자 앞에서 윤리도덕[仁義]과 법도를 설파한다면, 그것은 타인의 악함을 드러냄으로써 자신의 선함을 뽐내려 하는 짓 이외에 무엇이겠는가?"라는 구절은 「양생주 1」에서 "선을 행하여 명예에 가까이 가지도" 말라고 한 이야기와 통한다. 자기의 목숨을 버려서라도 왕을 올바른 길로 인도하고자 하는 사람들을 유가에서는 높이 평가하지만, 장자는 선을 행하려는 자만심에 빠져 명예를 구하려다가 죽임을 당하는 사람들이라고 비판한다. 이런 사람들이 죽음을 불사하고 왕에게 간했기 때문에 훌륭한 사람들인지, 아니면 장자의 말대로 자신의 명예심을 좇았기 때문에 훌륭하지 못한 사람들인지, 그 판단 기준은 그들의 행동이 진정성에서 나온 것인지 아니면 명예를 구하기 위해 나온 것인지에 달려 있을 터인데, 이는 판단하기가 쉽지 않은 문제이다. 역사를 연구할 때 가장 어려운 문제들 중 하나이다.

또, 유사한 맥락에서 "옛적에 요 임금은 총, 지, 서오를 공격하고 우 임금은 유호를 공격해, 그 나라들은 폐허가 되고 사람들은 살육당했다"고 비판하는데, 이는 유가에서의 '정통'(正統)과는 판이한 시각이다. 이런 관점은 법가의 관점과 유사하다.

[2] 이런 이유로 "몸을 단정히 하고 마음을 비워, 한결같이 노력하면 어떻겠습니까?"라고 피력한 안회에게 공자는 그렇게 해선 위왕 같은 자를 당해낼 수 없다고 말한다. 안회는 위왕이라는 상대방을 고려하지 않은 채 오로지 자신의 마음가짐만 생각하고 있는 것이다.

[3] 다시 안회는 새로운 해법으로서 "안으로는 강직함을 지키되 겉으로는 굽히면서, 일반적인 이야기를 할 때에는 고전에 가탁"하는 방식을 내놓는다. 처음에 안회는 몸을 단정히 하고 마음을 비워 한결같이 노력하겠다고 했다. 그러자 공자는 그러한 고고한 선비 같은 상으로는 위왕 같은 사람을 당해낼 수가 없다고 말했다. 그래서 안회는 안으로는 강직함을 지키되 겉으로는 현실을 받아들여 몸을 굽히는 것을 새로운 대안으로서 제시한다. 그리고 "일반적인 이야기를

할 때에는 고전에 가탁"하겠다고 했는데, 여기에서의 '成'은 「제물론 3」에서 나왔던 '성심'에서의 '成'과 같은 뉘앙스이다. 성심의 두 가지 뜻을 논했거니와, 긍정적으로는 상식을 존중하는 것이고 부정적으로는 상식에 머무는 것이다. 여기에서의 '성'은 사람들이 관습적으로 흔히 알고 있는 것, 상식을 의미한다. 안회는 그런 상식적인 이야기를 할 때는 고전에 가탁하도록 하겠다고 말한다. 즉 자신의 이야기로 왕을 화나게 하기보다, 전략적으로 고전에 있는 말을 가져와서 왕에게 이야기하겠다는 것이다.

[4] 그러나 그런 식으로는 그저 "성심을 스승으로 삼는 것", 즉 독사의 수준에 머무는 것에 그친다. 더 이상 해결책을 찾지 못한 안회에게 공자는 '심재'를 이야기한다. 파라-독사가 장자 사유의 존재론적 요체라면, 여기에서 논하는 심재는 그런 경지로 들어가는 방법, 유교의 '수행'(修行), 불교의 '좌선'(坐禪)에 대응하는 방법을 뜻한다. 심재란 뜻을 한결같이 하는 것, 귀가 아니라 마음으로 또 마음이 아니라 '氣'로 듣는 것, 마음을 비우는 것이다.

심재를 이루려면 우선 뜻[志]을 한결같이 해야 한다. 뜻이 흔들린다면 애초에 가능성이 없을 것이다. 그리고 공자는 포정의 해우에서 눈에 관련해 말했던 것을 귀에 관련해 말하고 있다. 그런데 포정의 해우에서는 눈으로 보기보다 '神'으로 본다고 한 것에 비해, 여기에서는 귀로 듣기보다는 마음으로, 나아가 마음으로 듣기보다는 '氣'로 들어야 함을 말하고 있다. '신기'는 마음과 거의 같다. 따라서 여기에서는 '신기'를 넘어 '氣' 자체로까지 나아가고 있음을 알 수 있다. '氣'로 듣는 것은 하늘통소의 소리, 소리 없는 소리를 듣는 것이다. '氣'는 "모든 것을 비우고서[虛] 사물을 대하는 존재"이다. 그리고 이렇게 오롯이 비웠을 때 거기에 도가 깃든다. 이렇게 감각기관은 물론 마음까지 비워 내는 것이 곧 '심재'이다.

[5] 공자에게서 '비움'을 배운 안회는 "제가 가르침을 행하지 못했을 때에는 실로 저는 저였습니다. 가르침을 행하자 이제 저는 제가 아니게 되었습니다"라고 말하는데, 이것은 바로 그가 "吾喪我"의 경지에 달했음을 말한다.

그런데 지금의 맥락은 단지 형이상학적으로 "吾喪我"의 경지를 깨닫는 것으로 끝나는 것이 아니라, 그런 깨달음을 가지고서 정치에 임해야 하는 상황이다. 이 상황은 곧 깨달음의 세계와 비루한 현실이라는 상반된 것들을 대결시키면서도 궁극에는 전자를 지키는 어려운 과제인 것이다. "세속에서 자취를 끊는 것이야 쉽지만, 세속을 살면서 세속적이지 않기는 어려운 법." 세속에서 살면서 세속과 거리를 두고 고고함을 지키는 일은 무척 힘든 일이다. 진흙탕에서 깨끗하기란 거의 불가능하다. 그래서 깨달음의 경지를 잃지 않으면서도 현실에서 정치를 한다는 것은 극히 어려운 일인 것이다.

장자의 정치철학은 결국 도가적인 깨달음의 경지를 결코 잃어버리지 않으면서도 현실 정치에 임하는 것이다. "저 텅 빈 곳을 보거라. 빈 곳에 햇살이 비치니, 길상(吉祥)은 고요히 머문 곳에 깃드느니라."[14] 이런 깨달음의 경지를 마음에 품고 정치를 할 경우, 그나마 좋

---

14) 이 대목은 훗날 전개되는 동북아 불교의 분위기로 이어진다. "빈 곳에 햇살이 비치니"라는 대목은 '고요한 빛'[寂光]을 뜻한다. 또, "길상(吉祥)은 고요한 곳에 깃드느니라"고 한 생각

은 정치를 할 수 있다. 장자는 깨달음의 길만이 아니라 그 길을 마음에 품고서 정치에 임하는 길도 사유했다. 그렇지 않다면 그가 「인간세」를 쓰지 않았을 것이다.[15] 후대의 도가 철학자들처럼 달걀의 튀어나온 부분을 아예 부정한 것이 아니다. 공자와 이후의 유교를 구분해야 하듯이, 장자와 이후의 도가 철학, 도교는 구분해야 한다.

"귀와 눈을 안으로 통하게 하고 마음의 작용을 밖으로 향하게 하면, 귀신도 찾아와 머물 터인데 하물며 사람이야. 이를 일러 만물의 화함이라 하느니라"에서 "귀와 눈을 안으로 통하게 하고 마음의 작용을 밖으로 향하게 하면"은 앞에서 나온 귀로 듣지 말고 마음으로 듣고, 마음으로 듣지 말고 기로 들으라는 것과 통한다. 이런 경지가 되면 사람은 물론 귀신까지도 녹아들어 온다는 것이다. 그리고 이를 '만물지화'(萬物之化)라 했는데, 이때의 '化'는 "化而爲鳥"에서의 '화'처럼 변신을 뜻하거나, '물화'에서의 '화'처럼 전변을 뜻하기보다는, 화합이라는 뉘앙스를 담고 있다고 볼 수 있다. 만물과 '화광동진'(和光同塵)하는 위대한 경지인 것이다. 진정으로 좋은 정치를 하려면, 이 경지에 의존해야 함을 말하고 있는 것이다. 장자의 이런 정치철학은 정치에 대한 구체적인 논의는 아니지만, 정치란 결국 사람이 하는 것이기에 정치하는 사람의 마음이 어떠해야 하는가에 관련

도 불교에 녹아들어 간다.

15) 후대(대략 한초)에는 도가 철학을 유가 철학과 한편으로 대결시키고 한편으로 조화시키려는 경향도 나타나게 되는데, 외편의 「천지」(天地), 「천도」(天道), 「천운」(天運)이 이런 경향을 뚜렷이 보여주는 편들이다.

해 큰 영향을 주었다고 할 수 있다.[16]

모름지기 외교관이 되려면

이 대목과 다음 대목은 앞의 내용을 연장해, 막 사신으로서 외국에 가려는 사람, 그리고 성정이 포악한 왕자의 사부를 맡으려는 사람에게 앞서와 같은 가르침을 주고 있다.

> 葉公子高將使於齊, 問於仲尼曰, "王使諸梁也甚重 齊之待使者 蓋將甚敬而不急. 匹夫猶未可動也 而況諸侯乎. 吾甚慄之.──子 嘗語諸梁也 曰, '凡事若小若大 寡不道以懽成. 事不成 則必有 人道之患, 事若成 則必有陰陽之患. 若成若不成 而後無患者, 唯 有德者能之'.──吾食也執粗而不臧 爨無欲淸之人, 今吾朝受命 而夕飮氷. 我其內熱與. 吾未至乎事之情 而旣有陰陽之患矣. 事 若不成 必有人道之患. 是兩也. 爲人臣者 不足以任之, 子其有以 語我來".
>
> 仲尼曰, "天下有大戒二, 其一命也 其一義也. 子之愛親命也 不 可解於心, 臣之事君義也 無適而非君也. 無所逃於天地之間 是 之謂大戒. 是以夫事其親者 不擇地而安之 孝之至也, 夫事其君

---

16) 「산목」(山木)의 "지인은 자신을 비워서 세상에서 노닐 줄 안다"(至人能虛己而遊世)는 구절이 라든가 「외물」(外物)의 "오로지 지인만이 세상에서 놀면서도 편벽되지 않을 수가 있다"(唯 至人乃能遊於世而不僻) 같은 구절들이 이 점을 잘 보여준다.

者 不擇事而安之 忠之盛也(自事其心者 哀樂不易施[移]乎前, 知其不可奈何[如何] 而安之若[順]命, 德之至也). 爲人臣子者 固有所不得已, 行事之情而忘其身 何暇至於悅生而惡死. 夫子其行可矣. ——丘請復以所聞. 凡交近則必相靡[磨/糜]以信 交遠則必忠之以言. 言必或傳之, 夫傳兩喜兩怒之言 天下之難者也. 夫兩喜必多溢美之言 兩怒必多溢惡之言. 凡溢之類妄 妄則其信之也莫[薄] 莫則傳言者殃. 故法言曰, '傳其常情 無傳其溢言, 則幾[近]乎全'. ——且以巧鬪力者 始乎陽 常卒乎陰, 泰至則多奇巧. 以禮飮酒者 始乎治 常卒乎亂, 泰至則多奇樂. 凡事亦然, 始乎諒 常卒乎鄙, 其作始也簡 其將畢也必巨. 言者風波也 行者實喪也. 夫風波易以動 實喪易以危, 故忿設無由 巧言偏辭. 獸死不擇音[17] 氣息茀然, 於是竝生心厲.[18] 剋[急]核[覈]太至 則必有不肖之心應之, 而不知其然也. 苟爲不知其然也 孰知其所終. 故法言曰, '無[毋]遷令 無勸成, 過度益[溢]也. 遷令勸成殆事, 美成在久 惡成不及改, 可不愼與'. 且夫乘物以遊心[19] 託不得已以養中 至矣, 何作爲報也. 莫若爲致命 此其難者".(「人間世二」)

섭공(葉公) 자고(子高)[20]가 제(齊)나라에 사신으로 가려 하던 차

---

17) 『좌전』, 「문공 17년」에 "鹿死不擇音"이라는 표현이 나온다.
18) '심려(心厲)'는 '여심'(如心), 즉 '악심'(惡心)이다.
19) 「소요유 5」에서 "乘雲氣 御飛龍, 而遊乎四海之外"라 했던 것과 통한다.
20) 초나라의 대부. 초 장왕의 현손. 이름은 제량(諸梁). 섭(葉) 땅(지금의 하남성 섭현)에 봉해졌기에 섭공이라 했다. '공'은 참칭. 여기에서의 문답은 물론 장자가 구성한 것이지만, 섭공이

에, 줍니에게 이렇게 물었다. "왕[21]께서 저를 사신으로 보내려 하시니, 이는 실로 무거운 책무입니다. 제나라는 저를 예를 갖추어 맞이하기야 하겠지만, 저들로서는 급할 것이 없습니다. 보통 사람들의 마음도 움직이기 어려운데, 제나라의 제후들을 어떻게 움직일 수 있겠습니까. 마음이 심히 두렵습니다.――일찍이 선생께서는 제게 이렇게 말씀해 주셨지요. '작은 일이든 큰 일이든, 도리에 어긋나게 하고서 기뻐할 수는 없다. 일을 완수하지 못하면 반드시 벌[22]이 따를 것이고 일을 완수해도 병[23]에 걸리기 십상이니, 오직 덕이 있는 자라야 성공하든 성공하지 못하든 병과 벌을 피할 수 있으리니.'――저는 소박한 것을 먹을 뿐 맛을 낸 것을 피하며 가급적이면 적게 먹습니다만,[24] 아침에 명을 받고서는 저녁에 얼음을 들이켜게 되었습니다. 속에서 열불이 났기 때문이겠지요.[25] 아직 결과가 나오지도 않았는데 벌써부터 병이 들었고, 여기에 결과가 나쁘게 나온다면 벌까지도 피할 길이 없겠지요. 병과 벌이 한꺼번에 찾아올

공자에게 정치에 관한 가르침을 청해 들었다는 것(B.C. 489)은 사실이다.(『사기』「공자세가」)

21) 연대상으로 볼 때, 초의 소왕(昭王)이나 혜왕(惠王)으로 볼 수 있다.

22) "人道之患."을 간단하게 번역했다. 여기에서의 '人道'는 법적인, 제도적인 차원을 뜻한다.

23) "陰陽之患."을 간단하게 번역했다. 일에 몰두하다가 몸의 음양에 탈이 남을 뜻한다. 성소에서는 "喜懼交集於一心 陰陽勃戰於五臟"(기쁨과 두려움이 한 마음에 모여 얽히니, 음양이 오장에서 일어나 싸운다)이라고 했다.

24) 원문("爨無欲淸之人")을 직역하면 "밥 지을 때 시원하기를 바라는 사람들[불을 때고 있어 덥기에, 좀 시원했으면 하고 바라는 사람들. 즉, 요리사들]이 없다"가 된다. 상을 많이 차리려면 여러 아궁이에 불을 때야 하기 때문에 요리사들이 매우 더워하는데, 그런 상황을 만들지 않음을 말하고 있다.

25) 스트레스를 많이 받아 속에서 열이 난 것이다.

모양입니다. 남의 신하 된 사람으로서 이 상황을 감당할 길이 없으니, 선생께 가르침을 구합니다."

중니 답하여 가로되, "천하에 두 가지 큰 계(戒)가 있으니, 하나는 '명'(命)이고 다른 하나는 '의'(義)입니다. 자식이 어버이를 사랑하는 것이 '명'이니 한시라도 잊어서는 안 될 것이요, 신하가 임금을 섬기는 것이 '의'이니 천하 그 어디에도 예외는 없습니다.[26] 이 둘은 언제이든 어느 곳에서든[27] 피할 길 없는 것이니, 일러 '큰 계'라 하는 것이죠. 하여 무릇 어버이를 섬김에 자신의 처지에 상관없이 힘쓰는 것이 '효'의 지극함이요, 군주를 섬김에 무슨 일이든 상관없이 힘쓰는 것은 '충'의 지극함입니다(그리고 스스로의 마음을 섬기는 이[28]는 상황이 바뀌어도 애락(哀樂)의 감정에 변화가 없어, 체념하고 달관하여[29] 편안히 명을 따르니, 이를 일러 '덕'의 지극함이라 합니다).[30] 이렇게 신하 되고 자식 된 이들에게는 부득이한 바가 있는 법이니, 효와 충을 다하느라 어느 결에 자신을 돌아보겠습니까?[31] 그

---

26) 『논어』, 「미자」(微子)에서 "長幼之節 不可廢也, 君臣之義 如之何其可廢也"(장유의 구분도 없어질 수가 없거늘, 군신의 의리를 어찌 폐할 수 있겠소)라 했던 것과 비교해 볼 만하다.

27) 원문은 '天地之間'으로 공간적 뉘앙스가 강하지만, 명(命)을 시간적으로 파악하고 의(義)를 공간적으로 파악한 후 양자를 묶어 언급하고 있기 때문에 "언제이든 어느 곳에서든"이라 번역했다.

28) 道를 추구하는 사람[爲道之士]을 뜻한다.(성소)

29) "知其不可奈何"를 직역하면 "어찌할 도리가 없음을 깨달아"로 할 수 있다.

30) 이 구절은 유가적인 효, 충과 도가적인 덕을 대비시키고 있는 구절이거니와, 문단 전체의 흐름상 괄호에 넣는 것이 좋다.

31) "行事之情而忘其身 何暇至於悅生而惡死"을 직역하면 "일[효, 충]에 몰두하는 상황에서 스스로를 잊어버리게 될 터인데, 어느 결에 삶을 좋아하고 죽음을 싫어할 수 있겠습니까"로 할 수 있다. 「제물론」에서 보았듯이, "삶을 좋아하고 죽음을 싫어하는 것"은 인정(人情)으로서

러니 공께서는 응당 떠나셔야죠.──또, 내가 들은 바를 일러 드리리다. 무릇 근거리 외교는 신의로써 맺고, 원거리 외교는 말의 충성스러움으로 맺습니다. 말은 반드시 누군가가 전달해 주어야 하는 바, 양쪽을 기쁘게 하거나 양쪽을 화나게 하는 말을 전하는 것은 천하에 어려운 일입니다.[32] 양쪽을 기쁘게 하자면 아첨의 말을 넘치게 해야 하고, 양쪽을 화나게 하려면 비난의 말을 넘치게 해야 하는 법입니다. 무엇이든 넘치게 하는 것은 거짓된 것이고, 거짓된 것은 신의를 엷게 만들며, 신의가 엷어지면 말을 전하는 자[使者]는 화를 입게 됩니다. 하여 법언[33]에 이르기를 '있는 그대로[常情]를 전할 뿐 넘치는 말을 전하지 않는다면, 몸을 보존하리라'고 했습니다.──또, 장난으로 힘겨루기를 하는 자들은 꼭 웃으면서 시작해서 씩씩대면서 끝내니, 핏대가 나면 반칙까지 일삼지요. 행사에서 술을 마시는 자들은 처음에는 점잖게 마시지만 꼭 뒤끝이 나빠져서, 급기야는 해롱대면서 추태를 부리곤 합니다.[34] 매사가 다 이런 식

장자가 초극하고자 하는 태도이다. 지금의 맥락에서는 '자기 자신을 돌아보는 것'을 뜻한다고 할 수 있다. 효와 충에 몰두하느라 자신의 삶과 죽음을 돌아볼 겨를조차 없는 상황을 가리킨다. 뒤의 「덕충부」에 나오는 "강호상망"(江湖相忘)에서의 '忘'의 뉘앙스와 의미심장하게 대조된다.

32) 여기에서 "양쪽을 기쁘게 하거나 양쪽을 화나게 하는 말을 전하는 것"은 사신이 그렇게 한다는 뜻이 아니라, 좋은 소식(예컨대 화평을 맺자는 제안)이든 나쁜 소식(예컨대 선전포고)이든 사신이 그것을 본래의 뜻 그대로 전달해, 의견의 전달이 오해 없이 정확하게 되는 것을 뜻한다. 그래서 뒤에서는 "영을 받은 대로 전달하는 깃이야말로 어려운 일"임을 지적하게 되는 것이다.

33) 『법언』(法言)이라는 저작이 있었다고 보는 설도 있지만, 확실한 근거는 없다. 전해 내려오는 격언(格言)과 같은 뜻으로 보인다.

34) 여기에서 행사로 번역한 '禮'는 '향음주례'(鄕飮酒禮)를 뜻한다.

이어서, 처음에는 상쾌하지만 끝에 가서는 비루해지고, 처음에는 별것 아니었던 일이 나중에는 꼭 심각한 것이 되고 맙니다. 말이라는 게 풍파(風波)와도 같고, 행함에는 득실이 있기 마련입니다. 풍파는 쉽게 흔들리고 득실에는 위험이 따르니, 분노가 치미는 것은 다름이 아니라 거짓된 말이나 치우친 행동 때문이죠. 짐승이 죽을 때가 되면 울음소리가 흐트러지고 숨소리가 거칠어지는데, 이때 악한 마음도 생겨나는 것입니다. 심한 추궁을 당할 시면 당황해 허둥대면서도, 자신은 그런 줄도 모르는 법이죠. 정말이지 이런 정도가 되면, 과연 어떤 일이 벌어질지 누가 알겠습니까. 그래서 법언에서도 '영(令)을 바꾸지 말고 일을 억지로 완수하려 하지 말지니, 지나치면 넘치는 법. 영을 바꾸고 일을 억지로 완수하는 것은 위태로움을 불러와, 잘하려면 끝내기가 어렵고 잘못하면 돌이킬 수가 없어, 신중하지 않을 수가 없느니'라 했습니다.[35] 물(物)을 타고서 심(心)을 노닐게 해 대자연의 섭리[不得已]에 따라 중심을 잘 기르는 것[養中]이야말로 지극한 것이니, 어찌 거짓되이 말하겠습니까? 영을 받은 대로 전달하는 것이야말로 어려운 일이지요".[36] (「인간세 2」)

공자가 마지막에 말한 "물(物)을 타고서 심(心)을 노닐게 해 대자연의 섭리[不得已]에 따라 중심을 잘 기르는 것[養中]이야말로 지

---

35) '신(愼)'이 유가의 주요 가치들 중 하나인 것은 『주역』에서도 잘 나타난다. 현실 정치에 참여하는 사람들에게는 필수적인 덕목일 것이다.

36) 앞에서 "양쪽을 기쁘게 하거나 양쪽을 화나게 하는 말을 전하는 것은 천하에 어려운 일"이라 했던 말을 받고 있다.

극한 것이니, 어찌 거짓되이 말하겠습니까?"라는 구절은 앞에서 논했던 도가적인 깨달음의 경지를 다시 확인해 준다.

여기에서 '物'은 인간이 처한 상황이라는 넓은 의미를 뜻한다고 보면 좋을 것이다. 삶의 무게에 짓눌리거나 망가지는 것이 아니라, 그것을 타고 넘어 마음을 노닐게 하는 것이 중요한 도가적 가치이다. '中'은 「양생주 1」 나온 '督'과 같은 것을 뜻한다. '양중'(養中)이야말로 양생술의 핵심이다. 여기에서 '中'이 양적인/공간적인 뉘앙스에서의 가운데가 아님은 굳이 말할 필요도 없을 것이다. 이렇게 '양중'에 힘쓴 사람이 정치를 한다면, 어려운 지경도 헤쳐 나갈 수 있음을 설파하고 있다.

모름지기 선생이 되려면

다음 이야기는 악명 높은 왕자의 선생으로 가는 상황을 설정하여 이야기하고 있다. 노나라 현자인 안합이 다루기 힘들고 버거운 존재인 괴외를 대해야 하는 상황을 설정하여 인간세에서의 처신술을 이야기해 주고 있다.

顔闔將傅衛靈公太子 而問於蘧伯玉曰, "有人於此 其德天殺. 與之爲無方 則危吾國, 與之爲有方 則危吾身. 其知適[啻]足以知人之過 而不知其所以. 若然者 吾奈之何".

蘧伯玉曰, "善哉問乎. 戒之 愼之, 正汝身也哉. 形莫若就 心莫若和. 雖然, 之[此]二者有患. 就不欲入 和不欲出. 形就而入 且爲顚

爲滅 爲崩爲蹶, 心和而出 且爲聲爲名 爲妖爲孼. 彼且爲嬰兒 亦與之爲嬰兒, 彼且爲無町畦 亦與之爲無町畦, 彼且爲無崖 亦與之爲無崖.[37] 達之 入於無疵.——汝不知夫螳螂乎. 怒[38]其臂以當車轍 不知其不勝任也. 是其才之美者也. 戒之 愼之. 積伐而[汝]美者以犯之 幾[39]矣. 汝不知夫養虎者乎. 不敢以生物與之 爲其殺之之怒也. 不敢以全物與之 爲其決[裂/碎]之之怒也. 時[40]其飢飽 達其怒心. 虎之與人異類 而媚養己者順也. 故其殺之者逆也. 夫愛馬者 以筐盛矢[屎] 以蜄[41]盛溺[尿]. 適有蚊虻僕緣 而拊之不時, 則缺銜毀首碎胸. 意有所至而愛有所亡 可不愼邪".(「人間世三」)

안합(顔闔)이 위 영공의 태자[42]를 보좌하게 되어, 거백옥(蘧伯玉)[43]에게 가르침을 청했다. "여기 그 천성이 아주 각박한 한 젊은이[괴외]가 있습니다. 그의 비위를 맞춰 주자니 내 나라에 큰 해를 끼칠 것 같고, 원칙대로 대하면 내가 해를 입을 것 같네요.[44] 이자는 남의

---

37) 「양생주 1」에서는 '無涯'로 썼다. '정휴'(町畦)와 '무애'(無崖)는 모두 한도/한계를 뜻한다.

38) 「소요유 1」에서의 "怒而飛"에서처럼, 화가 났다는 뜻이 아니라 두 앞발을 활짝 폄을 뜻한다.

39) 위태롭다는 뜻. 『이아』(爾雅)에서 '危'의 뜻으로 쓰인 용례를 찾아볼 수 있다.

40) '때맞춰'의 뜻. "學而時習之"에서의 '時'와 같은 용법이다.

41) 신(蜄)은 '蜃'으로도 쓰며 대합(大蛤)을 뜻한다.

42) 괴외, 훗날의 장공(莊公)은 영공의 부인인 남자(南子)를 살해하려다가 실패해 송나라로 망명했다가, 후에 돌아와 아들인 첩, 즉 출공(出公)을 몰아내고 왕이 된다. 앞에서도 영공, 장공, 출공의 이야기가 등장했거니와, 장자는 이들의 이야기가 '인간세'의 전형을 보여준다고 보았던 듯하다.

43) 거백옥(585~484)은 위나라의 대부이다. 공자는 그를 가리켜 "군자로다"라고 상찬했다.(『논어』「위령공」)

44) 괴외가 노나라에게 불리한 일을 많이 벌일 텐데, 그 비위를 맞출 경우 안합은 자신의 조국에

과오를 집어내는 데에만 만족할 뿐, 그 사람이 과오를 범하게 된 까닭이 바로 자신에 있다는 점은 깨닫지 못합니다.[45] 이런 자를 내가 도대체 어찌 해야 할까요?"

거백옥이 답하여 가로되, "참 좋은 질문입니다. 재계하고 신독(愼獨)하여, 몸가짐을 바르게 해야 할 것입니다. 겉으로는 그를 따르되 마음속은 항상 자기 마음을 유지하는 것보다 나은 것은 없습니다.[46] 하지만 이렇게 해도 환난을 온전히 벗어나지는 못하지요. 겉으로 따르되 속까지 동화되려 해서는 안 되고, 속으로 자기 마음을 유지하되 그것을 그에게 드러내려 하면 안 됩니다. [겉으로 따르다가] 그의 각박함에 동화되어버리면 도(倒), 멸(滅), 붕(崩), 궐(蹶)의 상태에 빠져버리고, 자기 마음을 그에게 드러내버리면 성(聲), 명(名),[47] 요(妖), 얼(孽)[48]의 상태에 빠져버립니다. 그가 어린애가 되면 그대도 어린애가 되고, 그가 멋대로 행동하면 그대도 멋대로 행동하고, 그가 터무니없이 굴면 그대도 터무니없이 굴어야 합니다. 이런 일에 달통하게 되면 무탈하게 될 것입니다.——저 황당한 사마귀 이야기

해를 끼치게 된다. 반면 노나라 사람의 입장에 서서 괴외의 뜻을 거스를 경우 자신이 해를 당해야 한다. 다른 나라의 못된 태자의 스승이 될 사람이 가질 수밖에 없는 이율배반적 상황을 말하고 있다.

45) 태자의 스승은 태자의 과오를 짊어질 수밖에 없다. 안합은 태자 괴외가 스승(안합 자신)의 과오를 탓할 뿐, 그 과오의 원인이 다름 아닌 자기 자신이라는 점을 깨닫지 못하리라고 걱정하고 있다.

46) 앞에서 안회가 "안으로는 강직함을 지키되 겉으로는 굽히면서…"라 했던 것과 통한다.

47) '聲'은 태자의 못된 행위들에 연루되어 일이 시끄럽게 되는 것을 뜻하고, '名'은 자신의 이름이 나쁜 일에 연루되어 오르내리는 것을 뜻한다.

48) '요얼'(妖孽)은 재앙을 뜻한다.

들어 보셨죠? 두 앞발을 크게 벌리고서 수레바퀴를 들어 올리려 했다더군요.[49] 제 힘으로는 어림도 없음을 모르고서, 힘 자랑을 하려 했던 거죠. 오로지 재계하고 신독해야 합니다. 자기 힘/재능을 자꾸 내세워 상대방[태자]을 위축시키면, 결국 위태로울 뿐입니다. 또, 호랑이 사육사 이야기도 들어 보셨을 겁니다. 그는 먹이를 결코 산 채로 주지 않는데, 호랑이가 먹이의 숨통을 끊을 때 뿜어 나오는 노기(怒氣) 때문이죠. 또 먹이를 결코 통째로 주지 않는데, 역시 그걸 찢어발길 때의 노기 때문입니다. 호랑이가 배고플 때와 배부를 때를 잘 맞춰 주어야만, 그 노기를 잘 다스릴 수 있는 것이죠. 비록 호랑이와 사람이 종을 달리하긴 하지만, 그래도 호랑이가 사육사를 따르는 것은 그놈의 본성에 잘 맞추어 주기 때문입니다. 호랑이가 사육사를 죽인다면, 그건 그놈의 본성에 역행했기 때문인 것이죠. 말[馬]을 진정으로 사랑하는 사람은 대광주리에 똥을 받고 대합(大蛤)으로 장식한 통에 오줌을 받습니다. 어쩌다 말 등에 모기나 등에가 붙은 것을 보고 갑자기 때리면, 그놈은 재갈을 물어뜯고서는 사육사의 머리를 들이받고 가슴을 걷어찰 것입니다. 정의(情意)는 지극한 바 있었지만 애정이 망가져버리는 것이 바로 이런 경우이니, 어찌 신중히 하지 않을 수가 있겠습니까".[50] (「인간세 3」)

---

49) 이로부터 '당랑지부'(螳螂之斧)라는 말이 나왔다. 원소가 조조를 칠 때 진림이 쓴 글에 등장한다.

50) 사마귀, 호랑이, 말의 예를 들어 태자를 어떻게 대할지를 가르쳐 주고 있다.

2장 '용'의 세계로서의 인간세

「인간세」는 두 부분으로 나눌 수 있다. 도에 대한 깨달음을 품고 정치하기를 권하는 지금까지의 논의가 전반부를 형성한다면, 이하의 내용은 후반부를 형성한다. 이 후반부의 핵심은 「소요유 6」에서 보았던 "無用之用"과 같은 내용이다. 다만 이 내용이 「소요유」가 아니라 「인간세」에 편집되어 있다는 점에 주의한다면, 여기에서의 핵심은 무용의 용을 강조하는 데 있기보다는 '用의 세계'가 어떤 곳인지를 강조하는 데 있다고 해야 할 것이다. 인간세란 결국 '用'의 세계라는 것이 핵심이다.

이 후반부는 이렇게 「소요유」의 내용과 중복되거니와, 편집의 일관성도 떨어지고 글의 수준도 높지 않다. 장자 자신의 글이 아니라, 장자 후학들이 그를 모방해 쓴 글을 모아 놓은 것으로 추측된다.

용(用)의 세계

[1] 匠石之齊 至於曲轅 見櫟社樹. 其大蔽數千牛 絜[币]之百圍, 其高臨¹⁾山 十仞而後有枝. 其可以爲舟者旁²⁾十數. 觀者如市. 匠伯不顧遂行不輟.

弟子厭觀之 走及匠石曰, "自吾執斧斤以隨夫子 未嘗見材如此 其美也. 先生不肯 行不輟何邪?" 曰, "已矣. 勿言之矣. 散木也. 以爲舟則沈 以爲棺槨³⁾則速腐 以爲器則速毁 以爲門戶⁴⁾則液樠⁵⁾ 以爲柱則蠹, 是不材之木也. 無所可用 故能若是之壽".

匠石歸 櫟社見夢 曰, "汝將惡乎[於何]比予哉. 若將比予於文木邪. 夫柤梨橘柚 果蓏之屬 實熟則剝, 剝則辱 大枝折 小枝泄[抴], 此以其能苦其生者也. 故不終其天年而中道夭 自掊擊[打擊]於世俗者也. 物莫不若是.──且予求無所可用久矣. 幾[近]死 乃今得之. 爲予大用. 使[假令]予也而有用 且得有此大也邪.──且也若與予也皆物也 奈何哉其相物也. 而幾死之散人 又惡知散木".

匠石覺而診[占夢]其夢. 弟子曰, "趣取無用 則爲社何邪".

---

1) 『시경』, 「소민」(小旻)에서의 "如臨深淵"이나 『논어』, 「옹야」에서의 "以臨其民"의 경우처럼 높은 곳에서 낮은 곳을 내려다봄을 뜻한다.
2) 유월(兪樾)의 『평의』(平議)에서 '方'으로 읽고 '且'(무려)의 뜻으로 보았다.
3) 관(棺)은 속 널을 뜻하고, 곽(槨)은 겉 널을 뜻한다.
4) 문(門)은 두짝문이고, 호(戶)는 외짝문이다.
5) 액(液)과 만(樠)이 어떻게 구분되는지에 대해서는 여러 이설들이 있지만, 확실하지가 않다. 최선(崔譔)은 '만'을 검은 액이라 보았다.

曰, "密[謐＝黙], 若無言. 彼亦直寄焉 以爲不知己者詬厲⁶⁾也. 不爲社者 且幾[近]有翦[剪伐]乎. 且也彼其所保與衆異. 而以義譽之 不亦遠乎".

[2] 南伯子綦遊乎商之丘 見大木焉 有異, 結駟千乘 隱[蔽]將芘[庇＝蔭]其所藾. 子綦曰, "此何木也哉. 此必有異材夫". 仰而視其細枝 則拳曲⁷⁾而不可以爲棟樑, 俯而視其大根 則軸解而不可以爲棺槨. 咶其葉 則口爛而爲傷, 嗅之 則使人狂酲 三日而不已.——子綦曰, "此果不材之木也. 以至於此其大也. 嗟乎, 神人 以此不材".

[3] 宋有荊氏者, 宜楸柏桑. 其拱把而上者 求狙猴之杙者斬之, 三圍四圍 求高名之麗[欐]者斬之, 七圍八圍 貴人富商之家求樿傍者斬之. 故未終其天年 而中道之[而]夭於斧斤 此材之患也. 故解⁸⁾之以牛之白顙[額]者 與豚之亢鼻者 與人有痔病者 不可以適河. 此皆巫祝以[已]知之矣. 所以爲不祥也. 此乃神人之所以爲大祥也.(「人間世四」)

[1] 장석(匠石)⁹⁾이 제나라로 가던 중 곡원(曲轅)¹⁰⁾에 이르러 상수리

---

6) '후려'(詬厲)에서 후는 욕(辱)이고 려는 병(病) ― 헐뜯음 ― 을 뜻한다.(『석문』)

7) '拳'은 '卷'의 가차자이다. "拳曲"은 「소요유」에 나왔던 "卷曲"과 같다.

8) 여기에서는 특정 제사의 명칭을 뜻한다. 또는 제사에 관련된 서명(書名)으로 보기도 한다.

9) 장석(匠石)은 이름. '匠'은 장인을 뜻하며, '石'은 이름. 「양생주」에 등장하는 포정(庖丁)과 같은 형태이다.

10) 곡원(曲轅)은 지명. 단순히 어떤 구부러진 길로 보기도 한다.

나무를 심은 사당[11]을 보았는데, 그 크기는 소 수천 마리를 덮을 만해서 둘레가 백 아름이나 되고 그 높이는 산을 내려다볼 만해서 땅에서 열 길이나 올라간 후에야 비로소 가지가 나기 시작할 정도였다. 그것으로 배를 만든다면 무려 수십 척이 나올 것 같았다. 주변은 그 나무를 보러 온 사람들로 문전성시를 이루었다. 하나 장백[12]은 눈길도 주지 않고 걸음을 멈추지도 않은 채 그대로 지나갔다.——그 나무를 찬찬히 살펴보던 제자가 달려와서 여쭙기를, "제가 도끼를 잡고서 선생님을 따라다니기 시작한 이래 이토록 훌륭한 재목은 아직 본 적이 없습니다. 한데 거들떠보지도 않고 가버리시니 어찌 된 일입니까?" 장백 답하여 가로되, "됐네, 말도 말게. 쓸모없는 나무[散木]일 뿐이니까. 배로 만들면 가라앉을 것이고, 널을 만들면 금방 썩어버릴 것이고, 기물(器物)을 만들면 금방 망가져버릴 것이고, 문을 만들면 진액이 흘러내릴 것이고, 기둥을 만들면 좀을 먹을 터이니, 전혀 좋은 재목이 아닐세. 아무짝에도 쓸모가 없는 바람에, 도끼에 찍히지도 않고 저렇게 살아남아 있는 거지".

장석이 집에 돌아와 잠을 자는데, 사당의 상수리나무가 꿈에 나타나 말했다. "너는 나를 도대체 무엇과 비교하려는 것인가? 문목(文木)[13]과 비교하려는 것인가? 아가위나무, 배나무, 귤나무, 유자나무

---

11) 토지신을 모시는 사당[社]에는 나무[神木]를 심게 되어 있는데, 이 경우에는 상수리나무[櫟]이다.
12) 장백(匠伯)은 장석을 일행의 우두머리로서 존칭한 것이다.
13) '문목'(文木)은 앞의 '산목'(散木)과 대비되는 쓸모 있는 나무를 뜻한다.

와 같이 열매를 맺는 나무들[14]은 열매를 맺어 봤자 사람들이 다 떼어내어 가버리고, 이렇게 수난을 당할 시면 큰 가지들은 부러지고 작은 가지들은 찢겨지니, 이게 다 그 '쓸모 있음' 때문에 스스로의 생명을 괴롭히게 되는 경우가 아닌가. 이렇게 천수를 다하지 못하고 일찍 죽는 나무들이란 바로 [그 쓸모 있음 때문에] 사람들에게 시달리는 나무들이니, 바로 이런 것이 세상의 이치인 것이다.──나는 오랜 세월 쓸모없는 나무가 되려고 해왔느니. 지금까지 수차례 도끼에 잘릴 뻔했지만, 이제 네가 내 쓸모없음을 공인해 준 셈이 되었으니, 오히려 네가 나에게 크게 쓸모 있는 존재가 되었구나. 내가 쓸모 있는 나무였다면, 사람들이 이렇게 큰 나무가 될 때까지 놔두었겠는가?──게다가 너와 나 모두가 결국 '물'(物)일 뿐이다.[15] 어찌 한쪽이 다른 한쪽을 [마치 자기는 '物'이 아닌 듯이] 업신여길 수 있겠는가? 평생 쓸모 있는 나무들을 찾아 헤맨 네가[16] 어찌 쓸모없음의 가치를 알 수 있겠는가?"

장석이 꿈에서 깨어나 그 꿈을 풀이하고 있었다.[17] 옆에 있던 제자가 여쭙기를, "그렇게 쓸모없음의 추구에 뜻을 두었다면, 신목(神

---

14) 열매라 번역한 "果蓏"에서 '과'(果)는 나무에 열리는 열매를 뜻하고, '라'(蓏)는 땅에 열리는 열매를 뜻한다.

15) 너와 내가 모두 '物'이기에 道의 이치에 따라서 존재=생성한다는 뜻. 지금까지는 주로 쓸모 있음과 쓸모없음에 대해 논했거니와, 더 근본적으로는 쓸모가 있든 쓸모가 없든 우리 모두는 道의 이치에 따라 존재=생성하는 '物'들일 뿐임을 말하고 있다.

16) '散人'은 흔히 쓸모없는 인간으로 새겨진다. 『묵자』, 「비유 하」(非儒 下)의 "散人焉知良儒"(형편없는 자들아! 어찌 좋은 유자를 알아보겠느냐)에서 용례를 볼 수 있다. 그러나 여기에서는 좋은 재목을 찾아 여기저기를 다니는 것으로 해석했다.

17) 꿈의 길흉에 대해 점을 친 것을 말한다.

木)이 된 것은 또 뭐랍니까?"

장석이 답하여 가로되, "어허, 함부로 말하지 말거라. 그건 그저 스스로를 쓸모없게 만들려 했기 때문일 뿐이니, 그게 다 그 뜻도 모르는 자들이 욕하고 헐뜯기나 하라고 한 방편인 것이지. 그렇게 신목이라도 되지 않았던들, 진작 전벌(剪伐)당하지 않았겠느냐. 게다가 저와 같은 상수리나무가 자신을 보존하는 방식이 다른 나무들과 같겠느냐. 저 나무가 신목이라고 해서 숭상한다면, 그건 참 실상을 모르는 것이지".[18]

[2] 남백자기(南伯子綦)[19]가 상구(商丘)[20]에서 노닐 때 특이한 나무를 보게 되었는데, 사마수레[21] 천 대를 이어 붙여 놓아도 그것의 그늘 속에 들어갈 정도로 어마무시하게 큰 나무였다. 자기 가로되, "이게 도대체 무슨 나무일까? 분명 독특한 쓰임새가 있을 터인데". 위쪽의 가지들을 살펴보니 너무 구불구불해 마룻대나 들보로 쓸 수가 없고, 아래쪽의 밑둥을 살펴보니 나무 속이 갈라져 있어 널로도 쓸 수가 없었다. 그 잎을 따서 맛을 보니 입이 타들어 가 헐어버렸고, 냄새를 맡아 보았더니 독한 냄새가 코를 찔러 사흘이 지나도록 어지러웠다.──자기 가로되, "정말이지 아무짝에도 쓸모없는 나무

---

18) 상수리나무는 쓸모없는 나무가 되기 위해 신목이 되었는데, 인간세의 규범[義]에 입각해 신목으로서 숭상한다면 그것은 상수리나무의 진짜 뜻과는 한참 거리가 먼 것임을 뜻한다.
19) 「제물론 1」에 등장했던 남곽자기와 동일 인물로 볼 수 있다. 앞에서 장석을 장백이라 했듯이 남곽을 남백으로 표현하고 있다.
20) 지금의 하남성 상추시. 상(商) 왕조, 송나라가 있던 곳. 장자의 고향이다.
21) '駟'는 말 네 마리를 묶어서 끄는 사마수레를 뜻한다.

로구나. 하긴 그렇기에 이토록이나 크게 자랄 수 있었겠지. 아! 신인(神人)들도 바로 이런 쓸모없음으로써 신인들이 될 수 있었던 게지".

[3] 송나라에 형씨(荊氏)[22]라 불린 땅이 있었는데, 개오동나무, 잣나무, 뽕나무가 자라기에 좋은 땅이었다. 한데 그중 둘레가 한두 줌 되는 것들은 원숭이 말뚝 찾는 이들이 베어 가고, 서너 아름 되는 것들은 큰 집 대들보 찾는 이들이 베어 가고, 일고여덟 아름 되는 것들은 널로 쓸 재목을 찾는 귀인(貴人), 부상(富商)이 베어 간다. 하여 천수를 누리지 못한 채 도끼에 잘려 죽으니, 이것이 바로 '쓸모 있는' 나무가 겪어야 하는 환난인 것이다. 해(解)라는 제사를 지낼 때, 모든 무축(巫祝)이 알고 있듯이, 이마가 흰 소와 들창코인 돼지 그리고 치질에 걸린 사람은 황하의 제물로 바쳐지지 않는다. 불길하다고 보기 때문이다. 하지만 신인은 오히려 이를 대길이라고 여긴다.(「인간세 4」)

무용함의 행운

支離疏者, 頤隱於齊[臍] 肩高於頂 會撮[髻]指天 五管[五臟]
在上 兩髀爲脅. 挫鍼治繲足以餬口, 鼓筴播精[23] 足以食十人. 上

---

22) 지명에도 '氏'가 붙을 수 있었다.
23) 고(鼓)는 파(簸)이고 협(筴)은 소기(小箕)이다. 고협(鼓筴)은 키를 까부는 것이다. 정(精)은 쌀을 가리키며 파정(播精)은 쌀을 골라내는 것이다.

徵武士 則支離攘臂而遊於其間, 上有大役 則支離以有常疾不受
功, 上與病者粟 則受三鍾與十束薪. 夫支離其形者 猶足以養其
身 終其天年, 又況支離其德者乎.(「人間世五」)

지리소(支離疏)[24]라는 사람이 있었는데, 턱이 배꼽에 파묻히고, 어
깨가 정수리보다 높고, 상투가 하늘을 가리켰으며,[25] 오장이 위로
올라가 있고, 두 넓적다리가 옆구리에 닿았다. 하나 바느질과 세탁
으로 먹고살 수 있었고, 키를 까불어 쌀을 골라내면 열 사람을 먹일
수 있었다. 지리소는 위[26]에서 병사들을 징집할 때 팔뚝을 걷어붙
인 채 유유히 돌아다녔으며, 부역이 있을 때에도 나갈 필요가 없었
고, 병자들에게 곡식이 내려올 때면 씨앗 세 개와 땔감 열 다발을 받
고는 했다. 몸이 지리함으로써 이렇게 그 몸을 보존하고 천수를 누
릴 수 있었는데, 하물며 덕(德)이 지리한 자야 어떻겠는가.[27](「인간
세 5」)

"팔뚝을 걷어붙인 채 유유히 돌아다녔으며, 부역이 있을 때에도

---

24) '지리'(支離)는 '지리멸렬'(支離滅裂)을 염두에 둔 표현. 신체가 통일성이 없이 지리멸렬한
기형임을 뜻한다. 「지락」(至樂)에는 지리숙(支離叔), 「열어구」(列御寇)에는 지리익(支離益)이
등장한다.
25) 『석문』에 따르면, 옛날 상투는 목덜미 한가운데에 있었다고 한다. 허리가 심하게 굽어 있어,
상투가 하늘을 가리키고 있음을 뜻한다.
26) 나라를 뜻한다. 여기에서는 사람들을 법(法)으로 옭아매어 세금을 걷고 부역을 강제하는 체
제라는 뜻을 함축한다. 전국 시대의 상황을 염두에 둘 필요가 있다.
27) '덕'이 유가적 가치가 짙게 배어 있는 개념이라는 점을 염두에 두면 맥락을 이해할 수 있다.

나갈 필요가 없었고, 병자들에게 곡식이 내려올 때면 씨앗 세 개와 땔감 열 다발을 받고는 했다"고 한 것은 비정상적인 사람이기 때문에 국가의 착취를 피할 수 있었음을 말하고 있다. 생명정치가 추구한 가장 중요한 요소 중 하나가 정상화/정규화(normalization)이다. 이것은 마치 물건을 규격화하듯이 사람을 규격화하는 것이다. "체력은 국력"이라는 말도 이런 맥락에서 생겨났다. 사람을 정상화/정규화 하는 것은 국가가 사람들에 '用'을 부여하기 위해서이다. 그런데 지리소는 몸이 지리멸렬, 정상적이지 않기 때문에 국가의 폭력을 피할 수 있었음을 말하고 있다. 나무 이야기의 또 다른 버전인 셈이다.

山木自寇也, 膏火自煎也. 桂可食 故伐之 漆可用 故割之. 人皆知有用之用 而莫知無用之用也.(「人間世七」)

산의 나무는 스스로 자신을 해치고,[28) 등불은 스스로 제 몸을 태운다. 계피는 먹거리가 될 수 있기에 베이고, 옻나무는 옻칠하는 데 쓰이기에 베인다. 사람들은 모두 쓸모 있음의 쓸모[有用之用]만을 알고, 쓸모없음의 쓸모[無用之用]는 모르는구나.(「인간세 7」)

용(用)의 부질없음

孔子適楚 楚狂接輿遊其門曰,

---

28) 잘 자람으로써 오히려 사람들에 의해 베임을 당한다는 뜻.

鳳兮鳳兮 何如德之衰也,

來世不可待 往世不可追也.

天下有道 聖人成焉,

天下無道 聖人生焉,

方今之時 僅免刑焉.

福輕乎羽 莫之知載,

禍重乎地 莫之知避.

已乎已乎 臨人以德,

殆乎殆乎 畫地而趨.

迷陽迷陽 無傷吾行,

五行郤曲 無傷吾足.(「人間世六」)

공자가 초나라에 가서 묵고 있을 때, 그 나라의 광인 접여(接輿)가
문 앞에서 거닐면서 노래 불렀다.

봉황이여! 봉황이여! 덕이 어찌 그리 쇠하였는가,

오는 세상 기다릴 수 없고, 가는 세상 따라갈 수 없다네.

천하에 도 있을 때 성인은 그것을 갈무리하며,

천하에 도 없을 때 성인은 그저 몸을 보존할 뿐,

지금 세상에서야 단지 형벌을 면하는 게 고작이로세.

복은 깃털처럼 가볍건만 손 위에 올려놓을 줄 모르고,

화는 땅처럼 무겁건만 그것을 피할 줄을 모르니.

그만둘지어다! 그만둘지어다! 덕으로 세상에 나아감은,

위태하도다! 위태하도다! 땅에 금 그으면서 질주함은.

가시풀이여! 가시풀이여! 내 다리 찌르지 말라,

내 구불구불 가면서 찔리지 않으려 하니.(「인간세 6」)

이 대목은 전해 오는 이야기를 그대로 기록한 것으로 보인다.

동북아 문명에서 '광'(狂)이라는 개념은 다양한 의미를 띠고 있다. 도가적인 의미의 광인[狂者]은 앞에서 나왔던 "덕이 지리한 자"와 통한다. 유가적인 공자가 세상을 구하겠다고 애처롭게 주유하고 있으니까 광인인 접여가 공자에게 이렇게 말한다. "봉황이여! 봉황이여! 덕이 어찌 그리 쇠하였는가."

공자를 '봉황'으로 상당히 높여서 부르고 있다. 장자는 유가적인 생각은 비판적으로 보았지만, 공자라는 사람은 존경했다. 장자는 안 될 것을 알았기 때문에 안 한 사람이고, 공자는 안 될 것을 알면서도 끝내 하려고 한 사람이다. 장자가 볼 때 공자는 안타깝고도 존경스러운 사람이다. 안 되는 줄을 알면서도 세상을 구하겠다고 애를 쓰니 존경스러우면서도 안타깝다.

5부
통념을 넘어, 인정의 바깥으로

「덕충부」(德充符)는 누군가의 덕이 충만해 있다는 징표[符]를 뜻한다. 여기에서 장자는 현대식으로 말해 '바깥의 철학'을 전개한다. 바깥의 철학을 통해 통념은 뒤집어지고, 인정의 테두리는 극복된다. 통념과 인정의 세계를 지배하는 가치는 전복된다. 흉측하게 뒤틀어진 기형의 존재들에게서 덕이 흘러넘치고, 권세를 움켜쥔 자들이 그 충만함에 무릎을 꿇는다. 부분적인 독사에 불과한 이 세계에 비친 도와 덕은 기형이지만, 진짜 기형인 것은 바로 이 세계인 것이다. 장자의 철학은 세상 가장 낮은 곳에 내쳐진 사람들에게서 도의 경지, 달관, 초연함을 찾는 숭고한 '복음'(福音, 곽상)이다.

1장 타자의 철학

'올자'(兀者)란 앞에서도 나왔지만, 월형(刖刑)을 당해서 한쪽 발을 잘린 사람이다. 월형은 흔히 '세상 바깥'으로 내치는 형이다. 누군가를 활동을 못하게 함으로써 세상 바깥으로 내쳐버리는 형인 것이다. 그래서 올자에게는 '바깥'의 이미지가 있다. 그런데 장자는 이 타자/바깥의 존재를 덕이 충만한 존재로 그림으로써 전복적인 사유를 전개한다.

> 魯有兀者王駘, 從之遊<學>者 與仲尼相若[知]. 常季問於仲尼曰, "王駘 兀者也, 從之遊者 與夫子中分魯. 立不教 坐不議, 虛而往實而歸. 固有不言之教 無形而心成者邪. 是何人也".
> 仲尼曰, "夫子聖人也. 丘也直後而未往耳. 丘將以爲師 而況不若丘者乎. 奚假[1]魯國 丘將引天下而與從之".

---

1) 여기에서 '假'는 『이아』(爾雅)의 용례를 따라서 'ㄹ'로 읽을 수 있다.

常季曰,"彼兀者也.而王[旺]<於>先生 其與庸亦遠矣.若然者 其
用心也獨若之何".

仲尼曰,"死生亦大矣 而不得與之變,雖天地覆墜 亦將不與之遺.
審乎無假而不與物遷 命物之化而守其宗也".

常季曰,"何謂也".

仲尼曰,"自其異者視之 肝膽楚越也,自其同者視之 萬物皆一也.
夫若然者 且不知耳目之所宜 而遊心乎德之和.物視[視物]其所
一 而不見其所喪.視喪其足 猶遺土也".

常季曰,"彼爲己[2] 以其知得其心,以其心得其常心,物[3]何爲最
[聚]之哉".

仲尼曰,"人莫鑑於流水 而鑑於止水.唯止能止衆止.受命於地唯
松柏獨也在 冬夏青青.受命於天 唯堯舜獨也正 在萬物之首? 幸
能正生 而正衆生.

夫保始之徵 不懼之實.勇士一人 雄入於九軍.將求名而能自要
者 而猶若是.而況官天地 府萬物 直寓六骸 象耳目 一知之所知
而心未嘗死者乎.彼且擇日而登假.人則從是也.彼且何肯以物
爲事乎".(「德充符一」)

노나라에 왕태(王駘)라고 하는 올자(兀者)가 있었는데, 그를 따라서

---

2) "古之學者爲己 今之學者爲人"("옛 학인들은 자신을 위해 학문했으나, 지금의 학인들은 남을 위
해 학문한다", 『논어』, 「헌문」)에서의 "爲己"와 같은 표현.

3) 여기에서의 '物'은 '衆人'을 뜻한다.

배우는 사람들이 공자의 제자들만큼이나 많았다. 계상(季常)[4]이 여쭙기를 "왕태는 올자인데도, 그를 따라 배우는 사람들이 선생님과 더불어 우리 나라를 양분할 정도입니다. 서 있을 때 가르치지도 않고 앉아 있을 때 담론하지도 않는데, 사람들은 텅 빈 상태로 가서 뿌듯이 찬 상태로 돌아오곤 합니다. 틀림없이 말 없는 가르침이 있을 터이고, 겉으로는 드러내지 않아도 속은 완성에 다다른 것 같습니다. 이 사람은 어떤 사람일까요?"

공자 답하여 가로되, "그 사람은 성인이다. 다만 내가 꾸물대는 바람에 아직 만나 뵙지 못했을 뿐. 이제 내가 스승으로 모시려 하는데, 하물며 나보다 못한 사람들이야 당연한 것이 아니겠느냐. 어찌 노나라 사람들뿐이랴. 내 이제 모든 이들을 데려와 그를 따르게 할 것이다".

계상 여쭙기를, "그는 월형을 당한 사람인데도, 선생님보다 더 존경 받습니다. 하니 저희 같은 보통 사람들이야 비교가 되지 않겠죠. 그와 같은 분이라면, 그 마음은 어떤 경지에 이른 것일까요?"

공자 답하여 가로되, "그는 죽고 사는 것 같은 큰일에도 동요하지 않고, 하늘이 무너지고 땅이 꺼져도 온전함을 유지한다. 진리를 깨달은 분이기에 물(物)의 흐름에 휩쓸리지 않으며, 물화(物化)를 하늘의 뜻으로 알고 그 종지(宗志)를 따른다".

계상 여쭙기를, "그것은 무슨 뜻인지요?"

공자 답하여 가로되, "다름의 관점에서 본다면 간과 쓸개도 초나라

---

4) 『석문』에서 "혹자는 공자의 제자라고 한다"고 했다.

와 월나라만큼이나 떨어져 있겠지만, 같음의 관점에서 본다면 만물은 모두 하나이다. 그러한 이는 또한 눈과 귀의 차원을 벗어나, 마음을 덕화(德和)의 경지에서 노닐게 한다. 만물을 그 하나 됨의 경지에서 보기에 월형당한 것 따위는 개의치 않으니, 그에게 발 하나 잃어버린 것쯤이야 그저 흙을 털어버린 것에 다름 아닌 것이다".

계상이 다시 여쭙기를, "그는 자기 자신을 위해서, 앎으로써 마음을 얻고 마음으로써 부동심[常心]에 다다랐는데, 어째서 뭇사람들이 저토록 몰려드는 걸까요?"

공자 답하여 가로되, "사람은 흐르는 물이 아니라 잔잔한 물에 자신을 비추어볼 수 있지. 멈추어 있는 것만이 사람들을 멈추게 할 수 있으니까. 땅에서 수명 받은 것들 중 오로지 소나무와 잣나무만이 바른 기(氣)를 받아 사시사철 푸르며, 하늘로부터 수명 받은 자들 중 오로지 요 임금과 순 임금만이 바른 기로써 생(生)을 바로 세워 중생의 삶을 세울 수 있지 않았더냐.──무릇 시원[5]을 품고 있음은 두려움이 있을 리 없다는 것을 뜻한다. 용사(勇士) 한 사람이 용감하게 대군 속으로 뛰어들어 명성을 얻고자 자신의 가치를 높일 때에도 그러한데, 하물며 천지를 부리고 만물을 보듬으며, 육체를 그저 잠시 머무는 우거(寓居)로 여기고, 이목(耳目)의 감각들을 허상으로 여기며, 모든 앎들을 하나로 만들어 이미 그 마음이 죽음을 넘어선

---

5) 「대종사 1」에서 "夫道 … 未有天地, 自古以固存"(무릇 도란 … 천지가 아직 없을 때부터도 존재했으니)이라 하게 되거니와, 여기에서의 '始'는 곧 道를 가리킨다. 그래서 "시원을 품고 있음"은 道를 깨달은 경지를 뜻한다.

자임에랴. 또한 그는 날을 택해 저 먼 곳[道의 경지]으로 올라갈 참이고, 사람들은 그를 따라갈 것이다. 그런 그가 어찌 사람들을 모으려 하는 따위에 마음 쓰겠는가".(「덕충부 1」)

고대에는 월형 외에도 능지처참, 책형 등 잔인한 형벌들이 많았는데, 묘하게도 장자는 계속 월형받은 사람을 이야기한다. 언급했듯이, '兀'이라는 말은 어떤 사람을 아예 활동을 못하게 만들어서 그 사회의 바깥, 제도적 활동의 범위 바깥으로 내치는 것을 의미한다. 이 '兀'에는 단순한 형벌의 뜻만이 아니라 바깥, 타자의 뉘앙스가 들어 있다고 볼 수 있다.

올자는 현실적으로 제도권 바깥으로 내쳐진 사람인데, 바로 그렇기 때문에 장자에게서는 도에 가까이 다가가 있는 사람을 의미한다는 점이 흥미롭다. 반대로 말하면, 도의 세계에 든 사람이기 때문에 거꾸로 안의 세계에 들어오면 올자가 되는 것이다. 현실세계는 도의 세계의 왜상(歪像)일 뿐이다. 그래서 도에 든 사람은 현실세계에서는 왜상처럼 보인다. 올자는 타자이고 현대 철학에서 말하는 타자와 통하지만, 장자 고유의 형이상학적 함의를 띤다고 하겠다. 여기에는 물론 만물제동의 사유, 파라-독사의 사유가 깔려 있다.

昔者海鳥止於魯郊, 魯候御[迎]而觴之于廟. 奏九韶以爲樂, 具太牢以爲膳. 鳥乃眩視憂悲, 不敢食一臠, 不敢飮一杯, 三日而死. 此以己養養鳥也, 非以鳥養養鳥也.(「至樂五」)

옛날 노나라의 교외에 해조가 날아와 머물렀는데, 군주가 그를 친히 맞아서 영묘(靈廟)에서 주연을 베풀었다. 구소를 연주하고 태뢰의 음식으로 대접했던 것이다. 하지만 이 가련한 새는 눈앞이 어질대고 심기가 흐트러져, 한 점의 고기를 먹지도 못하고 한잔의 술을 마시지도 못하더니 사흘 만에 죽어버렸다. 이는 곧 자신을 돌보는 방식으로 새를 돌보았을 뿐, 새를 돌보는 방식으로 새를 돌본 것이 아니기 때문이다.(「지락 5」)

이 대목은 타자의 사유를 훌륭하게 형상화하고 있거니와, 올자를 통해 피력되는 타자의 철학에는 올자라는 타자가 도를 체득한 인물이라는 점이 가미되어 있다고 하겠다.

왕태의 가르침은 말 없는 가르침, "不言之敎"(2장)이다. 그래서 이 사람은 겉으로 드러나지는 않지만, 속으로는 완성에 다다른 사람이다. 공자는 그를 성인이라 부른다. 사실 '성인'이라는 말은 바로 공자를 모델로 해서 생긴 말이다. 그런데 공자가 그 사람을 성인이라고 부르므로 여기에는 아이러니한 뉘앙스가 들어 있다. 유가적인 성인 개념을 성립시킨 주인공이 도가적인 성인 개념을 언명하고 있는 것이다.

왕태가 사람들을 끌어모으는 것이 아니라 사람들이 왕태에게 모인다. 왕태는 무위로써 유위하는 '역위'(逆爲)를 보여준다. '不言之敎'를 통해 '無爲之爲'를 보여주고 있는 것이다. 베르그송은 도덕철학의 맥락에서 유사한 상황을 지적한다. "위대한 선행자들 뒤에는 왜 늘 민중이 구름같이 따라다니는가? … 그들의 존재 자체가 호소

력을 가지기 때문이다. 이런 것이 바로 다른 도덕[열린 도덕]의 특성
이 아니겠는가? 자연적인[맹목적인 본능의] 의무는 억압/강압일 뿐
이지만, 완벽한/완전한[열린] 도덕에는 어떤 호소력이 존재한다."[6]

　　"진리를 깨달은 분이기에 물의 흐름에 휩쓸리지 않으며, 물화를
하늘의 뜻으로 알고 그 종지를 따른다"라는 말도 의미심장하다. 동
북아적인 생각에는 항상 '物'보다 '心'이 소중하다는 생각이 깔려 있
다. 이때의 '물'은 좁은 의미에서의 '물'이다. 반면 근대 문명/모더니
티는 기본적으로 '심'이 아니라 '물'을 위주로 한다. 속류 유물론이
득세한 지금은 이런 경향이 극에 달해 있다. 오로지 '물'에 관심이 있
을 뿐 '심'에는 관심을 보이지 않는다. 성리학자들이 "완물상심"(玩
物喪心), 외물을 가지고 놀다가 마음을 잃어버린다고 했거니와, 이것
이 바로 근대 문명의 핵심적 측면인 것이다.[7] 여기서 '물'에 휩쓸리
지 않는다는 것은 이런 상황을 두려워한 것이다. "물화를 하늘의 뜻
으로 알고 그 종지를 따른다"에는 나와 나비의 경계가 분명하고 각
자가 동일성을 가지고 있어서 각각 그 자체로써만 존재한다고 생각
하는 것이 아닌 물화전변(物化轉變), 생성존재론이 깔려 있다. 물화
에 대해서 불평하지 않고 하늘의 뜻으로 받아들이고 따른다는 것은
죽음의 문제와도 관련된다.

　　이런 형이상학적인 이야기가 이해하기 어려워 계상이 그 뜻을

---

6) Bergson, *Les deux sources de la morale et de la religion*, PUF, 2013, p. 30.

7) 「선성」(繕性)에서는 "외물에 의해 마음이 상하고 속세에 의해 본성을 잃어버린 자를 가리켜
'뒤집힌 사람'이라 한다"(喪己於物 失性於俗者, 謂之倒置之民)고 한다.

문자, 공자는 만물제동의 이치를 설명한다. 다른 쪽으로 보느냐 아니면 같은 쪽으로 보느냐에 따라 사물들의 관계는 완전히 달라진다. 그래서 앞에서 '物'의 흐름에 휩쓸리는 것은 다름의 관점에서 보는 것에 대응하고, '물화'를 하늘의 뜻으로 알고 그 종지를 따르는 것은 같은 경지에서 만물을 하나로 보는 것에 대응한다. 다시 말해 물의 흐름에 휩쓸린다는 것은 물의 차이들에 예민하게 반응하면서 물에 집착하는 것이고, 물을 같음으로써 본다는 것은 물이라는 것이 각각의 동일성이 있는 것이 아니라 물화의 흐름 속에 있다는 것을 깨닫는 것이다. 그리고 전체로 보면 결국은 기의 전변임을 깨닫는 것이다. '만물제동'의 형이상학을 여기에서는 만물을 같이 본다는 인식론의 방식으로 전개하고 있다.

　이런 이치를 깨달은 이, 왕태 같은 이는 "또한 눈과 귀의 차원을 벗어나, 마음을 덕화(德和)의 경지에서 노닐게 한다. 만물을 그 하나 됨의 경지에서 보기에 월형당한 것 따위는 개의치 않으니, 그에게 발 하나 잃어버린 것쯤이야 그저 흙을 털어버린 것에 다름 아닌 것이다". '덕화'로 번역한 원문은 "德之和"이다. '和'는 「제물론 5」에서 "是以聖人和之以是非 而休乎天均. 是之謂兩行"(성인은 시비의 다툼을 가라앉히고 하늘의 가지런함에서 편히 쉬니, 이를 일러 '兩行'이라 한다)이라고 했을 때의 '和'와 같은 뉘앙스이다. '和'라는 개념은 인간이 추구하는 가장 소중한 가치 중의 하나이다. 어떻게 '불화'하지 않고 '和'하면서 살 수 있을까 하는 것은 만만치 않은 문제이다. '덕화'는 덕이 이런 화의 경지에 다다른 것을 뜻한다.

　이런 하나-된-세계는 독일 이념론 시대에 횔덜린 등이 꿈꾸었던 'hen kai pan'의 세계, 전일(全一)한 세계이다.

이런 세계는 오늘날에는 어딘가로 사라져버렸지만, 우리는 고전 텍스트들에서 이런 꿈을 만날 수 있다. 이런 전일한 경지에 도달한 사람이라면 발 하나 잘린 것쯤이야 무슨 상관이겠는가.

이런 경지에 이른 왕태에게 사람들이 몰려든다. "사람은 흐르는 물이 아니라 잔잔한 물에 자신을 비추어볼 수 있"기 때문이다. "흐르는 물"은 앞에서 나온 "物의 흐름"을 말하고 "잔잔한 물", "명경지수"(明鏡止水)는 '物'의 흐름에 휩쓸리지 않는 것을 뜻한다. 또, 왕태가 '위기'(爲己)하면서 스스로는 조용히 있음을 뜻한다.[8] "땅에서 수명 받은 것들 중 오로지 소나무와 잣나무만이 바른 기를 받아 사시사철 푸르며, 하늘로부터 수명 받은 자들 중 오로지 요 임금과 순 임금만이 바른 기로써 생을 바로 세워 중생의 삶을 세울 수 있지 않았더냐." 여기에서 "땅에서 수명 받은 것들 중 오로지 소나무와 잣나무만이 바른 기를 받아 사시사철 푸르며"는 공자의 유명한 말인 "추운 겨울이 와 봐야 소나무와 잣나무가…"를 변형해 인용한 것이다.

다음 단락 역시 왕태 이야기와 같은 맥락이다. 기존 판본들에는 뒤쪽에 편집되어 있으나 앞의 이야기에 연결시켜 읽는 것이 좋을 것이다.

---

8) 장자에게서는 위타(爲他)보다 위기(爲己)가 더 근본적이다. "자기 몸을 천하 돌보기보다 중히 여기는 자에게라야 천하를 부탁할 수 있으며, 자기 몸을 천하 돌보기보다 더 아끼는 자에게라야 천하를 맡길 수 있다."(貴以身於爲天下 則可以託天下, 愛以身於爲天下 則可以寄天下)"(「재유 1」) 스피노자의 사유와 비교해 볼 만하다.

魯哀公問於仲尼曰, "衛有惡人焉 曰哀駘它. 丈夫與之處者 思而不能去也, 婦人見之 請於父母曰, '與爲人妻 寧爲夫子妾者' 十數而未止也. 未嘗有聞其唱者也. 常和[9]人而矣. 无君人之位以濟乎人之死 无聚祿以望[滿]人之腹. 又以惡駭天下, 和而不唱 知不出乎四域, 且而雌雄合乎前 是必有異乎人者也. ── 寡人召而觀之 果以惡駭天下. 與寡人處 不至以月數 而寡人有意乎其爲人也, 不至乎期年 而寡人信之. 國無宰 寡人傳國焉, 悶然而後應氾[10]<然>而若辭. 寡人醜[愧/愧]乎卒授之國, 無幾何也 去寡人而行. 寡人恤焉若有亡也, 若無與樂是國也. 是何人者也".

仲尼曰, "丘也嘗使於楚矣. 適見㹠[豚]子食於其死母者. 少焉眴若皆棄之而走. 不見己焉爾 不得類焉爾. 所愛其母者 非愛其形也 愛使其形者也. 戰而死者 其人之葬也 不以翣資[11]. 刖者之屨 無爲愛之. 皆無其本矣. ── 爲天子之諸御 不瓜鬋 不穿耳, 取妾者止於外 不得復使. 形全猶足以爲爾 而況全德之人乎. 今哀駘它未言而信 無功而親, 使人授己國 唯恐其不受也. 是必才全而德不形者也".

哀公曰, "何謂才全".

___

9) 여기에서 '和'는 앞의 '唱'과 대비된다.
10) 여기에서 '氾'은 아무런 집착도 없는 모양이다. 「전자방」(田子方)에서는 '氾'을 써서 "氾然而辭"라 했다.
11) 삽(翣)은 운삽(雲翣) ─ 영구(靈柩) 앞뒤에 세우는 장식 ─ 을 말한다. 여기에서 '자'(資)는 보냄의 뜻이다. 관에 장식을 잘해서 장사 지냄을 뜻한다.

仲尼曰, "死生存亡 窮達貧富[12] 賢與不肖毁譽 飢渴寒暑, 是事之
變 命之行也. 日夜相代乎前 而知不能規其始者也. 故不足以滑
和 不可入於靈府. 使之和豫[和樂]通而不失於兌[悅] 使日夜無郤
而與物爲春, 是接而生時於心者也. 是之謂才全".

<哀公曰> "何爲德不形."

<仲尼>曰, "平者 水停之盛也. 其可以爲法也 內保之而外不蕩
也. 德者 成和之修也. 德不形者 物不能離也".

哀公異日 以告閔子曰, "始也, 吾以南面而君天下 執民之紀而憂
其死. 吾自以爲至通矣, 今吾聞至人之言, 恐吾無其實 輕用吾身
而亡吾國. 吾與孔丘非君臣也, 德友已而矣".(『德充符四』)

노나라의 애공(哀公)[13]이 공자에게 묻기를, "위나라에 기이하게 생
긴 사람이 있는데, 이름이 애태타(哀駘它)라 합니다. 그와 함께 있
어 본 남자들은 그를 사모해 떠나지를 못하고, 여자들은 그를 보고
선 부모께 '다른 남자의 처가 되느니 그의 첩이 되고 싶다'고 간
청했다 합니다. 그런 이들이 수십 명을 넘어선다고 하더군요. 하나
그가 무엇인가를 창도(唱導)한다는 것은 아직 들어 본 적이 없고,
그저 늘 다른 사람들[이 창도하는 것]을 따라갈 뿐이라 합니다. 그가
임금의 지위에 있어 사람 목숨을 구해 줄 수 있는 것도 아니고, 돈이

---

12) '生'과 '存', '死'와 '亡'이 같은 뜻이고, '窮'과 '貧', '達'과 '富'가 같은 뜻이다.
13) B.C. 494~B.C. 468년에 재위. 공자가 14년 주유를 끝내고 돌아왔을 때(B.C. 484) 노나라를
다스리고 있었다. 대화는 장자가 꾸민 이야기이다.

많아서 사람들의 배를 채워 줄 수 있는 것도 아닙니다. 게다가 그 기이한 외모 때문에 사람들을 놀라게 하는 것은 물론, 다른 사람들을 따라갈 뿐이어서 딱히 그 생각이 바깥으로 퍼진 것도 아닌데, 남자고 여자고 그에게 이렇게 몰려드니, 이이는 필시 보통 사람이 아닌 듯합니다.——내가 그를 초대해서 살펴보니 과연 참으로 기이하게 생겼더이다. 한데 그이하고 함께 지낸 지 한 달도 채 못 되어 그 사람됨에 끌리게 되더니, 채 일 년도 못 되어 그를 깊이 신뢰하게 되었습니다. 나라에 재상이 없어서 그에게 재상 자리를 제시했더니 그는 그저 담담히 받아들였는데, 워낙 아무런 집착도 보이지 않아 사양하는 듯이 보이기도 하더군요. 사실 느닷없이 나라를 맡겨서 좀 염치없기도 했습니다만, 얼마 안 있어 가버리더군요. 마음이 텅 빈 듯해서 아쉬웠습니다. 나라 다스리는 즐거움을 함께할 이라곤 더 이상 없기에 말입니다. 이이는 대체 어떤 사람일까요?"

공자 답하여 가로되, "제가 초나라에 사신으로 가던 도중에[14] 새끼 돼지들이 죽은 어미 돼지의 젖을 빨고 있는 것을 본 적이 있습니다. 그런데 좀 있다가 이 아이들이 문득 놀란 듯 어미 시체를 버리고 달아나더군요. 어미가 자신들을 쳐다보지도 않을뿐더러, 더 이상 예전처럼 대해 주지도 않음을 느꼈던 겁니다. 새끼 돼지들이 사랑했던 것은 어미의 형체가 아니라 그 형체 너머에서 그것을 움직인 애덕(愛德)이었기 때문인 것이죠. 전쟁터에서 죽은 자를 [시체 없이] 장사 지낼 때는 깃털로 장식하지 아니하며, 월형당한 자는 신

---

14) 공자가 실제 초나라에 사신으로 간 적은 없다.

발을 소중히 여기지 않습니다. 그 실체가 없어져버렸기 때문이지요.[15]——천자의 후궁이 된 이들은 손톱도 깎지 않고 귀도 뚫지 않습니다. 새장가 든 남자는 집에서 쉬게 하고 위험한 일은 시키지 않습니다.[16] 몸을 온전히 하는 데도 이런 정성을 쏟는데, 하물며 내면의 덕의 경우야 어떻겠습니까. 이제 애태타는 스스로 말하지 않아도 믿음을 받고, 아무런 공이 없어도 군주의 친애를 받고 있습니다. 그에게 나라를 맡기는 군주는 그가 받지 않을까 전전긍긍합니다. 하니 이이는 분명 그 재(才)가 온전하면서도 그 덕이 겉으로 드러나지 않는 사람일 겁니다".

애공이 묻기를, "'재'가 온전타 함은 어떤 뜻입니까?"

공자 답하여 가로되, "살고 죽는 것, 부자인 것과 가난한 것, 현명한 것과 우매한 것, 치욕과 명예가, 그리고 굶주리고 목마른 것, 춥고 더운 것, 이 모두가 사물이 변하는 것이고 천명이 행해지는 것입니다.[17] 낮과 밤이 계속 교대함을 보고 있지만, 우리의 지식으로는 그

---

15) 이 두 예는 내용이 다소 나르다. 첫 번째 예의 경우, 어미 돼지는 사체이지만 형체는 그대로이다. 하지만 새끼 돼지들이 사랑한 것은 어미의 형체가 아니라 그 안에서 형체를 움직이는 무엇이다. 그것이 사라졌으므로 형체는 그대로더라도 새끼 돼지들이 달아난 것이다. 두 번째 예의 경우, 직접적인 의미에서의 실체(시체, 발)가 없는 경우이다. 앞에서 든 예는 물리적인 실체(어미 돼지의 사체)는 있지만 물리적인 실체의 너머에 있는 진짜 실체인 애덕이 없는 경우이고, 뒤의 예는 물리적인 실체가 없는 경우이다.

16) 『예기』「예운」(禮運)에서 "三年之喪與新有昏者 期不使"(삼년상을 지내는 자나 신혼인 자는 그 기간 동안 역[役]을 면한다)라 했다.

17) 성소에서 "事物之變化 天命之流行"(사물의 변화, 천명의 흐름)이라 했다. 「산목 8」(山木八)에서는 "飢渴寒暑 窮桎不行 天地之行也 運物之泄也"(기갈과 한서를 겪으면서 궁지에 빠져 오도가도 못하게 된 것은 천지의 운행이고 만물 운행의 발로이니)로 표현하고 있다.

시초를 밝힐 수가 없습니다. 하니 [道에 자신을 맡긴다면] 이런 것들이 마음의 평화를 어지럽힐 수도 없고, 아예 마음속에 들어올 수도 없습니다. 이것들[살고 죽는 것…]을 화락(和樂)하게 하고 통하게 하여 그 기쁨을 잃지 않게 하고, 밤낮을 이어 만물과 더불어 봄[春]이 피어나게 만들면, 이것이야말로 만물과 화합하여 마음속에 화기(和氣)를 만들어내는 것입니다. 이것이 바로 '재가 온전한 것'이라 이르는 것입니다".

애공 묻기를, "덕이 겉으로 드러나지 않는다는 것을 무엇을 이름입니까?"

공자 답하여 가로되, "평평한 것으로는 고요한 물보다 더한 것이 없지요. 그래서 가히 법(法)의 역할을 할 수 있으니, 이는 곧 안으로는 잘 보존되고 있고 밖으로는 흔들리지 않기 때문입니다. 덕이란 화(和)를 잘 닦아 이루는 것입니다. 덕이 겉으로 드러나지 않는다 함은 만물이 그에게서 떠나지 못함을 뜻하지요".

다른 어느 날 애공은 민자(閔子)[18]에게 이렇게 말했다. "나는 남면(南面)해서 천하를 다스리기 시작했을 때, 백성들의 기강(紀綱)을 잡으려 했고 그들이 죽지 않도록 애썼소. 나는 스스로 통함에 이르렀다고 생각했는데, 이제 내가 지인(至人)의 말씀을 듣고 보니, 내가 아무런 실질도 없으면서 가벼이 내 몸을 움직여 내 나라를 망치고 있지 않나 두려워하게 되었다오. 나와 공구 선생은 군신 관계가 아니오. 덕으로 맺어진 친구일 따름이오."(「덕충부 4」)

---

18) 공자의 제자로서, 자는 자건(子騫)이다.

공자는 애공에게 애태타에 대해 이야기하면서 "재(才)가 온전하면서도 덕이 겉으로 드러나지 않는 사람"으로 요약한다. "재가 온전하다"는 것은 하늘이 준 것을 손상시키지 않는 것을 뜻한다. 중요한 것은 외형이 아니라 진정한 내적 실체이다. 외형으로서의 실체조차 소중히 여기는데, 하늘이 준 내적 실체를 소홀히 할 수는 없다. 내적 실체를 깨달은 사람에게 외적 형체는 피상적인 것에 불과하다. 애태타의 외모와 그 내적 실체가 상반된 것에서 볼 수 있듯이 말이다. 이 내적 실체가 곧 하늘이 준 것으로서의 '才'이다. 사람들은 살아가면서 이 실체를 손상시키고 상실해 가는데, 애태타는 그것을 온전히 했기에 덕으로 충만한 존재일 수 있는 것이다. 그러나 그는 그 덕을 겉으로 드러내지 않는다. 공자가 고요한 물, '和' 등을 말하는 것은 이런 맥락에서이다. 앞에서 왕태에 대해, 그리고 베르그송에 대해 논했던 것과 같은 맥락이다. 여기에서 '法'은 사람들을 규제하는 법이 아니라 '본(本)받을 만한 것'이라는 뜻이다. 앞에서 내적 실체가 '本'이라는 말로 표현되었기에, 이 뉘앙스는 특히 의미심장하다 하겠다. 아울러 덕이 '和'를 잘 닦아 이루는 것이라는 지적 또한 '화광동진'과 연계시켜 잘 음미해 볼 만하다.

2장 불행을 넘어

이어지는 신도가의 이야기와 숙산무지 이야기도 천하인과 강호인을 비교하면서 바깥의 사유, 타자의 사유를 펼치고 있는 점은 마찬가지이다. 다만 이 두 이야기는 앞의 왕태, 애태타 이야기와 다소 결을 달리한다. 신도가와 숙산무지를 도에 든 사람으로 묘사하고 있지는 않고, 또 발 잘린 것도 상징적 뉘앙스보다는 이들이 실제 어떤 과실을 범해서 잘린 것으로 서술되고 있기 때문이다. 왕태, 애태타 이야기처럼 적극적인 바깥의 사유를 전개하고 있기보다, 비참한 일을 당했으나 달관을 추구하는 이야기에 가깝다.

申徒嘉 兀者也. 而與鄭子産同師於伯昏无人. 子産謂申徒嘉曰, "我先出則子止 子先出則我止". 其明日 又與合堂同席而坐, 子産謂申徒嘉曰, "我先出則子止 子先出則我止. 今我將出 子可以止乎, 其未邪. 且子見執政而不違 子齊執政乎".

申徒嘉曰, "先生之門 固有執政焉如此哉. 子而悅子之執政而後

人者也. 聞之曰. '鑑明則塵垢不止 止則不明也.' 久與賢人處則
無過. 今子之所取大者 先生也. 而猶出言若是. 不亦過乎".

子産曰,"子旣若是矣 猶與堯爭善 計子之德 不足以自反邪".

申徒嘉曰,"自狀其過 以不當亡者衆, 不狀其過 以不當存者寡. 知
不可奈何 而安之若命 唯有德者能之. 遊於羿之彀中 中央者中地
也. 然而不中者命也. ——人以其全足 笑吾不全足者 多矣. 我怫然
而怒 而適先生之所 則廢然而反. 不知先生之洗我以善邪. 吾與
夫子遊十九年矣. 而未嘗知吾兀者也. 今子與我遊於形骸之内 而
子索我於形骸之外 不亦過乎".

子産蹴然改容更貌曰,"子無乃稱".(「德充符二」)

신도가[1]는 월형을 받은 올자(兀者)인데, 정자산[2]과 더불어 백혼무
인[3]을 스승으로 모셨다.

자산이 신도가에게 말하기를, "[자네와 함께 다니는 게 창피하니까]
내가 먼저 나가면 자네가 남아 있고, 자네가 먼저 나가면 내가 남아
있겠네"라 했다. 그 다음날에도 또 자산은 신도가에 "어제 말한

---

1) 신도가(申徒嘉)는 정(鄭)나라의 현자. 가공의 인물임.
2) 정자산(鄭子産, ?~B.C. 522)은 정나라의 재상. 정치가이자 지식인이었으며, 공자는 그를 '군
   자'라 불렀다.("子謂子産, '有君子之道四焉. 其行己也 恭, 其事上也 敬, 其養民也 惠, 其使民也 義'."
   『논어』「공야장 5」) 법가적인 면모가 있어(B.C. 536에 형법 제정) 법가의 시조로 간주되기도
   한다.
3) 백혼무인(伯昏無人)은 가공의 인물. '玄'과 통하는 '昏'이라든가 '無人' 같은 표현들이 암시하
   듯이 '도'를 닦는 인물이다. 「열어구」에는 '伯昏瞀人'으로 표기되어 있으며, 열자의 스승으
   로 나온다.

것처럼, 내가 먼저 나가면 자네가 남아 있고 자네가 먼저 나가면 내가 남겠네. 그렇게 해주겠나? 그리고 말인데, 내가 그래도 명색이 대신(大臣)인데, [다리마저 저는 자네가] 꼭 그렇게 대등하게 굴어야 하나?" 했다.

신도가가 답하여 가로되, "[道를 추구하는] 선생의 문하에도 대신이니 뭐니 하는 게 있을까? 자네는 스스로의 지위에 흡족해서 남을 깔보는구먼. 이런 말이 있다네. '거울이 맑은 것은 먼지나 때가 묻지 않아서이니, 맑지 않다면 그건 먼지나 때가 묻어 있는 것이다.' (鑑明則塵垢不止 止則不明也) 하여 오래도록 현자와 함께하면 마음속의 티끌이 사라진다네.[4] 지금 자네가 소중하다고 생각하는 것은 바로 선생님의 가르침이 아닌가? 그런데도 아직 이런 수준에 머물러 있다니. 참으로 안타깝구먼".

자산이 다시 말하길, "자네 꼴이 이미 이 지경이 되었는데, 요 임금보다 더 선한 척하다니! 자네 덕이 얼마나 되는지 잘 보고서, 스스로 돌이켜보기가 그리 어렵단 말인가?"

신도가가 답하여 가로되, "과실에 대해 변명하면서 부당히 발 잘렸다 하는 자는 많지만, 변명하지 않으면서 발 안 잘린 것이 부당하다 하는 자는 적지. 어찌할 수 없는 것을 하늘의 뜻으로 받아들이는 것

---

4) 타인을 자신을 비추어 주는 거울로 보고 있다. 맑은 거울 — 상대방의 모습을 그대로 재현하는 거울이 아니라 그 좋은 면을 비추어 주는 거울 — 에 자꾸 자신을 비추어 보다 보면 스스로도 그 거울에 비친 모습에 충실하게 되듯이, 훌륭한 스승과 오래도록 함께하면 마음속의 티끌이 사라진다는 것을 말하고 있다. 정자산의 마음속에는 여전히 티끌이 많이 묻어 있음을 지적하고 있다.

은 오로지 덕 있는 자에게만 가능한 것이지. [반대로] 예(羿)가 화살 쏘는 곳의 한가운데에 서 있기에[5] 화살 맞는 것은 당연지사인데도 맞지 않았다면, 그게 바로 하늘의 뜻인 거야.[6]——내가 발 잘린 것을 보고서 비웃는 자가 많아 그럴 때면 나도 모르게 발끈하지만, 스승님 계신 곳에 가면 싹 잊고 돌아온다네. 스승님께서 선(善)으로써 나를 씻어 주셨는지 모르겠네.[7] 스승님 아래에서 19년이나 수학했건만, 그분은 아직도 내가 올자라는 것을 모르신다네. 지금 자네는 나와 더불어 육체를 넘어선 곳[도의 경지]을 찾고 있으면서도, 오히려 육체적인 것에 집착하다니, 참으로 잘못이 아닌가?"

자산이 놀라 얼굴빛이 바뀐 채 말하길, "잘 알았네. 그만하게".(「덕충부2」)

魯有兀者叔山無趾. 踵見仲尼, 仲尼曰, "子不謹前 旣犯患 若是矣. 雖今來 何及矣".

無趾曰, "吾唯不知務 而輕用吾身 吾是以亡足. 今吾來也 猶有尊足者存焉, 吾是以務全之也. 夫天無不覆 地無不載. 吾以夫子爲

---

5) "예(羿)가 화살 쏘는 곳"이란 살벌하기 짝이 없는 현실을 가리킨다. 예의 화살 솜씨는 백발백중이므로, 누구도 화살을 맞지 않을 수가 없다. 정자산이 앞에서 자신이 '대신'임을 과시했는데, 바로 그 자리가 화살 맞기 딱 좋은 자리라는 뜻이다.

6) 신도가 자신은 발을 잘렸음에도 그것을 하늘의 뜻으로 받아들였고 따라서 덕 있는 사람이지만, 정자산은 하늘의 뜻으로 요행히 발 잘리지 않고 살고 있으면서도 그것이 자기 덕 때문인 줄 착각하고 있다는 뜻.

7) 다른 판본들에는 이어서 "吾之自寤邪"가 있어, "스승님께서 선(善)으로써 나를 씻어 주셨는지, 아니면 내가 스스로 깨달았는지 알지 못하겠네"가 된다.

天地 安知夫子之猶若是也".

孔子曰, "丘則陋矣. 夫子胡不入乎, 請講以所聞".

無趾出, 孔子曰, "弟子勉之. 夫無趾 兀然者, 猶務學以複補前行
之惡. 而況全德之人乎".

無趾語老聃曰, "孔丘之於至人 其未邪. 彼何賓賓以學子爲. 彼且
蘄以諔詭幻怪之名聞 不知至人之以是爲己桎梏邪".

老聃曰, "胡不直使彼以死生爲一條 以可不可爲一貫者, 解其桎
梏 其可乎".

無趾曰, "天刑之 安可解". (「德充符三」)

노나라에 올자인 숙산무지(叔山無趾)란 사람 있어, 공자에게 배움
을 청하러 왔다. 공자 말하길, "예전에 그대는 조심스럽지 못하게
처신해 지금 이 꼴이 되었는데, 이제 와서 학문을 닦은들 소용이 있
겠소?"

숙산무지가 답하여 가로되, "나는 마땅히 해야 할 바를 몰라 몸을
가벼이 놀렸고, 하여 이 지경이 되었습니다. 내가 선생을 찾아온 것
은 발보다 더 중요한 것이 남아 있어서이니, 바로 그것[학문]을 온
전히 하려 애쓸 따름입니다. 무릇 하늘은 덮어 주지 않는 것이 없고,
땅은 실어 주지 않는 것이 없지요. 나는 선생을 천지와도 같이 여겼
는데, 어찌 이런 말을 듣게 될지 알았겠습니까?"

공자 말하길, "내 생각이 얕았습니다. 어서 들어오시지요. 내가 배
운 바를 가르쳐 드리겠습니다".

숙산무지가 나간 후, 공자 가로되, "너희들은 힘쓸지어다. 숙산무지

는 형을 받은 사람임에도 학문에 힘써 이전에 저지른 과오를 씻으려 하는데, 하물며 멀쩡한 사람들임에랴".

숙산무지가 노담에게 말하길, "공자라는 사람, 아직 천지 같은 분은 아니더군요. 그가 거듭 선생께 배움을 청한 게 무슨 소용이랍디까. 결국 헛된 지식[8]으로 명성이나 얻으려 하는 사람이니, 지인(至人)에게는 그런 것이 질곡(桎梏)에 불과할 뿐이라는 것을 모르는 것이지요".

노담 가로되, "하면 그에게 삶과 죽음이, 가함과 불가함이 하나임을 깨치게 하여, 그 질곡으로부터 풀어 주는 것이 좋을 듯하구려".

숙산무지 답하여 가로되, "하늘이 그에게 형벌을 내렸으니, 어찌 풀어 줄 수가 있겠습니까".(「덕충부 3」)

---

8) "숙궤환괴"(淑詭幻怪)는 이상한 이야기, 기이한 이야기를 뜻하지만, 여기에서는 맥락상 헛된 지식으로 번역했다.

3장 인정의 바깥으로

이제 장자는 세상을, '인정'(人情)을 벗어나서 도의 세계로 향하는 것을 주요 테마로 논의를 전개한다.

하늘과 사람

이 문단에서는 세속적인 것과 하늘의 덕을 대비시키면서, 외적인 것을 극복하고 본(本)을 찾을 것을 역설하고 있다.

> 闉跂支離無脤說衛靈公, 靈公說[悅]之. 而視全人 其脰肩肩[顧顧]. 甕㼜大癭說齊桓公 桓公說[悅]之. 而視全人 其脰肩肩[顧顧]. 故德有所長 而形有所忘. 人不忘其所忘 而忘其所不忘. 此謂誠忘. ─ 故聖人有所遊 而知爲孽 約爲膠 德爲接[椄] 工爲商. 聖人不謀 惡用知, 不斲 惡用膠, 無喪 惡用德, 不貨 惡用商. 四者 天鬻也. 天鬻者 天食也. 旣受食於天 又惡用人. ─ 有人之形 无人之

情. 有人之形 故群於人, 无人之情 故是非不得於身. 眇[秒]乎小
哉 所以屬於人也, 謷[曠]乎大哉 獨成其天.(「德充符五」)

위나라의 영공은 인기지리무신[1]과 대화를 나눈 후 몹시 기뻐했다.
그 후로는 신체가 정상적인 사람들을 보면 그 목들이 길고 가늘게
보였다. 제나라의 환공은 옹앙대영[2]과 대화를 나눈 후 몹시 기뻐했
다. 그 후로는 정상적인 사람들을 보면 그 목들이 가늘고 길어 보였
다. 고로 덕이 높으면 외형 따위는 잊어버린다. 한데 사람들은 잊어
야 할 것[외형]은 잊지 않고, 잊지 말아야 할 것[실체]은 잊어버린
다. 이를 가리켜 진짜 잊어버리는 것이라 한다.──하나 성인은 자
유로이 노닐 뿐이며, 지식을 곁가지로 여길 뿐이며, 사회 규범을 [사
람들을 묶는] 아교풀 정도로, 세간에서 말하는 덕을 사교 수단 정도
로, 물건 만들기[3]를 장삿속 정도로 생각한다. 성인은 일을 꾸미지
않으니 어디에 지식을 쓸 것이며,[4] [통나무를] 깎고 다듬지 않으니
어디에 아교풀을 쓸 것이며, 진정한 덕을 잃지 않는데 어디에 세속
적 덕이 필요할 것이며, 장사를 하지 않는데 무엇 하러 물건을 만들

---

1) 인기지리무신(闉跂支離無脤)은 가공의 인물로서 아주 흉측하게 생긴 사람을 말한다. 4장에
   서의 애태타와 같은 설정이다. 이름 가운데 지리는 「인간세 7」에서 등장했던 지리소(支離疏)
   를 연상시킨다.
2) 옹앙대영(甕盎大癭) 역시 가공의 인물로서 흉측하게 생긴 사람을 말한다.
3) 돈이 되는 새로운 제품을 만들어내는 것을 말한다.
4) 「경상초」(庚桑楚)에서도 "至知不謨"(지극한 지식은 일을 꾸미지 않는다), "知者謨也"(진정으로
   아는 자는 일을 꾸미지 않는다)라 한다.

려 하겠는가. 이 네 가지[5]는 하늘이 길러 주는 것이다. 하늘이 길러 주다는 것은 하늘이 먹여 살린다는 뜻이다. 이미 하늘로부터 먹을 것을 받았는데, 또 어디에 인위적인 것[6]을 쓸 것인가. ──[성인은] 사람의 형체를 하고 있으되 사람의 정[人情][7]은 품고 있지 있다. 사람의 형체를 하고 있기에 사람들과 무리지어 살지만, 사람의 정을 품고 있지 않기에 시비가 들어설 곳이 없다. 아득히 작구나, 인간세에 속해 있기에. 아득히 크구나, 홀로 하늘의 덕을 이룸이여.(「덕충부 5」)

거울이 일그러져 있으면 일그러지지 않은 사람이 그 거울에 비칠 때 일그러져 보일 것이다. 마찬가지로 도의 경지에 든 사람은 현실세계에서는 이상하게 생긴 사람이거나 월형을 당한 사람으로 설정이 되고 있다. 세속세계와 도의 세계 사이에서 나타나는 왜상(歪像, anamorphosis) 효과가 흥미롭게 묘사되고 있다. 그래서 목이 흉측할 정도로 두껍고 짧은 인기지리무신을 보다가 보통 사람들을 보면 목이 길고 가늘게 보인다는 것이다. 옹앙대영의 경우도 마찬가지이다.

"하나 성인은 자유로이 노닐 뿐이며, 지식을 곁가지로 여길 뿐이며, 사회 규범을 [사람들을 묶는] 아교풀 정도로, 세간에서 말하는

---

5) 네 가지란 지금 언급한 '불모'(不謨), '불악'(不斲), '무상'(無喪), '하화'(不貨)를 뜻한다.
6) "인위적인 것"이란 곧 지금까지 논한 '知', '約', '德', '工'을 뜻한다.
7) 여기에서 사람의 정이란 곧 '知', '約', '德', '工'을 뜻한다. 지식을 쌓고, 사회 규범을 세우고, 사람들 사이의 사교 수단들을 만들어내고, 각종 이기(利器)들을 제작해내는 것을 뜻한다.

덕을 사교 수단 정도로, 물건 만들기를 장삿속 정도로 생각한다." 지식, 사회 규범, 세간적인 덕, 물건 만들기(사물의 조작), 이 네 가지는 유교가 중시하는 것이다. 유교적인 생각으로 볼 때는 인간이 지식을 쌓고, 그 지식을 이용해서 갖가지 문명을 구축하고, 예의범절의 시스템을 만들어서 사람과 사람이 잘 관계 맺도록 하는 것이 중요한 가치인데, 여기서는 오히려 그러한 것을 부정적인 것으로 묘사하고 있다. 도를 추구하는 입장에서의 가치가 일상적인 가치와는 다름을 이야기하고 있다.

"성인은 일을 꾸미지 않으니 어디에 지식을 쓸 것이며…" 단순하고 실용적인 지식이 아닌 지극한 지식은 일을 꾸미지 않는다. 반대로 지식을 추구하는 자들은 일을 꾸민다. '謨'라는 말은 다분히 현실적인 정치가들의 행위를 특징짓는 것 중 하나다. 모사(謀士), 모색(摸索), 음모(陰謀) 등. 여기에서의 '謨'는 보다 넓은 의미로서, 문명을 건설하는 꾀를 뜻한다. 도를 추구하는 입장에서는 '謨'를 부정적으로 볼 수밖에 없다.

"[통나무를] 깎고 다듬지 않으니 어디에 아교풀을 쓸 것이며…" 잘 알려져 있듯이, 노자의 가치를 상징하는 것이 통나무[樸]이다. 통나무는 가공하지 않은 것이다. 문화나 언어나 작위에 의해 가공하지 않은 그대로의 '자연', 스스로 그러함이 통나무이다. "大制不割"(28장)[8]이 장자가 생각하는 성인의 길이다. '制'(마를 제)는 바로

---

8) "큰 마름질은 자르지 않는다."

통나무를 마름질해서 일정한 규격에 맞추는 것을 뜻한다. '制'는 분할하고 이름 붙이고 분류하고 평가하는 것이다. 하지만 '대제'(大制), 즉 진정한 '制'는 마르지 않는다. 여기서 '大制'는 앞에서 말했던 '至知'와 짝이 되는 말이다. 그러나 현실적으로 인간사회에서 분할하지 않는 것은 불가능하다. 이미 문명화된 사회는 분할 없이 존속할 수가 없기 때문이다. 오직 가능한 것은 분할을 계속 바꿔 나가는 것이다. 기존의 분할이 내포하는 억압과 불평등을 극복할 수 있는 방식으로 바꿔 나가는 것이 현실적인 대안이다. 분할되지 않은 세계는 하나의 이상/꿈으로 존재한다. 노장 사상은 현실이 아니라 꿈이다. 그러나 그 꿈은 중요하다. 꿈이 없다면 변화를 생각하지조차 않을 것이다.

"진정한 덕을 잃지 않는데 어디에 세속적 덕이 필요할 것이며 …"「추수」(秋水)에서는 "至德不得"(지극한 덕은 얻지 않는다)이라 한다. 여기서 얻는다는 말은 소유한다는 말과 통한다. 지극한 덕은 소유하지 않는다. 앞에서도 지적했듯이(「소요유 5」), '덕'이라는 말은 현대인들에게는 순수한 윤리적인 개념으로 다가오지만, 과거로 갈수록 권력의 뉘앙스를 띤다. 보다 현실적인 개념으로서, 권력이 있는 사람이 그렇지 않은 사람에게 베푸는 것이 덕이다. 권력이 있어야 남에게 용서나 덕을 베풀 수 있는 것이다. 서양의 경우, 이것이 'clementia'(mercy)의 원래 의미이다. 높은 사람이 아랫사람에게 베푸는 관용이 덕이다. 노자에게서 개념적 혁명이 일어나며, '德'은 '道'를 잇는 최고의 가치가 된다. 그래서 기존의 덕과 구분하기 위해 '至德'이라 말하고 있고, 지덕을 잃지 않는다면 세속적 덕은 필요 없다고 말한다.

"장사를 하지 않는데 무엇 하러 물건을 만들려 하겠는가." 여기에서 물건을 만든다는 것은 생활에 필요한 물건을 만드는 것을 뜻하는 것이 아니라, 이익을 남기기 위해 상품들을 만드는 것을 뜻한다. 또는 권력을 과시하기 위해 만드는 물건들을 뜻하기도 하는데, '난득지화'(難得之貨)란 바로 이런 것들을 뜻한다. 전쟁이 일어나는 이유들 중 하나가 이 '난득지화'를 얻기 위한 권력자들의 탐욕 때문이었다(오다 노부나가 등이 찻잔, 가마 등을 얻기 위해 전쟁을 일으킨 것을 생각해 보면 될 것 같다). 도가나 묵가는 상인에 대해서는 부정적으로 보았던 반면 공인에 대해서는 긍정적으로 보았다. 『장자』 곳곳에 공인에 대한 긍정적인 표현들이 등장한다. 묵가의 경우는 더욱더 그러한데, 묵가 자체가 공인 계층으로 구성되었다. 이들이 상인 계층에 대해서 부정적인 이유는 그들이 실제 물건을 만드는 것이 아니라 남이 만든 물건들을 가지고서 꾀를 써서 돈을 버는 사람들이기 때문이다. 그리고 재물에 대한 욕심을 부추기는 계층이기 때문이다. 노자와 장자에게, 삶에 필요하지 않은 물건들을 자꾸 만들어내고 그런 재물들을 탐하게 만드는 행위 —— 오늘날 이런 행위는 극에 이르고 있다 —— 는 '玩物喪心'을 야기하는 행위인 것이다.

"[성인은] 사람의 형체를 하고 있으되 사람의 정[人情][9]은 품고 있지 않다. 사람의 형체를 하고 있기에 사람들과 무리지어 살지만, 사람의 정을 품고 있지 않기에 시비가 들어설 곳이 없다. 아득히 작

---

9) 여기에서 사람의 정이란 곧 '知', '約', '德', '工'을 뜻한다.

구나, 인간세에 속해 있기에. 아득히 크구나, 홀로 하늘의 덕을 이룸이여." '인정'이라는 개념은 전통 사유에서 중요한 하나의 축을 이루고 있는 개념이다. 지금의 일상어에서의 의미가 아니라, '자연'/'하늘'과 대비되는 '인간적인 것', 인간 고유의 성향, 인간적 삶의 상황들 등을 뜻하는 개념이다. 유가 철학이 중시하는 것이 인정이고, 도가 철학이 극복하려는 것이 인정이다. "하늘의 덕을 이루는 것", 이것이야말로 '덕이 충만한 것'[德充]의 '표식'[符]인 것이다.

'인정'을 넘어

「덕충부」의 마지막 단락은 방금 이야기했던 '인정'의 극복을 혜시와 장자의 대화로써 풀고 있다.

> 惠子謂莊子曰, "人故無情乎".
> 莊子曰, "然".
> 惠子曰, "人而無情 何以謂之人".
> 莊子曰, "道與之貌 天與之形 惡得不謂之人".
> 惠子曰, "旣謂之人 惡得無情".
> 莊子曰, "是非吾所謂情也. 吾所謂无情者 言人之不以好惡內傷其身. 常因自然而不益生也".
> 惠子曰, "不益生 何以有其身".
> 莊子曰, "道與之貌 天與之形, 無好惡內傷其身. 今子外乎子之神 勞乎子之精 倚樹而吟 據(槁)梧而暝. 天選之形 子以堅白鳴". (「德

充符六」)

혜자가 장자에게 묻기를, "하면 사람[성인]에게는 정(情)이 없다는 것인가?"

장자 답하여 가로되, "그렇다네".

혜자 묻기를, "사람이면서도 정이 없다면, 그게 어떻게 사람이라 할 수 있겠나?"

장자 답하여 가로되, "道가 외모를 주었고 하늘이 형체를 주었거늘, 어찌 사람이라고 할 수 없단 말인가?"

혜자 묻기를, "사람이라 할진대, 어찌 정이 없을 수 있단 말인가?"

장자 답하여 가로되, "자네가 말하는 정은 내가 말하는 정이 아니로세. 내가 '정이 없음'이라 한 것은 호오(好惡)로써 자신을 해치지 않고, 늘 자연에 따라 삶으로써 삶에 무언가를 덧붙이려 하지 않는다는 것을 뜻할 뿐".

혜자 묻기를, "삶에 아무것도 덧붙이지 않으면서 어찌 몸을 보존할 수 있단 말인가?"

장자 답하여 가로되, "도(道)가 외모를 주고 하늘이 형체를 주었으니, 호오로써 자신을 해치지 말아야 하거늘. 이제 자네는 자신의 신(神)을 바깥으로 끄집어내어 자신의 정(精)을 지치게 하고, 나무에 기대서는 한숨이나 쉬고 안석에 앉아서는 졸기나 하지 않는가. 하늘이 그대의 형체를 잘 선별해 주었거늘, 어찌 견백론(堅白論) 같은 궤변이나 떠들고 있단 말인가".(「덕충부 6」)

여기에서 혜자는 '인정'을 넘어서려는 장자의 사상을 비판하면서, 사람의 정은 부정할 수 없는 것임을 말한다. 인간세를 소홀히 하면서 도의 경지니 세상의 저편이니 하는 비현실적인 차원을 추구하는 것에 대한 비판이다.

이에 대해 장자는 혜자가 말하는 정과 자신이 말하는 정을 구분한다. 혜자가 말하는 정은 매우 넓은 의미로서, 인간이라면 누구나 가지지 않을 수 없는 본성이다. 유정(有情)과 무정(無情)이라는 불교에서의 구분은 더 넓어, 오늘날의 생명체와 무생명체의 구분에 가깝다. 장자는 "내가 '정이 없음'이라 한 것은 호오(好惡)로써 자신을 해치지 않고, 늘 자연에 따라 삶으로써 삶에 무언가를 덧붙이려 하지 않는다는 것을 뜻할 뿐"이라 말한다.

장자가 세상을 벗어나기 위해서 넘어서야 한다고 말하는 '정'은 생명이라는 넓은 의미가 아니고, 또 인간세 전체를 뜻하는 것도 아니다. 그것은 순자가 "性之好惡喜怒哀樂 謂之情"(「정명」正名)[10]이라 할 때의 '정'에 가깝다. 우리는 인생 내내 '호오'를 가지고 살아간다. 좋고 싫고 사랑하고 미워하는 감정 사이를 시계추처럼 왔다 갔다 하면서 살아간다. 모든 것에 자기의 호(好)나 오(惡)를 투영한다. 그래서 무언가가 좋다고 해서 집착하지 않고 싫다고 해서 미워하지 않는다면, 도의 경지에 들었다고 할 수 있다. 호오로써 자신을 해치지 않고 자연('순리')에 따라 사는 것이 중요한 것이다. 장자는 "늘 자연에

---

10) "인간 본성의 호오, 희로애락을 가리켜 '정'이라 한다."

따라 삶으로써 삶에 무언가를 덧붙이려 하지 않는" 것을 말한다. "益生曰祥"(35장)에서 "익생"은 삶에 무언가를 덧붙이는 작위라는 뜻으로 해석할 수도 있고, 생명을 늘리는 것으로 해석할 수도 있다(여기에서의 "상"祥은 '요'夭를 뜻한다).

혜자는 다시 묻는다. "삶에 아무것도 덧붙이지 않으면서 어찌 몸을 보존할 수 있단 말인가?" 인간은 다른 동물들에 비해 매우 약한 존재이다. 그래서 인간은 자연에다가 작위(作爲)를 가하지 않으면 살 수가 없다. 작위가 있었기 때문에 인간이 지금까지 살아남은 것이다. 그래서 혜자는 인간이 작위를 초월해서 어떻게 살 수 있는가를 물은 것이다.

이에 대해 장자는 다시금 하늘이 준 것을 강조하면서, "이제 자네는 자신의 신(神)을 바깥으로 끄집어내어 자신의 정(精)을 지치게 하고, 나무에 기대서는 한숨이나 쉬고 안석에 앉아서는 졸기나 하지 않는가. 하늘이 그대의 형체를 잘 선별해 주었거늘, 어찌 견백론 같은 궤변이나 떠들고 있단 말인가"라고 핀잔을 주고 있다.

"자신의 神을 바깥으로 끄집어"낸다는 의미는 외면적인 것, 외부적인 것, 현실적인 것에 자신의 신을 모두 쏟아서 써버린다는 것이다. 그러기에 종국에는 정이 지치게 된다.

장자의 사유는 바깥의 사유(pensée du dehors)이다. 그에게 천하의 질서는 도의 왜상일 뿐이다. 그래서 도의 체현자는 현실세계에서 올자로서 존재한다. 장자는 이 현실세계를 넘어서기 위해 인정까지도 극복하고자 한 것이다.

6부

대종사-되기, 죽음의 달관

대종사(大宗師)는 지금까지 언급되어 온 '지인'(至人), '진인'(眞人)을 가리킨다. 또 맥락에 따라서는 도, 자연, 하늘 자체를 가리키기도 한다. 이 편의 구조도 「양생주」 등에서처럼 양분되어 있다. 전반부의 내용은 처음에 이야기했던 "化而爲鳥"에서처럼 위대한 경지로의 비상이지만, 후반부의 내용은 삶의 극한적인 상태에서 추구하는 초연함에 대한 것이다. 그리고 이 두 상반된 분위기의 이야기가 사실은 장자 사유의 양면이라는 점은 여러 번 강조했다.

1장 대종사-되기

대종사는 곧 '지인'(至人)이다. 대종사-되기는 지인-되기이다. 여기에서 장자는 자신이 생각하는 지인의 경지를 마음껏 펼친다.

대종사는 누구인가

[1] 知天之所爲 知人之所爲者 至矣. 知天之所爲者 天而生也. 知人之所爲者 以其知之所知 以養其知之所不知. 終其天年而不中道夭者 是知之盛也.——雖然有患. 夫知有所待而後當, 其所待者特未定也. 庸詎知吾所謂天之非人乎 所謂人之非天乎.

[2] 且有眞人 而後有眞知. 何謂眞人. 古之眞人 不逆寡 不雄成 不謨[謀]士[事]. 若然者 過而弗悔 當而不自得也. 若然者 登高不慄 入水不濡 入火不熱. 是知之能登假[至]於道者也 若此.——古之眞人 其寢不夢 其覺無憂 其食不甘. 其息深深, 眞人之息以踵 衆人之息以喉. 屈服者 其嗌[咽]言若哇[吐], 其耆[嗜]欲深者 其天

機淺.──古之眞人 不知說[悅]生 不知惡死. 其出不訢[欣=喜] 其
入[死]不距[拒]. 翛然¹⁾而往 翛然而來而已矣. 不忘其所始 不求其
所終. 受而喜之 忘[亡]而復之. 是之謂不以心捐[損]道 不以人助
天. 是之謂眞人. 若然者 其心志 其容寂 其顙[額]頯. 凄然似秋 煖
然似春 喜怒通四時. 與物有宜 而莫知其極.

[3] 故聖人之用兵也 亡國而不失人心, 利澤施乎萬世不爲愛
人.──故樂通物 非聖人也, 有親 非仁<者>也, 天[失]時 非賢
也. 利害不通 非君子也, 行[爲]名失己 非士也, 亡身不眞 非役人
也.──若狐不偕務光伯夷叔齊箕子胥餘紀他申徒狄, 是役人之
役 適[樂]人之適, 而不自適其適者也.

[4] 古之眞人 其狀義[峨]而不朋[崩], 若不足而不承. 與[方正]乎
其觚而不堅也, 張乎其虛而不華也. 邴邴乎其似喜也 崔[催]乎其
不得已乎. 滀乎進我色也 與乎止我德也.²⁾ 厲[廣]乎其似世也 謷乎
其未可制也. 連乎其似好閉也 忟乎忘其言也.──以刑爲體 以禮
爲翼 以知爲時 以德爲循[順]. 以刑爲體者 綽[寬]乎其殺也. 以禮
爲翼者 所以行於世也. 以知爲時者 不得已於事也. 以德爲循者
言其與有足者至於丘也. 而人眞以爲勤行者也.──故其好之也
一 其弗好之也一. 其一也一 其不一也一. 其一與天爲徒 其不一
與人爲徒. 天與人不相勝也 是之謂眞人.

---

1) 상수는 "翛然"을 "自然無心 而自爾之謂"로 풀었다.
2) '滀'은 덕충부에서의 '充'과 같은 뉘앙스. 안으로는 덕이 가득 차 있어 그것이 얼굴에 드러나
지만, 덕 자체를 바깥으로 드러내지 않는다는 것을 뜻한다.

[5] 死生 命也.[3] 其有夜旦之常 天也. 人之有所不得與 皆物之情也. 彼特以天爲父 而身猶愛之 而况其卓乎. 人特以有君爲愈乎己 而身猶死之 而况其眞<君>乎.──泉涸[竭] 魚相與處於陸, 相响[吹]以濕 相濡以沫, 不如相忘於江湖. 與其譽堯而非桀也 不如兩忘而化其道.──夫大塊載我以形 勞我以生 佚我以老 息我以死. 故善吾生者 乃所以善吾死也. 夫藏舟於壑 藏山[汕]於澤 謂之固矣. 然而夜半有力者 負之而走. 昧者不知也. 藏小大有宜 猶有所遯[遁]. 若夫藏天下於天下.而不得所遯 是恒物之大情也. 特犯人之形而猶喜之. 若人之形者 萬化而未始有極也, 其爲樂 可勝計邪. 故聖人將遊於物之所不得遯而皆存. 善夭善老 善始善終.人猶效之 又况萬物之所係而一化之所待乎.

[6] 夫道 有情有信, 無爲無形. 可傳而不可受 可得而不可見. 自本自根 未有天地 自古以[已]固存. 神鬼神帝 生天生地. 在太極之上而不爲高 在六極之下而不爲深 先天地生而不爲久 長於上古而不爲老.──豨韋氏得之 以挈天地 伏羲氏得之 以襲氣母. 維斗得之 終古不忒 日月得之 終古不息. 堪坏得之 以襲崑崙 馮夷得之 以遊大川. 肩吾得之 以處大山 黃帝得之 以登雲天. 顓頊得之 以處玄宮 禺强得之 立乎北極. 西王母得之 坐乎少廣 莫知其始 莫知其終. 彭祖得之 上及有虞 下及五伯. 傳說得之 以相武丁 奄有天下 乘東維騎箕尾 而比於列星.(「大宗師一」)

---

3) "死生爲晝夜"(「지락」), "死生終始 將爲晝夜"(「전재방」).

[1] 하늘이 행하는 바를 알고 또 사람이 행하는 바를 안다면, 지극하다 하리라. 하늘이 행하는 바를 아는 자는 하늘의 이치[道]에 따라 살아간다. 사람이 행하는 바를 아는 사람은 그 아는 바를 앎으로써 그 모르는 바를 앎을 기른다. 그로써 천수를 다하여 일찍 죽지 않으니, 이것이 앎의 성(盛)함이다.──하나 앎이란 한계가 있다. 앎이란 그 대상이 있어야 성립하거니와, 대상이라는 것이 딱히 일정하지 않기 때문이다. 내가 '하늘'이라 이르는 것이 진정 사람이 아닌지, 내가 '사람'이라 이르는 것이 진정 하늘이 아닌지 어찌 알 수 있겠는가?

[2] 하여 진인(眞人)이 있고서야 진지(眞知)가 있는 법. 하면 진인이란 누구인가? 옛 진인은 역경을 마다하지도 않았고, 이루었다고 뽐내지도 않았으며, 일을 꾸미지도 않았다. 이러한 이는 잘못되어도 움츠러들지 않으며, 잘 되어도 우쭐하지 않는다. 높은 곳에 올라도 떨지 않으며, 물속에 들어가도 젖지 않으며, 불 속에 들어가도 타지 않는다. 앎이 도의 경지에 오를 수 있는 이이기에, 그와 같을 수 있으리라.──옛 진인은 잘 때에도 꿈을 꾸지 않고, 깨어 있을 때에도 우환이 없으며, 음식을 먹을 때면 단맛을 모른다. 그 숨 쉼은 깊고 고요하거니와, 보통 사람들이 목으로 숨 쉬는 데 반해 발꿈치로 숨을 쉬기 때문이다. 외물에 굴복하는 자는 목 메인 듯 아첨하는 소리가 토하는 듯하고, 욕망이 깊은 자는 그 타고난 성정이 얕다.──옛 진인은 삶을 좋아할 줄도 모르고, 죽음을 싫어할 줄도 몰랐다. 그 태어남을 기뻐하지도 않고, 그 돌아감을 슬퍼하지도 않았다. 그저 무심히 왔다가 무심히 갈 뿐. 그 시작을 잊지 않되, 그 종말을 알려고

하지는 않는다. 생명을 받으면 감사할 뿐이고, 생명을 걷어 가면 그 근원으로 돌아갈 뿐이다. 이를 일러 '사람으로써 도를 훼손치 아니하며, 사람으로써 하늘을 돕고자[4] 하지도 않는다'고 한다. 바로 이런 사람을 진인이라 한다. 이런 이는 그 마음이 올곧고, 그 용모가 고요하며, 그 이마는 시원하다. 시원하기가 가을 같고, 따뜻하기가 봄 같으며, 희로[애락]가 사시사철처럼 [자연스럽게] 흘러간다. 외물들과 더불어 화목하게 살아가니, 그 경지를 알 수가 없다.

[3] 하여 성인이 군사를 부려 타국을 멸망시켰을 때조차도 인심을 잃지 않으며, 만세에 이택(利澤)을 베풀어도 백성들에게 부담을 지우지 않는다. 하니 완물(玩物)을 즐거워하는 자는 성인이 아니며, 멀고-가까움[親]이 있으면 어진 이가 아니며, 때[時]를 잃어버리는 것은 현인이 아니다. 그리고 이해(利害)가 불통한다면 군자라 할 수 없으며, 명예를 좇아서 자신을 잃어버린다면 사(士)가 아니며, 몸을 망치면서까지 거짓을 행하면 역인(役人)이 아니다. ── 호불해(狐不偕),[5] 무광(務光),[6] 백이(伯夷), 숙제(叔齊),[7] 기자(箕子),[8] 서여(胥

---

4) 여기에서 '돕는다'는 것은 작위로써 조장(助長)한다는 뜻이다.
5) 요 임금 때의 현인이며, 임금이 선양(禪讓)을 요청하자 물에 몸을 던져 죽었다고 한다. 『한비자』, 「설의」(說疑)에서는 호불계(狐不稽)로 나온다.
6) 하(夏)나라 말기의 은사(隱士)로서, 탕 임금이 나라를 맡기려 하자 물에 몸을 던져 죽었다고 한다.
7) 이 두 사람이 무왕(武王)이 주왕(紂王)을 치려는 것을 말렸으나 듣지 않자, 수양산(首陽山)에서 굶어 죽었다고 한다.
8) 은(殷)나라 말기의 현신(賢臣). 주왕의 폭정에 항거했으나 듣지 않자 떠났다. 떠나면서 『홍범구주』(洪範九疇)를 지어 바쳤다고도 한다('범주'라는 말이 여기에서 나왔다). 일설에 의하면, 동쪽의 (고)조선으로 갔다고 한다.

餘),[9] 기타(紀他),[10] 신도적(申徒狄)[11] 같은 이들은 남의 일을 자기 일처럼 하고, 남의 즐거움을 즐거워하니, 자신의 즐거움을 스스로 즐거워하지 못하는 자들이다.[12]

[4] 옛적의 진인은 그 모습이 우뚝하지만 무너지지 아니하며, 부족한 듯이 보이지만 채울 곳이 없다. 방정(方正)하기가 고(觚) 같지만 고집하지 않으며, 넉넉하기가 허(虛)와 같을 뿐 꾸미지 않는다. 환한 얼굴로 기쁜 듯한 모습이지만, 꼭 필요할 때에만 움직일 뿐이다. 가득 차 밝은 얼굴을 드러내지만, 방정하여 자신의 덕을 드러내지 않는다. 포용적이어서 세상과 더불어 살지만, 초연하여 제약을 벗어난다. 고요하여 폐쇄적인 듯이 보이지만, 단지 무심하여 말하길 잊었을 뿐이다.──[진인은] 형벌[법]로써 본체를 삼고, 예로써 날개를 삼는다. 지식으로써 시세(時勢)에 대응하며, 덕으로써 따라야 할 순리로 삼는다. 형벌로써 본체를 삼는 것은 처형에 있어 관대한 것이고, 예로써 날개를 삼는 것은 [진인의 정치를] 세상에 널리 실천하려 함이다. 지식으로써 시세에 대응함은 부득이할 때에만 일을 꾸민다는 뜻이고, 덕으로써 따라야 할 순리로 삼음은 발 있는 자와

---

9) 기자의 이름이 서여라는 설도 있고, 비간(比干)의 이름이라는 설도 있다. 문장의 흐름상으로는 후자가 맞을 듯하다. 비간은 은나라 말기의 현신으로서, 주왕의 폭정에 항거하다가 살해당했다.

10) 탕 임금 때의 일민(逸民). 역시 왕이 되는 것을 두려워하여 물에 몸을 던져 죽었다고 한다.

11) 역시 왕이 되기 싫어 물에 몸을 던져 죽었다.

12) 유교적인 역사철학과 상반되는 관점을 보여준다. 문단 [3]은 이 대목 전체(「대종사 1」)의 흐름에서도 다소 이질적이며, 자체 내의 논설의 흐름도 매끄럽지 못하다. 후대에 삽입되었을 가능성도 있다. 그러나 초 장왕(莊王)이라든가 범려(范蠡) 등을 모델로 한 도가적 정치철학을 논한 것으로 볼 수도 있다.

함께 언덕에 오른다는 뜻이다. 그런데도 사람들은 진인이 세상일에 열중한다고 생각한다.——하여 [진인은] 그 좋아함도 하나요 싫어함도 하나이다. 좋아함과 싫어함이 하나임[같음]도 하나요 하나가 아님[다름]도 하나이다. 좋아함과 싫어함이 하나임은 하늘과 함께함이요, 하나가 아님은 사람과 함께함이다. 하늘과 사람이 서로 이기려 하지 않으니, 이것이 바로 진인[이 가는 길]이다.

[5] 살고 죽는 것은 정해진 것[命]이다. 밤낮의 갈마듦에 일정함이 있는 것은 하늘[자연]이다. 사람이 관여할 수 없는 바이니, 만물의 실정(實情)일 따름이다. 사람들은 하늘을 부모로 여겨 자신의 몸처럼 그를 사랑하는데, 하물며 더 탁월한 존재[道]라면 어떻겠는가. 사람들은 세속의 군주에게조차 몸을 바쳐 충성하는데, 하물며 진정한 군주[眞君=主宰者]라면 어떻겠는가.——샘이 말라 육지에 버려진 물고기들은 습기를 내뿜어 서로의 몸을 적셔 주지만, 그것이 어찌 강호에서 서로를 잊고 지내는 것만 하겠는가. 요를 높이고 걸을 낮추는 것이, 어찌 둘 모두를 잊고 도와 하나 됨과 같겠는가.——무릇 자연은 내게 형체를 주었으며, 삶으로써 수고롭게 하고, 늙음으로써 편안케 하며, 죽음으로써 쉬게 한다. 하니 삶을 좋아하는 것은 다름 아닌 죽음을 좋아할 수 있도록 하기 위함이다. 골짜기에 배를 감추고 연못에 그물을 감춘 후, 단단히 감추었다고들 한다. 하나 밤중에 힘센 자가 그것들을 등에 지고 도망쳐도, 잠자는 사람이 알 도리가 없다. 큰 것이든 작은 것이든 그것들을 숨길 곳은 어디엔가 있기 마련이고, 들고 달아날 자는 있기 마련이다. 하지만 천하에다가 천하를 숨긴다면, 도대체 그것을 어디로 들고 달아날 것인가. 이것

은 만물의 자명한 이치인 것이다. 그런데도 사람들은, 그저 사람의 형체를 훔쳐서 나왔을 뿐인데, 그걸 모르고서 [삶만을] 기뻐한다. 하나 그 형체라는 것은 만물의 변화에 따라서 끝없이 화(化)해 가는 것일 뿐, 그 기뻐함에 한계가 있을 수 있겠는가? 하여 성인은 훔쳐 갈 바가 없는 경지에서 노닒으로써 만물을 보존한다. 일찍 죽는 것도 늦게 죽는 것도, 삶도 죽음도 긍정하는 것이다. 사람들이 이를 [성인의 경지를] 본받거늘, 하물며 만물이 연계되어 하나-됨이 되는 경지[道]임에랴.

[6] 무릇 도란 정(情)과 신(信)은 있되, 위(爲)와 형(形)은 없다. 전할 수는 있지만 받을 수는 없고, 얻을 수는 있지만 볼 수는 없다.――그 스스로가 근본이니 천지가 생기기 전부터 변함없이 존재했고 귀신과 상제를 신령케 하고 하늘과 땅을 낳았다. 태극보다 위에 있으면서도 높다 하지 않고, 육극보다 아래 있으면서도 깊다 하지 않고, 천지보다 앞서면서도 오래되었다 하지 않으며, 상고(上古)보다 더 살았으면서도 늙었다 하지 않는다.――시위씨(豨韋氏)[13]는 이를 얻어 천지를 손으로 잡았고, 복희씨는 이를 얻어 기의 근본으로 들어갔고, 북두성은 이를 얻어 영원을 품었고, 일월(日月)은 이를 얻어 꺼지지 않으며, 감배(堪坏)[14]는 이를 얻어 곤륜산으로 들어가고, 풍

---

13) 『춘추좌씨전』(春秋左氏傳) 「양공(襄公) 24년」, 『국어』(國語) 「정어」(鄭語), 『사기』 「하본기」(夏本紀)에 나오는 시위(豕韋)와 같은 인물로 여겨진다. '손으로 잡았다[挈]'는 것은 만들어냈다는 것을 뜻한다.

14) 『회남자』 「남명편」과 「제속편」(齊俗篇)에 나오는 겸차(鉗且), 『산해경』(山海經) 「서산경」(西山經)에 나오는 흠비(欽䲹)와 같은 인물로 여겨진다.

이(馮夷)[15]는 이를 얻어 황하에서 노닐며, 견오는 이를 얻어 태산에 처하고, 황제는 이를 얻어 하늘에 올랐고, 전욱(顓頊)은 이를 얻어 현궁(玄宮)에 들었고, 우강(禺強)[16]은 이를 얻어 북궁에 서고, 서왕모는 이를 얻어 소광(少廣)에서 살면서 태어남과 죽음도 알지 못했으며, 팽조는 이를 얻어 유우(有虞)로부터 오패(五霸)까지 살았으며, 부열(傅說)은 이를 얻어 무정(武丁)을 도와 천하를 덮은 후 동유(東維)를 타고 기미(箕尾)에 올라 열성(列星)과 나란히 하게 되었다.(「대종사 1」)

[1] "하늘이 행하는 바를 알고 또 사람이 행하는 바를 안다면, 지극하다 하리라." 여기서 문제가 되는 것은 하늘과 사람의 관계이다. 동북아의 사상은 '천지인 삼재'를 둘러싸고서 벌어진다. 서구의 경우도 특수 존재론의 세 항이 신학, 영혼론, 우주론이다. 우주론은 지(地)에, 신학은 하늘(天)에, 영혼론은 인간(人)에 해당한다. 동서를 막론하고 형이상학적인 존재인 신/하늘, 우주/자연(좁은 의미), 영혼/인간이라는 구도는 공통적이다. 장자는 주로 하늘과 사람의 관계를 이야기한다.

"하늘이 행하는 바를 아는 자는 하늘의 이치[道]에 따라 살아간다. 사람이 행하는 바를 아는 사람은 그 아는 바를 앎으로써 그 모르는 바를 앎을 기른다. 그로써 천수를 다하여 일찍 죽지 않으니, 이

---

15) 『회남자』「제속편」, 「원도편」(原道篇)에 등장하는 신이다.
16) 『산해경』, 『여씨춘추』, 『열자』에 등장하는 신이다.

것이 앎의 성(盛)함이다." 하늘이 행하는 이치를 아는 자는 도/자연을 아는 자이다. 그러한 사람은 하늘의 이치에 따라 살아가고, 이것이 성인/진인의 경지이다. 사람이 행하는 바는 인간사회의 제도, 문화, 법이다. "그 아는 바를 앎으로써 그 모르는 바를 앎을 기른다"는 것은 기지(旣知)의 지식을 활용해서 미지(未知)를 아는 것이다. 과학적 탐구에서 많이 사용하는 방법인 '외삽'(外揷)과 같다. "천수를 다하여 일찍 죽지 않는다"는 말은 반드시 수명이 길다, 천수를 다한다는 것만을 뜻하는 것이 아니라, 앎을 길러서 그 지식으로써 죽음을 피할 수 있음을 의미한다. 인간은 매우 약한 존재임에도 지식/지능으로 문명을 건설해 왔다. 나아가 이 말은 단지 양적으로 오래 산다는 것만이 아니라 그 삶을 질적으로 잘 채운다는 것도 포함한다. 질적인 것이 보장되지 않으면서 단지 오래 산다는 것은 의미가 없으며, '양생'을 이런 의미로 받아들이면 곤란하다. 양생, 천수를 다함이 진정으로 뜻하는 바는 하늘이 준 바를 인간이 해치지 않고, 그것을 온전히 하며 그것에 충실하다는 뜻이다.

"하나 앎이란 한계가 있다. 앎이란 그 대상이 있어야 성립하거니와, 대상이라는 것이 딱히 일정하지가 않기 때문이다. 내가 '하늘'이라 이르는 것이 진정 사람이 아닌지, 내가 '사람'이라 이르는 것이 진정 하늘이 아닌지 어찌 알 수 있겠는가?" 인간의 앎은 대상을 필요로 하기에, 우리는 하늘과 사람을 나누어 말한다. 하지만 우리가 나눈 그 경계가 올바른 것인지 어찌 알겠는가? 어디에서 하늘이 끝나고 어디에서 사람이 시작되는지, 어디에서 사람이 끝나고 어디에서 하늘이 시작되는지 어찌 알겠는가? 대상의 경계는 불명확하고, 인간으로서는 그 경계를 알기가 힘들다. 그렇기 때문에, 우리가 하늘에 대해서 감히 지식으로써 접근하는 것은 아닌지, 인간의 지식을 가지고 접근해야 할 대목에서 하늘의 이치를 따르고 있는 것은 아닌지 반문하고 있다.

[2] "하여 진인(眞人)이 있고서야 진지(眞知)가 있는 법." 보통 사람들은 하늘과 사람의 경계를 몰라서 우왕좌왕하는데, 그 경계를 제대로 아는 진인이 있어서 비로소 진지가 있는 법이다. 진인은 인지(人知)를 해결하고서 더 높은 지식으로 나아간 사람이 아니다. 이런 사람은 유가에서 말하는 성인이다. 장자가 말하는 진인은 지식을 확대하고 발전시킨 사람이 아니라 다른 의미에서의 삶, 다른 차원으로 간 사람으로 이해해야 한다. "하면 진인이란 누구인가? 옛 진인은 역경을 마다하지도 않았고, 이루었다고 뽐내지도 않았으며, 일을 꾸미지도 않았다." "功成而弗居"(공을 이루었으되 그것에 집착하지 않는다, 2장)와 통한다. 또, 「제물론 3」에 나왔던 "道隱於小成"(도는 작은 성취들에 의해 가려 숨어버렸고)과도 통한다. 이는 무척 어려운 일인데, 전설에 속한다고 해야 하겠지만 월나라를 위기에서 구했던 범려가 이런 인물로 칭송된다.

"옛 진인은 잘 때에도 꿈을 꾸지 않고, 깨어 있을 때에도 우환이 없으며, 음식을 먹을 때면 단맛을 모른다. 그 숨 쉼은 깊고 고요하거니와, 보통 사람들이 목으로 숨 쉬는 데 반해 발꿈치로 숨을 쉬기 때문이다." 여기에서는 진인의 수면, 식사, 호흡에 대해 말하고 있다. 우선 「제물론 2」에서 "잠잘 때면 꿈들이 어지러이 얽히고 눈을 뜨면 온갖 것들이 몸에 부딪쳐 오니, 그것들에 엮여 끌려가면서 나날이 마음속은 전쟁터가 된다"고 했던 것과 진인의 경지가 대비되고 있다. 그리고 "단맛을 모른다"고 할 때 단 것은 문자 그대로의 뜻도 있지만, 탐욕, 집착의 뉘앙스를 띠기도 한다. "道之出口 淡乎其無味"(도가 말해질 때면 담담하여 맛이란 없고, 35장)라 했다. 담(淡)은 도가적 가치를 상징한다. 잡티가 없고 맑은 경지를 추구하는 것이며, "爲無爲 事無事 味無味"(하지 않음을 행하고, 섬기지 않음을 섬기며, 맛없음을 맛본다, 63장)와도 통한다. 호흡에서는 '氣'가 아래로 내려가야 좋고, '上氣'는 좋지 않다. 기가 배까지 올라오면 힘들고, 가슴까지 올라오면 위험하고, 머리까지 올라오면 극한적인 상황이라고 할 수 있다. 그래서 진인은 발꿈치로 숨을 쉬는데, 이때의 기를 종기(踵氣)라 한다. 이와 대조적으로, "외물[17]에 굴복하는 자는 목 메인 듯 아첨하는 소리가 토하는 듯하고, 욕망이 깊은 자는 그 타고난 성정이 얕다".

　"옛 진인은 삶을 좋아할 줄도 모르고, 죽음을 싫어할 줄도 몰랐다. 그 태어남을 기뻐하지도 않고, 그 돌아감을 슬퍼하지도 않았다. 그저 무심히 왔다가 무심히 갈 뿐. 그 시작을 잊지 않되, 그 종말을 알려고 하지는 않는다. 생명을 받으면 감사할 뿐이고, 생명을 걷어 가면 그 근원으로 돌아갈 뿐이다. 이를 일러 '사람으로써 도를 훼손치 아니하며, 사람으로써 하늘을 돕고자 하지도 않는다'고 한다." 삶을 좋아하고 죽음을 싫어하는 것[悅生惡死]은 어떤 사람도 극복하기 어려운 것이다. 이것을 극복하는 것이 바로 도의 경지에 드는 것이다.

---

17) 타인 특히 권력자도 포함해서.

이것이 장자가 추구하는 경지이다. 죽음 앞에서 나타나는 모습이 그 사람의 영혼의 모습을 말해 준다. 죽음을 어떻게 대하느냐 하는 것이 우리 인생의 마지막 화두이다. 이 문제에 대한 장자의 사유는 노자의 사상을 양생술 쪽으로 극단화하려 한 열자 등의 사유와 대비된다. 양생술의 일파는 신체를 보완해서 건강하고 오래 사는 것을 추구하는데, 이러한 방면으로 노자의 사상을 집중적으로 전개한 것이 열자이다. 장자 역시 양생술을 말했지만, 여전히 "悅生惡死"에 사로잡혀 있는 이러한 갈래와 차별된다. "생명을 받으면 감사할 뿐이고, 생명을 걷어 가면 그 근원으로 돌아갈 뿐"이란 자신에게 생명을 준 도/자연을 잊지 않되, 그것을 끝까지 추궁해서 자신의 끝을 확인하려고 하지 않는다는 뜻, 도/자연을 잊지 않고 그것에 맡긴다는 뜻이다. "사람으로써 도를 훼손치 아니하며, 사람으로써 하늘을 돕고자 하지도 않는다"는 것은, 「제물론」에서 보았듯이 만물이 존재하는 것 자체가 도가 훼손된 것인데도, 도가 훼손됨으로써 나온 만물이 거꾸로 자기가 도를 훼손하려고 하는 것은 우스꽝스러운 것이며, 사람이 하늘을 돕는다는 것도 마찬가지다.

"바로 이런 사람을 진인이라 한다. 이런 이는 그 마음이 올곧고, 그 용모가 고요하며, 그 이마는 시원하다. 시원하기가 가을 같고, 따뜻하기가 봄 같으며, 희로[애락]가 사시사철처럼 [자연스럽게] 흘러간다. 외물들과 더불어 화목하게 살아가니, 그 경지를 알 수가 없다"에서 "따뜻하기가 봄 같으며"라는 구절은 「덕충부 4」에서 "與物爲春"(만물과 더불어 봄이 피어나게 만들면)이라 했던 것을 상기시킨다.

[3] "하여 성인이 군사를 부려 타국을 멸망시켰을 때조차도 인

심을 잃지 않으며, 만세에 이택(利澤)을 베풀어도 백성들에게 부담을 지우지 않는다." '타국을 멸망시켰을 때조차도 인심을 잃지 않는다'는 것은 통치계층이 인심을 잃은 나라를 공격했다는 뜻이다. 통치계층이 인심을 잃은 나라를 공격하면 피통치자들은 오히려 이를 반긴다. 또 하나의 맥락은 어떤 나라를 공격해서 그 나라를 멸망시킬 때에도 씨를 말리지는 않는다는 것이다. 어떤 나라를 멸망시킬 경우 씨를 말리는 경우가 있고 그렇지 않은 경우가 있다. 이것이 춘추 시대와 전국 시대의 중요한 차이점 중 하나이다. 춘추 시대에는 전국 시대와는 달리 어떤 나라를 멸망시켜도 씨를 말리지는 않았다. "이택을 베풀어도 백성들에게 부담을 지우지 않는다"는 것은 새롭게 피통치자가 된 백성들에게 이익과 은택을 베풀면서도 거기에 대한 대가(세금, 용역 등)를 요구하지 않는다는 것이다. 대가를 바라고서 이택을 베푸는 것이 아니기 때문이다.

하니 완물을 즐거워하는 자는 성인이 아니며, 멀고-가까움[親]이 있으면 어진 이가 아니며, 때[時]를 잃어버리는 것은 현인이 아니다. 그리고 이해(利害)가 불통한다면 군자라 할 수 없으며, 명예를 좇아서 자신을 잃어버린다면 사(士)가 아니며, 몸을 망치면서까지 거짓을 행하면 역인(役人)이 아니다.

성인, 인자, 현인, 군자, 사, 역인의 순으로 열거되어 있는데, 역시 '格'의 사유이다.

도를 추구할 뿐 '物'에 좌우되지 않는 자는 성인이다. '玩物喪

心'에 빠지지 않은 채로 오로지 도를 추구하는 것이 바로 성인인 것이다.

진심으로 어진 이는 멀고 가까움이 없다. 이는 공자의 '인'보다는 묵자의 '겸애'에 더 가까운 생각이다. 공자의 인을 흔히 '친친(親親) 사상'이라 하는 것은 사람과 사람 사이에는 친함과 차별이 있다고 보았기 때문이다. 어떻게 나의 아버지와 남의 아버지를, 나의 자식과 남의 자식을 똑같이 여길 수 있겠는가? '親親'을 부정하는 것은 비현실적이다. 사람은 가족 간의 관계에서 출발해 그것을 확장해 가야 한다는 것이다. '修身齊家治國平天下'의 사상이다. 반면 묵자의 겸애는 친소관계를 극복하고 보편적인 사랑을 추구해야 한다는 것이다. 멀고 가까움을 초월해야 한다. 왜냐하면, 인간사의 모든 문제는 멀고 가까움에서 비롯되기 때문이다. 그래서 묵자가 말하는 '愛'는 사랑이라기보다는 공평함, 공정성에 더 가깝다. 서양과 비교하면 공자의 인은 데이비드 흄에 가깝고('인'과 흄의 '공감'은 격이 좀 다른 개념들이지만) 묵자의 겸애는 칸트에 가깝다. 친소가 있다면 "어진 이가 아니다"라는 비판은 공자적인 어짊 개념에 대한 통렬한 비판이라고 하겠다.

"때[時]를 잃어버리는 것은 현인이 아니다"란 현명한 사람은 때를 잃어버려 일을 망치지 않는다는 뜻이다. 현인은 때를 현명하게 간파하고, 거기에 알맞은 행동을 한다. 이는 공자도 마찬가지로 강조했다. '시중'(時中)의 사상이다. "學而時習之 不亦悅乎"(배우고 때맞춰 익히면/실천하면 또한 기쁘지 아니한가)에서의 '時' 또한 ('때때로'가 아니라) '때맞춰'이다. 적절한 때에 맞추어 실천해야 함을 뜻한다. 앞에서 언급했던 '時務'와도 관련된다. 현인은 '시무'에 밝다.

"이해가 불통한다면 군자[18]라 할 수 없으며"에서 '이해'가 통한다는 말은 이익과 손해가 동전의 양면임을 안다는 것이다. 누군가가 이익을 보면 또 누군가는 손해를 본다. 이익과 손해가 서로 통한다는 것을 아는 사람이 군자이다. 이익과 손해가 통한다는 것을 모르면 편향적인 정치를 하게 된다.

"명예를 좇아서 자신을 잃어버린다면 사가 아니며"에서 '사'를 '선비'로 번역한다면 시대착오적인 번역이다. 이때의 '사'는 선비가 아니라 실무자, 상급 관리를 뜻한다. 그리고 '역인'은 하급 관리를 말한다. 상급 관리자는 승진을 해서 더 높은 자리에 올라가려는 욕망이 강하다. 그 과정에서 자기의 역할이 무엇인지를 잊어버리면 곤란하다는 뜻이다. 자기의 일 자체보다 높은 자리에만 눈이 멀면 안 된다는 뜻이다. 그리고 하급 관리의 경우 가난하기 때문에, 어떻게 편법을 써서 "삥땅을 칠까" 하고 이리저리 머리를 굴린다. 그러다가 결국 형을 받아서 몸을 망치게 된다는 뜻이다.

그리고 "호불해, 무광, 백이, 숙제, 기자, 서여, 기타, 신도적 같은 이들은 남의 일을 자기 일처럼 하고, 남의 즐거움을 즐거워하니, 자신의 즐거움을 스스로 즐거워하지 못하는 자들"이라 했는데, 여기에서 열거된 인물들은 유가에서 성인군자로 여기는 사람들이다. 이들은 유가의 입장에서 보면 '대의'(大義)를 지킨 사람들이다. 하지만 장

---

18) 여기에서의 군자는 공자적인 뉘앙스에서의 군자가 아니라, 단지 통치자들을 말한다.

자의 눈길에 이들은 "남의 일을 자기 일처럼 하고, 남의 즐거움을 즐거워하니, 자신의 즐거움을 스스로 즐거워하지 못하는 자들"로 비친다. 유교에서는 남을 위하는 삶이 가치 있는 삶이다. "군자는 천하[만인]가 슬퍼하기 전에 슬퍼하고 천하가 기뻐한 후에 기뻐한다."(先天下之憂而憂 後天下之樂而樂) 하지만 장자는 내가 먼저 즐거워야 한다고 생각한다. 그리고 그 연장선에서 남을 즐겁게 해야 한다. 유교는 위타(爲他)의 철학이고, 장자 사유는 위기(爲己)의 철학이다. "강호상망"(江湖相忘), 서로를 잊을 때가 바로 가장 좋을 때이다. 장자는 도 안에서 서로를 잊는 경지를 희구한다. 본래적 의미에서 '자연스러운' 삶을.

이 문단은 전체 흐름과는 약간 이질적이어서 후대에 삽입되었을 가능성도 있다.

[4] "옛적의 진인은 그 모습이 우뚝하지만 무너지지 아니하며 …" 스토아학파는 방정한 성격을 띠지만, 때로 올곧음이 지나쳐서 너무 딱딱하게 되기도 했다. 방정하면서 고집하지 않기란 무척 힘든 일인 것이다. 그리고 "환한 얼굴로 기쁜 듯한 모습이지만, 꼭 필요할 때에만 움직일 뿐"이라는 구절은 도가나 한의학에서 '희'(喜)가 좋은 것이 아니라는 점과 연계된다. '喜'는 경거망동으로 이어지기 쉽다. 진인은 기쁜 듯한 모습이지만, 꼭 필요할 때에만 움직인다. 그리고, "진인은 덕이 가득 차 있어서 저절로 얼굴에 드러나지만, 결코 자신의 덕을 스스로 드러내지는 않는다"는 것은 안으로는 덕이 가득 차 있어 그것이 얼굴에 드러나지만, 덕 자체를 바깥으로 드러내지 않는다는 것을 뜻한다. 플라톤이 『정치가』에서 역설했듯이, 빼어난 정치

가의 핵심 능력은 상반된 것들을 조화시키는 데에 있다. 진인의 특징에서도 이런 점이 보인다. 이 또한 파라-독사의 사유이다. "포용적이어서 세상과 더불어 살지만, 초연하여 제약을 벗어난다. 고요하여 폐쇄적인 듯이 보이지만, 단지 무심하여 말하길 잊었을 뿐"이라는 구절에서도 이 점이 확인된다.

"[진인은] 형벌[법]로써 본체를 삼고, 예로써 날개를 삼는다. 지식으로써 시세(時勢)에 대응하며, 덕으로써 따라야 할 순리로 삼는다. 형벌로써 본체를 삼는 것은 처형에 있어 관대한 것이고, 예로써 날개를 삼는 것은 [진인의 정치를] 세상에 널리 실천하려 함이다. 지식으로써 시세에 대응함은 부득이할 때에만 일을 꾸민다는 뜻이고, 덕으로써 따라야 할 순리로 삼음은 발 있는 자와 함께 언덕에 오른다는 뜻이다. 그런데도 사람들은 진인이 세상일에 열중한다고 생각한다." '刑'은 보다 넓은 개념인 '法'으로 볼 수 있다. 이 대목은 '道'가 아닌 '法'을 내세운다는 점에서 도법가적인 주장이므로, 황로사상의 맥락에서 삽입된 구절로 보인다.

"발 있는 자와 함께 언덕을 오른다"는 것은 진인을 따라 도의 경지를 추구할 의지가 있다는 것을 뜻한다. 언덕은 도를 일컫는다. 앞에서 도의 경지에 이른 사람을 월형당한 이로 비유했던 것을 생각해보면, "발 있는 자"는 아직 도에 이르지 못한 사람이고, 그들을 이끌고 도의 경지에 오르는 것을 뜻하는 것일 수도 있다. 이 경우 "발 있는 자를 이끌어 언덕을 오른다"로, 즉물적으로는 역설적으로 들리는 방식으로 번역할 수 있다.

하여 [진인은] 그 좋아함도 하나요 싫어함도 하나이다. 좋아함과 싫어함이 하나임[같음]도 하나요 하나가 아님[다름]도 하나이다. 좋아함과 싫어함이 하나임은 하늘과 함께함이요, 하나가 아님은 사람과 함께함이다. 하늘과 사람이 서로 이기려 하지 않으니, 이것이 바로 진인[이 가는 길]이다.

심오하고 흥미로운 대목이다. 하늘과 사람을 모두 포함한 궁극적인 존재/진리가 '존재론적 달걀'이다. 하늘과 사람이 서로를 이기려 하지 않으므로 달걀 모양이 된다. 하늘이 중심이라고 해서 튀어나온 부분인 인간을 이기려고 하지 않고, 튀어나온 부분인 인간이 감히 하늘을 이기려고 하지도 않는다.

[5] "살고 죽는 것은 정해진 것[命]이다. 밤낮의 갈마듦에 일정함이 있는 것은 하늘[자연]이다. 사람이 관여할 수 없는 바이니, 만물의 실정(實情)일 따름이다. 사람들은 하늘을 부모로 여겨 자신의 몸처럼 그를 사랑하는데, 하물며 더 탁월한 존재[道]라면 어떻겠는가. 사람들은 세속의 군주에게조차 몸을 바쳐 충성하는데, 하물며 진정한 군주[眞君＝主宰者]라면 어떻겠는가." 이 대목에서는 도가적인 '도', '자연', '주재자'는 유가적인 '孝', '忠'의 가치를 넘어선다는 점을 말하고 있다.

샘이 말라 육지에 버려진 물고기들은 습기를 내뿜어 서로의 몸을 적셔 주지만, 그것이 어찌 강호에서 서로를 잊고 지내는 것만 하겠는가.

유명한 '강호상망'(江湖相忘)이다. 샘이 말라 육지에 버려진 물고기들이 습기를 내뿜어 서로를 적셔 주는 모습은 안타깝고도 아름다운 광경이다. 이는 절박한 상황에서 이루어지는 사랑이다. 이것이 유가적인 가치이다. 힘들고 거친 세상에서 인애(仁愛)로 서로를 껴안고 보듬어 주는 것이 바로 유가적인 가치이다. 그런데 장자는 이것보다 오히려 서로를 잊고 강호에서 유유자적하는 것이 더 좋은 것이라고 말한다. 물고기들이 육지에 버려진 것은 인간들에게 도가 없는 상황과도 같다. 물고기들이 물 속에서 서로를 잊고 헤엄치듯이, 사람들은 도 안에서 서로를 잊고 살아갈 수 있는 것이다.

마찬가지로 "요를 높이고 걸을 낮추는 것이, 어찌 둘 모두를 잊고 도와 하나 됨과 같겠는가"라 했으니, 가치평가를 해서 요를 칭송하고 걸을 폄하하지만 가치평가를 할 일이 없는 게 가장 좋은 것이라는 뜻이다. "太上, 下知有之"(가장 덕이 높은 왕이 다스리는 곳에서는, 백성들은 그저 그가 있다는 것만 알 뿐이다, 17장)와 통한다.

무릇 자연은 내게 형체를 주었으며, 삶으로써 수고롭게 하고, 늙음으로써 편안케 하며, 죽음으로써 쉬게 한다. 하니 삶을 좋아하는 것은 다름 아닌 죽음을 좋아할 수 있도록 하기 위함이다.

생로병사가 연속적이라는 것을 이야기하고 있다. 삶과 죽음을 불연속적이라고 여길 때 죽음은 두려운 것이다. 하지만 장자가 볼 때 생로병사는 연속적이다. 플라톤과는 다른 방식의 연속성이다. "孰知死生存亡之一體者."(누가 사생존망이 일체임을 알까)

골짜기에 배를 감추고 연못에 그물을 감춘 후, 단단히 감추었다고들 한다. 하나 밤중에 힘센 자가 그것들을 등에 지고 도망쳐도, 잠자는 사람이 알 도리가 없다. 큰 것이든 작은 것이든 그것들을 숨길 곳은 어디엔가 있기 마련이고, 들고 달아날 자는 있기 마련이다. 하지만 천하에다가 천하를 숨긴다면, 도대체 그것을 어디로 들고 달아날 것인가. 이것은 만물의 자명한 이치인 것이다. 그런데도 사람들은, 그저 사람의 형체를 훔쳐서 나왔을 뿐인데, 그걸 모르고서 [삶만을] 기뻐한다.

우리가 무언가를 구분하고 무언가에 집착할 때, 아무리 그것을 보호하려고 해도 결국은 소용이 없다. 구분을 짓고 집착하는 이상 그것은 한계가 있기 마련이다. 가장 근본적인 것은 경계를 없애는 것이다. 가장 근본적인 경계는 삶과 죽음이기에, 경계를 없앰에 가장 큰 경지는 삶과 죽음의 경계를 없애는 것이다. 앞에서 이야기했듯이 만물은 도가 훼손되어서 생긴 것이다. 어찌 보면 우리는 도/기를 훔쳐서 나왔을 뿐인데, 그것을 모르고서 오직 삶만을 기뻐하고 죽음을 싫어하는 것이다.

"하나 그 형체라는 것은 만물의 변화에 따라서 끝없이 화(化)해 가는 것일 뿐, 그 기뻐함에 한계가 있을 수 있겠는가?" 구분을 하려고 하면 그 구분을 아무리 크게 해도 끝나지 않는다. 구분을 아무리 크게 해도 더 큰 도둑이 올 수 있다. 어디에 두든 결국 도둑맞을 수 있듯이, 유한한 삶에 집착해 봐야 소용없다. 형체에 만족할 만한 끝[極]이 없듯이. 그 기쁨을 아무리 크게 가져간다 해도 만족할 수가 없다는 뜻이다. 그래서 "성인은 훔쳐 갈 바가 없는 경지에서 노닒으로써 만물을 보존한다"고 했으니, "훔쳐 갈 바가 없는 경지"란 어떤 구분, 차별도 없는 만물제동의 경지이다. "일찍 죽는 것도 늦게 죽는 것도, 삶도 죽음도 긍정하는 것이다. 사람들이 이를[성인의 경지를] 본받거늘, 하물며 만물이 연계되어 하나-됨이 되는 경지[道]임에랴."

[6] 도가 "정(情)과 신(信)은 있되, 위(爲)와 형(形)은 없다"¹⁹⁾는 것은 「제물론 4」에서 나왔던 "참된 주재자가 있는 듯도 하지만 딱히 그 참모습을 알 길이 없고, 그 주재함은 확실하지만 그 모습을 볼 수는 없다. 정(情)은 있되 형(形)은 없구나"라 했던 것을 잇고 있다. 또, "道之爲物 … 其中有情. 其精[情]甚眞 其中有信"(도라는 것은 … 그 안에 정이 들어 있다네. 그 정이 참으로 진실되니, 그 안에 징표가 들어 있다네, 21장)과도 통한다. 도가 상제보다도 앞선다는 것은 "吾不知誰之子 象[上]帝之先"(나는 [도가] 누구의 이름인지 모르거니와, 상제보다도 앞선 것 같네, 4장)이라 했던 것과 통한다. "상고(上古)보다 더 살았으면서도 늙었다 하지 않는다"는 구절은 "長於上古而不爲老"(25장)와 같다.

마지막 단락은 도교의 만신전(萬神殿) 분위기를 물씬 풍긴다. 이후에 도교는 이 신들 외에도 수많은 신들을 도입하게 된다.

---

19) 여기에서 '信'은 믿음의 뜻이 아니라 '통신'(通信), '신호'(信號) 등에서의 '信'이다. '情'이 감정이 아니라 '정황'(情況), '정보'(情報) 등에서의 '情'인 것과 마찬가지이다.

영녕(攖寧)으로서의 도

여기에서는 도를 '영녕'(攖寧)으로 개념화한다. 모든 것이 도에서 나와 도로 돌아감을 역설하면서, 도에서는 모든 것이 얽히면서도 안녕이 깃듦을 가르친다.

> 南伯子葵問乎如偊曰, "子之年長矣 而色若孺子, 何也".
>
> <如偊>曰, "吾聞道矣".
>
> 南伯子葵曰, "道可得學邪".
>
> <如偊>曰, "惡, 惡可. 子非其人也.——夫卜梁倚有聖人之才 而無聖人之道. 我有聖人之道 而無聖人之才. 吾欲以敎之 庶幾其果爲聖人乎. 不然, 以聖人之道 告聖人之才, 亦易矣.——吾猶守而告之 參日而後能外天下. 已外天下矣 吾又守之 七日而後能外物. 已外物矣 吾又守之 九日而後能外生. 已外生矣 而後能朝徹, 朝徹而後能見獨, 見獨而後能無古今, 無古今而後能入於不死不生.——殺生者不死 生生者不生. 其爲物 無不將[送]也 無不迎也. 無不毀也 無不成也. 其名爲攖寧, 攖寧也者 攖而後成[寧]者也".
>
> 南伯子葵曰, "子獨惡乎聞之".
>
> <如偊>曰, "聞諸副墨之子. 副墨之子聞諸洛[絡]誦之孫. 洛誦之孫聞之瞻明. 瞻明聞之聶許. 聶許聞之需役. 需役聞之於謳. 於謳聞之玄冥. 玄冥聞之參寥. 參寥聞之疑始". (「大宗師二」)

남백자규(南伯子葵)[20]가 여우(如偊)[21]에게 묻기를, "당신은 연세가 높으신 데도 얼굴색이 어린아이와도 같은데, 무슨 까닭인지요?"

여우 답하여 가로되, "道에 들었기에 그런 것입니다".

남백자규 다시 묻기를, "道란 배울 수 있는 것입니까?"

여우 답하여 가로되, "아니, 가능하지가 않지요. 道란 당신이 배울 수 있는 것이 아닙니다. 복량의(卜梁倚)[22]는 성인의 재능은 있지만 성인의 道는 없고, 나에게는 성인의 道는 있소만 성인의 재능이 없구려. 그에게 성인의 도를 가르쳐 주고 싶긴 하오만, 과연 그가 성인이 될 수 있을지는 모르겠소. 하나 성인의 재능을 가진 이에게 성인의 道를 가르쳐 주는 것이야 쉬운 일이겠지요.——내가 그를 찬찬히 살펴보면서 가르치니, 3일 후에는 천하를 잊고, 계속 찬찬히 살펴보면서 가르치니 7일 후에는 외물을 잊고, 9일 후에는 삶을 잊을 수 있게 되었고, 그 후에도 계속 조철(朝徹), 견독(見獨), 무고금(無古今), 불생불사(不生不死)의 경지로 나아갔소.——죽이는 자는 죽지 않으며, 살리는 자는 살지 않는 법. 道란 보내지 않음이 없고 맞이하지 않음도 없으며, 무너뜨리지 않음이 없고 만들어내지도 않음도 없는 그런 것이라오. 하여 그 이름을 '영녕'(攖寧)이라 하니, '영녕'이라 함은 이 모두가 얽히는[攖] 가운데에 안녕이 깃듦을 뜻한다오".

---

20) 「제물론」서두에 등장한 남곽자기와 같은 인물로 짐작된다. 안성자유를 도의 길로 이끌던 남곽자기가 여기에서는 도를 배우는 인물로 설정된 것은 도의 경지가 그만큼 끝이 없음을 암시한다.
21) 가공의 인물.
22) 가공의 인물. 복량기로도 읽는다.

남백자규 묻기를, "선생께서는 대체 그런 것을 어디에서 들으셨는지요?"

여우 답하여 가로되, "나는 그것을 부묵(副墨)의 아들에게서 들었고, 부묵의 아들은 낙송(洛誦)의 손자에게서 들었고, 낙송의 손자는 첨명(瞻明)에게서, 첨명은 섭허(聶許)에게서, 섭허는 수역(需役)에게서, 수역은 오구(於謳)에게서, 오구는 현명(玄冥)에게서, 현명은 참료(參寥)에게서, 참료는 의시(疑始)에게서 들었다오".(「대종사 2」)

가르치기, 배우기, 깨닫기

"道란 배울 수 있는 것입니까?"라는 물음은 흥미로운 물음이다. 이 물음은 그리스 철학에서 매우 중요했던 "아레테는 배울 수 있는 것인가?"라는 물음을 떠올린다. '~다움', '~에 관한 능력을 가지고 있음'이 아레테이다.[23] 원래 아레테는 귀족의 경우에만 해당하는 것이었다. 아레테를 처음으로 평민에게 적용한 사람들이 소피스트들이다. 소피스트들은 일종의 문화적 혁명가들이었다. 그들은 귀족에게만 존재했던 아레테를 처음으로 시민들에게 가르쳤다. 아레테는 배울 수 있는가 하는 물음은 이런 역사적 맥락에서 배태되었다. 만약 아레테를 배울 수 없다면, 즉 귀족에게서만 가능한 것이라면, 노력해도 안 되는 것이므로 노력할 필요가 없기 때문이다. 우리가 무언가를

---

23) '아레테'는 때로 '德'으로 번역되지만, 오늘날의 'virtue'와는 다르다. 아울러 노자의 '德'은 'power'로 번역되기도 하거니와, 이 'power'는 권력이라기보다는 현대 철학에서의 역능(puissance), 또는 맥락에 따라서는 잠재력, 내면으로부터 바깥으로 뿜어 나오는 힘이라는 뉘앙스를 띤다.

배울 수 있다는 것('dynamis'의 존재)은 매우 중요하다. 동북아에서는 공자가 '擧'이라는 유산을 남겼다. 공자는 그 어떤 사람도 배울 수 있다는 것을 가르쳤고 실천했다.

그런데 장자는 도는 배울 수 없다고 말한다. 이로부터 서구는 아레테를 배울 수 있다고 생각했기에 민주주의를 일찍 이루었고, 동북아는 도를 배울 수 없다고 보았기에 민주주의를 낳지 못했다고 말하는 것은 단순 비교의 오류이다. 그리스의 아레테와 장자의 도는 차원이 다른 문제이기 때문이다. 장자에게 도는 배울 수 있는 것이 아니라 깨달음을 통해 다가갈 수 있는 것이다. 문제의 핵심은 깨달음과 배움의 차이에 있다. 배운다는 것은 연속적이다. 배움에도 도약이 있지만, 근본적으로는 계단을 오르듯이 연속적이다. 가르치고 배우는 과정을 통하여 계단을 한 단계 한 단계 오를 수 있다. 반면 깨달음은 불연속적이므로 배워서 도달할 수가 없다. 인식론적으로 깨달음은 배움보다 더 상위의 경지를 의미한다. 그러나 논증하는 것이 아니라 체험적으로 느끼는 것이기 때문에 다분히 아리송하고 주관적이기도 하다.

그러나 배움과 깨달음을 불연속적으로만 생각하는 것은 잘못이리라. 배움도 깨달음도 연속의 시간과 불연속의 시간, 크로노스의 시간과 아이온(/카이로스)의 시간을 공히 가진다. 크로노스에서의 성숙함이 없다면 아이온의 시간은 오지 않으며, 아이온의 시간을 맞이하지 않는다면 크로노스에서의 단순한 배움의 축적이 있을 뿐이다. 또는, 배움을 크로노스에 깨달음을 아이온에 배정할 수도 있을 듯하다. 배움이 축적되면 어느 순간 깨달음이 오고, 이런 과정이 계속된다고 할 수 있다. 그래서 배움과 깨달음이 크로노스의 시간과 아이온의 시간을 직조한다고 할 수 있다. 어느 구도로 보든, 배움과 깨달음을 분리하지 않는 것이 좋을 것이다. 배움을 폄하해서도 안 되고, 깨달음을 신비화해서도 곤란하다.

여우가 "복량의는 성인의 재능은 있지만 성인의 도는 없고, 나에게는 성인의 도는 있소만 성인의 재능이 없구려"라고 한 것도 흥미로운 구절이다. 성인의 재능이 있다는 것은 성인이 될 잠재력이 있다는 뜻이다. 여우가 볼 때 자신은 도는 있지만 성인의 재능은 없다. 이것은 모순처럼 보일 수도 있지만, 여기서 재능이 없다는 말은 내가 당신에게 도를 가르칠 재능이 없다는 것을 뜻한다. 도를 가르친다는 것은 다른 사람들을 한 걸음 한 걸음 옮겨 가게 해서 도에 들게 해야 하는데 자신은 그런 재능이 없다는 것이다. 자신은 훌륭한 연구자이면서도 그것을 남에게 가르치는 데에는 서툰 사람이 있고, 평범한 학자이지만 다른 사람의 업적을 소화해서 잘 전달해 주는 사람이 있는 것과 같은 이치라 하겠다. 혼자서 무언가를 잘하는 것과 그것을 남에게 전달해 주는 것은 서로 다른 능력인 것이다.

복량의는 이미 성인의 재능을 가지고 있다. 이미 재능을 가지고 있기에, 가르치는 재능은 없지만 이미 도를 깨달은 여우가 그를 가르칠 수 있다. 그래서 여우는 "그에게 성인의 도를 가르쳐 주고 싶긴 하오만, 과연 그가 성인이 될 수 있을지는 모르겠소. 하나 성인의 재능을 가진 이에게 성인의 도를 가르쳐 주는 것이야 쉬운 일이겠지요"라고 말한다. 재능을 이미 가진 사람의 경우 가르치는 재능이 없어도 그 재능을 현실화해 줄 수 있다.

유가의 성인과 도가의 성인

유가에서 말하는 성인은 이른바 '문화 영웅들', 인류에게 문화와 문명을 가르쳐 준 사람들이다. 인간에게 약초를 가르쳐 준 신농씨 같은 인물이 전형적인 경우이다.[24] 도가에서 말하는 성인은 장자에서 볼 수 있듯이 본연의 의미에서의 도를 추구하는 사람이다.

　유가적인 성인 개념에 대한 명료한 비판을 「마제」(馬蹄)에서 볼 수 있다. 이 편에서는 소박함이 살아 있던 시대를 예찬한 후 이런 삶을 파괴한 존재로서 성인을 언급한다. 내편에서 장자가 말한 성인은 도가의 성인이지만, 이 편에서 말하고 있는 성인은 유가의 성인이다.

> 及至聖人 蹩躠爲仁 踶跂爲義 而天下始疑矣, 澶漫爲樂 摘僻爲禮 而天下始分矣.
> 故純樸不殘 孰爲犧樽, 白玉不毀 孰爲珪璋, 道德不廢 安取仁義, 性情不離 安用禮樂, 五色不亂 孰爲文采, 五聲不亂 孰應六律.
> 夫殘樸以爲器 工匠之罪也, 毀道德以爲仁義 聖人之過也.(「馬蹄二」)

　그런데 성인이 나타나 억지로 인을 행하고 시끄럽게 의를 행하자,

---

24) "성인이 절구를 한번 만들어내자 천하에는 껍질을 벗기지 않은 낱알을 먹는 사람들이 사라졌고, 신발을 한번 만들어내자 천하 사람들이 맨발로 다니지 않게 되었으며, 또 배와 수레를 한번 만들어내자 아무리 험준한 곳이라도 운반하여 유통시키지 못하는 물건이 없게 되었다"라는 박제가의 말은 유교적 성인 개념을 잘 보여준다.(박제가, 『북학의』, 안대회 교감역주, 돌베개, 2016, 27~28쪽)

사람들은 의심하기를 시작했고, 요란하게 악을 연주하고 번거롭게 예를 실시하자 사람들 사이에 구분[分]이 나타났다.

하니 순박함을 해치지 않았다면 누가 희준(犧樽) 같은 제기(祭器)를 만들었겠으며, 백옥[25]을 깨지 않았다면 누가 규장(珪璋) 같은 보석을 만들었겠으며, 도덕을 폐하지 않았다면 어찌 인의를 취했겠으며, 성과 정이 분리되지 않았더라면 어찌 예악을 사용했겠으며, 오색이 어지럽혀지지 않았더라면 누가 온갖 무늬를 만들어냈겠으며, 오성이 흐트러지지 않았다면 누가 육률(六律)에 응했겠는가. 무릇 통나무를 깎아서 문명의 이기를 만든 것은 기술자들의 죄이고, 도덕을 훼손하여 인의를 만든 것은 성인의 죄이다.(「마제 2」)

장자의 경우 공자를 존숭하는 마음이 컸고, 자연만이 아니라 인간세도 포용하고자 했다. 그러나 장자 '학파'에 이르면 사유가 단순해지고 일방적이 되는 경향이 있다. '교파'는 말할 것도 없고 '학파'만 되어도 어쩔 수 없이 교조성이 깃들게 된다. 정치의 영역이 특히 그렇지만, 다른 영역들에서도 "편"을 극복하는 것은 쉬운 일이 아니다.

어쨌든 도가의 성인과 유가의 성인은 상당히 다르며, 본문에서 언급되고 있는 성인은 물론 도가의 성인이다.

---

25) 여기에서 백옥(白玉)은 가공을 하지 않은 자연 그대로의 옥을 말한다. 통나무와 같은 뉘앙스를 띠고 있다.

깨달음의 단계

> 내가 그를 찬찬히 살펴보면서 가르치니, 3일 후에는 천하를 잊고, 계속 찬찬히 살펴보면서 가르치니 7일 후에는 외물을 잊고, 9일 후에는 삶을 잊을 수 있게 되었고, 그 후에도 계속 조철(朝徹), 견독(見獨), 무고금(無古今), 불생불사(不生不死)의 경지로 나아갔소.

삶을 잊었다는 것은 세상을 잊고, 외물들을 잊었을 뿐만 아니라 더 나아가 자기 자신도 잊었다는 뜻이다. 도가 철학에서 '잊는다'는 것은 중요한 가치이다.

인간에게 기억이 없다면 인간일 수가 없다. 나를 나이게 해주는 것 중 빼놓을 수 없는 것이 기억이다. 로봇에게는 기억이 없다. 인위적으로 이식된 기억-칩이 있을 뿐이다. 하지만 역으로 기억만 있고 망각이 없다면 어떻게 될까? 온갖 불화와 갈등과 우울은 모든 사람들을 무너뜨릴 것이다. 니체는 망각의 위대함을 설파했다. 하지만 결코 잊어서는 안 되는 것들이 있는 것도 사실이다. 인간이라는 존재와 역사에 있어서 기억과 망각은 매우 복잡하고 흥미진진한 문제이다.

장자는 망각을 이야기하고 있다. 도를 닦으니 처음에는 세상을 잊었고, 다음에는 자연을 포함한 외물을 잊었고, 마지막에는 자기 자신을 잊게 되었다. 잊음[忘]의 철학은 비움[虛]의 철학이다. 여우는 잊음에서 출발해 도의 경지로 계속 나아가는 단계들을 말한다. 이를 보면 장자에게서도 깨달음은 배움과 절연되어 있지 않다. '조철'은 아침 햇살 같은 환한 경지를, '견독'은 道를 보는 것을("獨立不改."

2장), '무고금'은 시간을 초월하는 것을(「추수」에서는 "道無終始 物有死生"이라 했고,「지북유」에서는 "無古無今 無始無終"이라 했다), '불생불사'는 삶과 죽음이 하나가 되는 경지를 말한다. 점진법을 써서 도로 나아가는 단계들을 말하고 있다.

영녕(攖寧)으로서의 도

> 죽이는 자는 죽지 않으며, 살리는 자는 살지 않는 법. 도란 보내지 않음이 없고 맞이하지 않음도 없으며, 무너뜨리지 않음이 없고 만들어내지 않음도 없는 그런 것이라오. 하여 그 이름을 '영녕'(攖寧)이라 하니, '영녕'이라 함은 이 모두가 얽히는[攖] 가운데에 안녕이 깃듦을 뜻한다오.

도의 불생불멸을 이야기하고 있다. 도와 기는 다르다. 기는 항상 '기화'(氣化)로만 존재한다. 서구 철학적인 용어를 쓴다면, 기는 자연철학의 원리이고 도는 형이상학의 원리이다. 도와 만물 사이에는 기가 있다. 기는 생성의 원리이고 도는 생성을 지배하는 원리이다.

"天地所以能長且久者 以其不自生 故能長生"(천지가 장구할 수 있는 것은 어째서인가. 스스로 삶에 집착하지 않기에, 능히 오래 산다네. 7장)이라 했다. 도는 생성하지 않는다는 의미에서 그리스 철학에서의 'agenēton'과 비교할 수 있다. 도는 만물의 기준이므로 도 자체는 생성하지 않는다.

도는 정적인 안녕이 아니라 생성 속의 조화로서의 안녕이다. 무수한 희로애락, 생성, 파괴의 가운데에 고요한 평안이 깃들어 있음을 뜻한다. 도는 정적인 안녕이 아니라 기의 생성 가운데 있는 조화로서의 안녕인 것이다. 이 점은 서구 존재론과 뚜렷이 대조된다. 서구 존재론에서 절대자는 영원부동이다. 그러나 영녕으로서의 도는 만물에 내재한다. 만물의 생성에 깃들어 있으면서도 그 자체는 평온하다. 하늘퉁소는 사람퉁소, 땅퉁소와 함께하면서도 소리를 내지 않는다. 도는 "虛而待物"(「인간세 1」), "萬物與我爲一"(「제물론 7」)인 것이다.

　마지막 구절에서, 부묵(副墨)의 아들은 문자, 언어를 뜻한다. 도를 논한 문자이다. 낙송(洛誦)의 손자는 말을 뜻한다. 도를 논한/노래한 말이다. 플라톤과 마찬가지로 말이 문자보다 우월하다고 보고 있다. 첨명(瞻明)은 도를 보는 것이고, 섭허(聶許)는 도를 듣는 것이다. 수역(需役)은 도를 기다려 행하는 것이다. 오구(於謳)는 도를 즐기면서 노래하는 것을, 현명(玄冥)은 깊고 어두운 것을, 참료(參寥)는 도에 참여하는 것을, 의시(疑始)는 시작인 듯한 것이다. 「제물론 6」에서 "有始也者. 有未始有始也者"(시작이라는 것이 있다면, 이 '시작이 있음'이 아직 있지 않음이 있을 것이고…)라 했던 것을 상기하자.

2장 죽음에의 달관

「대종사」의 전반부가 대종사의 높은 경지를 이야기했다면, 후반부는 인생의 가장 고통스러운 상황인 죽음을 이야기한다. 그렇지만 이야기는 연속적이다. 삶의 가장 극한적인 바닥에서 어떻게 깨달은 사람답게 초연할 수 있는가 하는 문제, 죽음에 처했을 때 달관하고 자연과 하나 되는 경지를 추구하는 내용이다. 표면적 분위기는 전반부와 상반되게 느껴지지만, 내적으로 흘러가는 이야기의 중심은 같다. 높이 비상하는 것과 극한의 상황에서 초연한 것은 동전의 양면인 것이다. 이미 보았듯이, 『장자』는 이런 이원적 일원의 구도를 여러 편에서 구사하고 있다.

　죽음을 달관하는 것은 근대적인 가치와 대비된다. 근대적인 가치는 자연에 순종하는 것이 아니라 자연을 표상해서 정복하고, 조작해서 이용하는 것이다. 근대적인 가치는 인간의 작위와 창조를 중시하고 자연에 순종하는 것을 낡은 것으로 여긴다. 근대 이후로 인간은 죽지 않으려고 애쓴다면 근대 이전에는 어떻게 죽음을 받아들일 것인가, 달관할 것인가에 중점이 있다. 그래서 현대인에게도 시사하는 바가 크다고 볼 수 있다. 장자가 그런 사상을 주장하는 대표적인 인물이다. 서구의 경우에는 플라톤, 스토아학파가 같은 논지를 펼쳤고, 기독교 사상에서는 죽음에 관해 달관의 길이 아니라 구원의 길을 강조했다. 고통스러운 상황에서 나온 철학들은 대개 그런 면을 내포하고 있다. 격의불교가 장자를 참조하게 된 중요한 지점 중 하나도 죽음이다. 유교는 죽음을 사회적으로 처리하는 절차에 대해서는 많이 논했지만 죽음의 형이상학은 빈약하다. 불교가 종교적인 힘을 얻게 된 것도 이 때문이다. 유가 철학이 낮의 철학이라면 도가 철학과 불가 철학은 밤의 철학이다.

하늘의 뜻을 받아들여

子祀子輿子犁子來, 四人相與語曰, "孰能以無爲首 以生爲脊 以死爲尻. 孰知死生存亡之一體者. 吾與之友矣". 四人相視而笑, 莫逆於心 遂相與爲友.

俄而子輿有病, 子祀往問之曰, "偉哉, 夫造物者. 將以予[子]爲此 拘拘[痀痀]也". 曲僂發背, 上有五管 頤隱於齊[臍] 肩高於頂 句贅 指天. 陰陽之氣有沴 其心閒而無事. 骈蹁而鑑於井曰, "嗟乎, 夫造物者, 又將以予爲此拘拘也".

子祀曰, "汝惡之乎".

＜子輿＞曰 "亡[否], 予何惡. 浸[侵]假[替]而化予之左臂而爲鷄 予 因以求時[司]夜. 浸假而化予之右臂以爲彈 予因以求鴞炙. 浸假

而化予之尻以爲輪 以神爲馬 予因以乘之. 豈更駕哉. 且夫得者
時也, 失者 順也, 安時而處順 哀樂不能入也. 此古之所謂 '縣解'
也. 而不能自解者 物有結之. 且夫物不勝天久矣, 吾又何惡焉".

俄而子來有病 喘喘然將死, 其妻子環而泣之. 子犁往問之曰,
"叱, 避. 無怛化". 倚其戶與之語曰, "偉哉, 造化. 又將奚以汝爲 將
奚以汝適. 以汝爲鼠肝乎 以汝爲蟲臂乎".

子來曰, "父母於子 東西南北 唯命之從. 陰陽於人 不翅[啻]於父
母. 彼近吾死而我不聽, 我則悍矣 彼何罪焉. 夫大塊載我以形 勞
我以生 佚我以老 息我以死. 故善吾生者 乃所以善吾死也.──今
〈之〉大冶鑄金 金踊躍曰, '我且必爲鏌鋣', 大冶必以爲不祥之
金. 今一犯人之形而曰, '人耳人耳', 夫造化者必以爲不祥之人.
今一以天地爲大鑪 以造化爲大冶 惡乎[何處]往而不可哉. 成然
寐 蘧然覺".(「大宗師三」)

자사(子祀), 자여(子輿), 자려(子犁), 자래(子來) 네 사람이 서로 함께
어울리면서 말하길, "누가 무(無)를 머리로 하고, 삶을 척추로 하고,
죽음을 엉덩이로 삼을 수 있을까? 누가 사생존망(死生存亡)이 한
몸일 뿐임을 알까? 그런 사람과 친구가 되고 싶구나". 그러면서 그
들은 서로를 쳐다보면서 웃었고, 마음에 거슬리는 것이 없자 마침
내 서로 벗이 되었다.[1]

얼마 후 자여가 병에 걸렸는데, 자사가 문병을 와서 말했다. "참으

---

1) 이로부터 '막역지우'(莫逆之友)라는 말이 나왔다.

로 신묘하구나, 조물자는. 그대의 등을 이렇게 휘어지게 만들다니."
자여의 등이 크게 굽어 있어, 오장은 위에 가서 붙었고, 턱은 배꼽에
파묻히고, 어깨가 정수리보다도 높았으며, 목덜미는 하늘을 향하
고 있었다. 음양의 기가 어지러워졌음에도, 그 마음은 평온해서 아
무 일도 없는 듯했다. 자여가 비틀비틀 걸어가 우물에 자신의 모습
을 비추어 보더니, "아, 조물자가 내 몸을 이렇게 굽어지게 만들었
구나!" 하고 말했다.

자사가 묻기를, "자네 그것이 싫은가?"

자여 답하여 가로되, "아니라네. 내 어찌 싫어하겠는가? [조물자가]
내 왼팔을 조금씩 변형시켜 닭이 되게 한다면, 나는 그 닭으로써 새
벽을 알리도록 하고 싶네. 오른팔을 활로 만든다면, 나는 그 활로써
새를 잡아서 먹겠네. 내 엉덩이를 수레바퀴로 만들고 내 마음[神]을
말[馬]로 바꾼다면, 나는 그것을 타고 다니겠네. 어찌 따로 수레가
필요하겠나. 또 무릇 삶을 얻는 것은 올 때가 되어서이고 잃는 것은
돌아갈 때가 되어서일 뿐이니, 삶을 편안히 맞이하고 죽음을 순리
로서 받아들인다면 어디에 기쁨과 슬픔이 끼어들겠나. 옛사람들이
이를 이르길 '거꾸로 매달렸다 풀려났다'고 했다네. 한데도 자기를
풀지 못하는 것은 물(物)이 묶고 있기 때문이지. 또 무릇 본래 물(物)
이 천(天)을 이길 수는 없는 법이니, 내가 무엇에 집착하겠나?"

다시 얼마 후 자래가 병에 걸려 숨을 헐떡거리면서 죽어 가고 있었
고, 가족들은 그를 둘러싸고서 울고 있었다. 자려가 문병을 와서 말
하기를, "쉿, 삼가시오, 자연스러운 변화를 방해하지 마시오." 하곤
문에 기대어 자래에게 말하길, "참으로 신묘하구나, 조화(造化)는.

그대를 무엇으로 만들려 하며, 어디로 데려가려 하는가. 쥐의 간으로 만들려 하나, 벌레의 팔로 만들려 하나".

자래 답하여 가로되, "자식은 세상 그 어디를 가든 부모의 명(命)에 따라야 하는 법. 하니 사람이 자연[陰陽]에 따라야 함은 말할 나위가 없지. 자연의 조화가 나를 죽음으로 이끄는데, 내가 순종치 않는다면 그게 어찌 자연의 허물이겠는가. 무릇 대자연이 내게 형체를 주었고, 삶으로써 수고롭게 하고 늙음으로써 편안케 하며 죽음으로써 쉬게 해준다네. 하니 내 삶을 좋다 하면 그것이 곧 내 죽음이 좋다 하는 것이 아니겠나.──이제 훌륭한 대장장이가 쇠붙이를 녹여 주물(鑄物)을 만들고 있는데, 어떤 쇠붙이가 튀어 올라와 '나는 반드시 막야(鎮鄒)[2]가 될 거요!'라 한다면, 대장장이는 분명 그 쇠붙이를 불길한 것이라고 여기지 않겠나. 이제 한번 사람의 형체를 빌려 태어난 것일 뿐인데 '나는 오로지 인간으로서만 살 거요!'라 한다면, 조물자는 분명 그 사람을 불길한 것이라고 여길 것이네. 이제 한번 천지를 용광로로 삼고 자연의 조화를 대장장이로 삼으니, 어디로 간들 좋지 않겠는가. 편안히 갔다가, 문득 놀라 깨어날 것이네".(「대종사 3」)

"누가 무(無)를 머리로 하고, 삶을 척추로 하고, 죽음을 엉덩이로 삼을 수 있을까?" 무(無)가 머리이고, 생(生)이 척추이고, 죽음이

---

2) 오나라의 간장(干將)이 오왕 합려(闔閭)의 부탁으로 검 두 자루를 만들었다. 웅검(雄劍)을 일러 간장이라 했고, 자검(雌劍)을 일러 그의 아내 이름을 따 막야라 했다.

엉덩이라는 것은 무와 생과 죽음이 한 몸이라는 것, 즉 연속적이라는 것을 의미한다. "누가 사생존망(死生存亡)이 한 몸일 뿐임을 알까?" 삶 이전인 무, 삶인 생, 삶 이후인 사가 사실은 하나의 몸임을 말하고 있다. 그러므로 사생존망은 연속적이다.

"자여의 등이 크게 굽어 있어, 오장은 위에 가서 붙었고, 턱은 배꼽에 파묻히고, 어깨가 정수리보다도 높았으며, 목덜미는 하늘을 향하고 있었다. 음양의 기가 어지러워졌음에도, 그 마음은 평온해서 아무 일도 없는 듯했다." 신체적 차원에서 엄청난 혼란이 왔음에도 불구하고 정신적 차원에서는 평온함을 보여주는 이런 경지는 「덕충부 1」이하 등장하는 왕태 등에 대한 이야기를 잇고 있다. 최한기식으로 말한다면, '신기'가 신체적 기의 변화에 온전히 좌우되지 않을 수 있음을 뜻한다. 최한기는 서구적인 기계론을 많이 흡수하면서도 결국 그것을 신기로 통합한다. 신체를 근대 서구의 과학적인 방식으로 설명하지만, 결국에는 그것들을 신기가 통어한다. 마음이 몸을 통어할 수 있다고 보는 이런 생각은 마음을 몸(또는 뇌)의 부수물로 생각하는 전통과는 크게 다르다.

무릇 삶을 얻는 것은 올 때가 되어서이고 잃는 것은 돌아갈 때가 되어서일 뿐이니, 삶을 편안히 맞이하고 죽음을 순리로서 받아들인다면 어디에 기쁨과 슬픔이 끼어들겠나. 옛사람들이 이를 이르길 '거꾸로 매달렸다 풀려났다'고 했다네. 한데도 자기를 풀지 못하는 것은 물(物)이 묶고 있기 때문이지. 또 무릇 본래 물(物)이 천(天)을 이길 수는 없는 법이니, 내가 무엇에 집착하겠나?

"옛사람들이 이를 이르길 '거꾸로 매달렸다 풀려났다'고 했다네"는 「양생주 3」에 나왔던, "옛말에 이런 경지를 일러 '거꾸로 매달려 있음을 하늘이 풀어 주었다'(帝之縣解)고 했거늘"이라 했던 구절과 같은 맥락이다. "물(物)이 묶고 있기 때문이지"에서 '물'은 현세(現世)를 가리킨다. 현세에 대한 미련을 버리지 못하기 때문에, 현세가 자기를 묶고 있음을 뜻한다. 노장 사상은 늘 "내려놓아라", "비워라", "풀어라"를 강조하며, 이런 가치들은 지금 우리의 삶에도 깃들어 있다.

"쉿, 삼가시오, 자연스러운 변화를 방해하지 마시오"에서 '자연스러운 변화'란 '물화'를 가리킨다. 장자에게서 '化'는 자연스러운 화와 자연을 왜곡함으로써 왜소화시킨 것으로부터 탈주하는 화가 있다. '물화'를 말할 때의 화와 "化而爲鳥"를 말할 때의 화가 있다. 어떨 때는 자연을 따라 살라고 하고 또 어떨 때는 현실에 매몰되지 말고 붕처럼 날아오르라고 말하는 것은 모순으로 보이지만, 앞에서 논했듯이(「소요유 2」) 그렇지 않다. 자연에 따라 사는 것이 장자의 원래 생각이거니와, 자연이 이미 왜곡되어서 왜소화된 세상이기 때문에 세상에서 날아오르라고 하는 것이다.

그리고 '조화'(造化)라는 개념, "그대를 무엇으로 만들려 하며, 어디로 데려가려 하는가. 쥐의 간으로 만들려 하나, 벌레의 팔로 만들려 하나"라는 구절 역시 물화라는 생각을 밑바탕에 깔고 있다. 죽음도 자연의 무궁한 조화이니 슬퍼할 이유가 없다고 말하는 장자는 역시 인정보다는 자연 위주의 사유이다.

무릇 대자연이 내게 형체를 주었고, 삶으로써 수고롭게 하고 늙음으로써 편안케 하며 죽음으로써 쉬게 해준다네. 하니 내 삶을 좋다 하면 그것이 곧 내 죽음이 좋다 하는 것이 아니겠나. … 이제 한번 사람의 형체를 빌려 태어난 것일 뿐인데 '나는 오로지 인간으로서만 살 거요!'라 한다면, 조물자는 분명 그 사람을 불길한 것이라고 여길 것이네.

이 구절 역시 만물제동과 물화의 사상을 깔고 있다. 유교적인 입장에서 본다면, 다른 사물과 인간은 명백히 다르다. 인간은 언어를 사용하는 존재이기에 역사와 문화를 창조했다. 역사와 문화는 자연과 불연속적이다. 유교가 볼 때 역사와 문화는 인간이 만든 세계이고 인간의 고유한 가능성이다. 그리고 인간은 그 세계에서 의미와 행복을 찾는 존재이다. 반면 장자는 인간적 삶은 자연의 장대한 물화의 한 결일 뿐이다. 때문에 그것에 과도한 가치를 부여해 집착하는 것을 극복하고자 한다.

인간과 자연은 모두 소중하다. 달걀에서 약간 튀어나온 부분인 인간을 부정할 필요는 없다. 불가나 도가는 튀어나온 부분을 원에 흡수시키고자 하고 유가는 튀어나온 부분에 의미를 둔다. 튀어나온 부분을 두들겨서 원에 흡수시킬 필요는 없다. 그것이 인간의 가능성이고, 그 가능성 역시 자연이 준 것이다. 그렇다고 해서 그 튀어나온 부분에 집착할 필요도 없다. 존재론적 달걀을 다시 한번 음미해 보자. 다만 여기에서는 죽음을 통해 자연으로 돌아가는 상황을 이야기하고 있기 때문에, 자연이 보다 강조되고 있다고 할 수 있다.

"이제 한번 천지를 용광로로 삼고 자연의 조화를 대장장이로 삼으니, 어디로 간들 좋지 않겠는가. 편안히 갔다가, 문득 놀라 깨어날 것이네"에서 "어디로 간들 좋지 않겠는가"란 무엇이 된들 좋지 않겠는가의 뜻이다. 장자의 물화와 인도 철학의 윤회는 비교해 볼 만한 주제이거니와, 이 대목은 일단 윤회적인 분위기를 풍기는 대목이다.

그저 운명일 뿐

이 대목은 「대종사」의 마지막을 장식하고 있지만, 여기에 배치하는 것이 더 적절하지 않을까 싶다. 역시 죽음을 달관하는 이야기인데, 이 대목은 달관의 분위기보다는 체념의 분위기에 더 가깝다. 더욱 비장한 느낌이다.

> 子輿與子桑友. 而霖雨十日. 子輿曰, "子桑殆病矣, 裹飯而往食之". 至子桑之門, 則若歌若哭. <子輿>鼓琴曰, "父邪 母邪, 天乎人乎". 有不任其聲 而趨擧其詩焉.
> 子輿入曰, "子之歌詩 何故若是".
> <子桑>曰 "吾思夫使我至此極者 而不得也. 父母豈欲吾貧哉. 天無私覆 地無私載. 天地豈私貧我哉. 求其爲之者 而不得也. 然而至此極者 命也夫". (「大宗師八」)

자여(子輿)와 자상(子桑)은 벗으로 사귀었다. 어느 때인가 열흘이나 장맛비가 쏟아졌다. 자여 생각하기를, "자상이 아마도 병이 났을 터이니, 밥을 싸 가지고 가서 먹여 줘야겠다". 자여가 자상의 집 앞에 다다랐을 때, 노래 같기도 하고 곡(哭) 같기도 한 소리가 들렸다. 자여가 거문고를 타면서 부르기를, "아버지일까 어머니일까, 하늘일까 사람일까". 목소리가 잘 나오지 않아, 그저 그 가사만 주워섬기고 있었다.

자여가 들어가 말하길, "자네 노래가 어찌 그런가?"

자상 답하여 가로되, "내 누가 날 이 지경으로 몰았나 하고 생각해 봤지만, 도무지 알 수가 없구먼. 부모님께서 어찌 내가 가난하기를 바랐을 것인가. 하늘은 사사로이 덮지 않고 땅은 사사로이 싣지 않거늘, 어찌 천지가 나를 가난하게 했겠는가? 해서 아무리 생각해도 알 수가 없는 거지. 이 지경에 몰린 것은 결국 내 운명인 게지".(「대종사 8」)

"魚相忘乎江湖 人相忘乎道術"

이 대목에서는 전반부에 위의 대목과 유사한 상황을 이야기한 후, 후반부에는 도가적인 사유와 유가적인 사유를 대비시키고 있다. 그러나 자공과 공자 사이의 격(格)을 뚜렷이 드러내면서 공자에 대한 장자의 존숭을 드러내고 있기도 하다.

> 子桑戶孟子反子琴張三人相與友曰, "孰能相與於無相與 相爲於無相爲. 孰能登天遊霧 撓挑無極, 相忘以生 無所終窮". 三人相視而笑 莫逆於心. 遂相與爲友.

莫然有閒 而子桑戶死. 未葬 孔子聞之 使子貢往侍事焉. 或編曲
[蠶薄] 或鼓琴. 相和而歌曰, "嗟來 [乎] 桑戶乎, 嗟來 桑戶乎, 而
[汝]已反其眞 而我猶爲人猗[兮也]". 子貢趨而進曰, "敢問, 臨尸
而歌 禮乎". 二人相視而笑曰, "是惡知禮意".

子貢反以告孔子曰, "彼何人者邪. 修行無有 而外其形骸, 臨尸而
歌 顏色不變. 無以命<名>之. 彼何人者邪".

孔子曰, "彼遊方之外者也, 而丘遊方之內者也. 外內不相及 而丘
使汝往弔之 丘則陋矣. 彼方且與造物者爲人[偶] 而遊乎天地之
一氣. 彼以生爲附贅縣疣 以死爲決疣潰癰. 夫若然者 又惡知死生
先後之所在. 假於異物 托於同體 忘其肝膽 遺其耳目 反覆終始
不知端倪. 芒然彷徨乎塵垢之外 逍遙乎無爲之業. 彼又惡能憒憒
然爲世俗之禮, 以觀[示]衆人之耳目哉".

子貢曰, "然則夫子何方之依".

孔子曰, "丘天之戮民也. 雖然 吾與汝共之".

子貢曰, "敢問其方".

孔子曰, "魚相造乎水 人相造乎道. 相造乎水者 穿池而養給[足],
相造乎道者 無事而生定. 故曰, '魚相忘乎江湖 人相忘乎道術'".

子貢曰, "敢問畸人".

[孔子]曰, "畸人者 畸於人而侔[等]於天. 故曰, '天之小人 人之君
子, 天之君子 人之小人也'". (『大宗師四』)

자상호(子桑戶), 맹자반(孟子反), 자금장(子琴張) 세 사람이 서로 어
울리면서 말하길, "누가 사귀지 않음으로써 사귈 수 있고, 도와주지

않음으로써 도와줄 수 있을까? 누가 하늘에 올라 안개와 함께 노닐면서 가없는 곳에서 방황하며, 사는 바도 서로 잊은 채 다함이 없을 수 있을까?" 세 사람은 서로 바라보면서 웃었고, 마음에 거슬리는 것이 없자 마침내 서로 벗이 되었다.

그 후 얼마 지나지 않아 자상호가 세상을 떴다. 소식을 접한 공자는 장례식이 다가오자 자공을 보내 일을 돕게 했다. 그런데 한 친구는 채반(彩盤)을 엮고 또 한 친구는 거문고를 뜯으면서, 서로 음률을 맞추어 노래를 부르고 있지 않은가. "아, 상호여! 아, 상호여! 자네는 참된 곳으로 떠나고 이제 우리만 이곳에 남았네그려." 자공이 빠른 걸음으로 그들에게 가 말하길, "실례합니다만, 친구의 주검을 앞에 놓고서 이렇게 노래 부르는 것이 예입니까?" 두 사람이 서로 바라보고 웃으며 말하길, "이 사람이 어찌 예의 본뜻을 알겠는가?"

자공이 돌아와 이 일을 고하면서 여쭙기를, "저 사람들은 도대체 어떤 사람들일까요? 예절이라곤 전무하고 생사를 도외시한 채, 주검을 앞에 놓고 노래 부르면서 얼굴색 하나 변하지 않으니 말입니다. 그들을 뭐라고 불러야 할지도 모르겠습니다. 저들은 도대체 어떤 사람들일까요?"

공자 답하여 가로되, "그들은 방외(方外)에서 노니는 사람들이고, 나는 방내(方內)에서 노니는 사람이다. 원래 방외와 방내는 서로 상관하지 않는 법인데, 너를 보내다니 내가 생각이 짧았구나. 저 사람들은 조물자[道]와 벗하면서 천지의 일기(一氣)에서 노니는 이들이니, 삶을 혹이 달린 것으로 여길 뿐이고 죽음을 종기가 터지는 것으로 여길 뿐이다. 이런 이들이 어찌 사생(死生), 선후(先後)에 대해 알고자 하겠는가. [그와 같은 이들은] 이런저런 물(物)들을 빌려와 잠시 한 몸이 되었을 뿐으로, 간, 쓸개도 잊어버리고 귀, 눈도 내버리니, 삶과 죽음을 되풀이하면서 그 끝을 모른다. 그 무엇에도 얽매이지 않은 채, 더러운 세속의 바깥에서 방황하며, 무위의 경지에서 소요할 뿐. 하니 그들이 어찌 세속의 예에 구차하게 따를 것이며, 중인의 눈에 뜨이려 하겠는가".

자공 여쭙기를, "하면 선생님은 어느 쪽에 서렵니까?"

공자 답하여 가로되, "나는 하늘의 형륙(刑戮)을 받아 세상에 떨어진 존재이다. 하나 내 그대들과 이 세상을 함께할 것이다".

자공 여쭙기를, "어찌하면 이 세상을 함께할 수 있겠습니까?"

공자 답하여 가로되, "물고기들은 물에서 더불어 살아가며, 사람들은 道에서 더불어 살아간다. 물속에서 살아갈 경우 연못을 파 주면 넉넉히 지낼 수 있고, 道에서 살아갈 경우 서로 간섭하지 않으면 삶이 안정된다. 그래서 '물고기는 강과 호수에서 서로를 잊고, 사람은 도술에서 서로를 잊는다'(魚相忘乎江湖 人相忘乎道術)고 한 것이다".

자공 여쭙기를, "그렇다면 [제가 만났던] '기인'(畸人)들은 어떤 사람들입니까?"

공자 답하여 가로되, "기인들이란 세상 사람들과는 다르지만 하늘과는 같은 사람들이다. 하늘에서의 소인이 세상에서의 군자이고, 세상에서의 군자가 하늘에서는 소인인 법".(「대종사 4」)

"누가 사귀지 않음으로써 사귈 수 있고, 도와주지 않음으로써 도와줄 수 있을까?" 우리가 줄곧 노자와 장자를 해석할 때 일관되게 파라-독사의 사유로 읽어 왔거니와, 이 구절 역시 이 점을 잘 보여준다. 그리고 이 구절은 앞에서 나왔던 '강호상망'의 이야기와도 통한다.

"누가 하늘에 올라 안개와 함께 노닐면서 가없는 곳에서 방황하며, 사는 바도 서로 잊은 채 다함이 없을 수 있을까?" 안개나 가없는 곳은 모든 분별상(分別相)이 사라진 도의 세계를 은유한다. 뉘앙스는 서로 반대되지만, 서양 철학으로 말하면 아페이론과 통한다. 신선이 사는 높은 곳에서 볼 때 구름이 산에 걸쳐 있는 모습을 연상시키기도 한다. 그리고 「소요유 6」에 나왔던 '무하유지향', '광막지야'와도 통한다.

"그 후 얼마 지나지 않아 자상호가 세상을 떴다. 소식을 접한 공자는 장례식이 다가오자 자공을 보내 일을 돕게 했다." 장자가 '좌망'에서는 안회를 등장시키고 여기서는 자공을 등장시키는 데에는 암암리에 두 사람에 대한 평가가 들어 있다고 볼 수 있다. 자공이 현실적 일에 밝기 때문에 도가적인 사람들과 충돌하는 장면을 연출한다.

"한 친구는 채반(彩盤)을 엮고 또 한 친구는 거문고를 뜯으면서, 서로 음률을 맞추어 노래를 부르고 있지 않은가." 「지락 2」(至樂二)에서 비슷한 장면을 발견할 수 있다. 장자의 아내가 세상을 떠나 혜시가 문상 갔을 때, 장자가 동이[盆]를 두드리며 노래를 부르고 있었다. 그 장면을 본 혜시가 그를 힐난한다.

莊子妻死, 惠子弔之. 莊子則方箕踞 鼓[叩]盆而歌.

惠子曰, "與人居 長子老身. 死不哭 亦足矣. 又鼓盆而歌 不亦甚乎".

장자의 아내가 세상을 떠, 혜시가 문상을 갔다. 그런데 장자는 퍼질러 앉아서 동이를 두드리며 노래를 부르고 있었다.

혜자 이르길, "자네는 저 사람과 함께 자식을 키우면서 늙어 오지 않았나. 한데 곡을 안 하는 건 그렇다 치고, 동이를 두들기면서 노래나 하고 있다니. 정말 너무하는군, 너무해".

이들은 왜 악기를 두드리고 노래를 부르는 것일까? 악기와 노래는 사람퉁소이다. 사람퉁소는 사람들 사이에서 울려 퍼지는 법, 고인은 그 소리를 듣지 못한다. 죽은 사람은 땅으로 돌아간다. 하나 상여꾼들의 노래나 장송곡 같은 사람퉁소는 땅으로 전달되어 땅퉁소와 함께 울린다. 사람퉁소와 땅퉁소가 함께 울리면서 이 세상에 남은 사람들과 저세상으로 간 이가 하나가 된다. 그리고 이 모두는 하늘퉁소의 소리 없는 소리이기도 하다. 죽음에는 사람퉁소의 울림, 땅퉁소의 울림, 하늘퉁소의 울림이 겹치면서 커다란 울림을 만들어낸다. 죽음에는 사람퉁소, 땅퉁소, 하늘퉁소의 합주(合奏)가 있다.

자공에게 이 장면은 낯설어 보인다. 자공에게 중요한 것은 어디까지나 이 세상이며, 죽음 역시 이 세상의 일이다. 이 일은 곧 상례(喪禮)이다. 그는 스승에게서 성(性)이나 천도, 귀신 등에 대해서는 들어본 바가 없다. 그래서 그는 "친구의 주검을 앞에 놓고서 이렇게 노래 부르는 것이 예입니까?"라고 힐난한다. 혜시가 장자를 힐난했듯이.

"두 사람이 서로 바라보고 웃으며 말하길, '이 사람이 어찌 예의 본뜻을 알겠는가?'" 공자 자신이 인이 없는 상태에서 예악을 형식적으로 행하는 것에 대해서 비판적이었다. 장자도 그것을 염두에 두고서 자공에게 핀잔을 주고 있다. 여기에서는 공자의 예악 비판을 넘어서 도가적 경지에서 이야기하고 있다고 볼 수 있다. 자공은 도가적인 그들과 각을 세우지만, 공자는 오히려 그들을 이해하면서 자공에게 설명해 주는 식으로 이야기한다. 장자가 자공과 공자의 격을 다르게 보고 있는 것이다.

"공자 답하여 가로되, '그들은 방외(方外)에서 노니는 사람들이고, 나는 방내(方內)에서 노니는 사람이다. 원래 방외와 방내는 서로 상관하지 않는 법인데, 너를 보내다니 내가 생각이 짧았구나'." 방외는 강호를 말하고, 방내는 천하를 말한다. '천하'는 이름-자리의 체계이다. 이름은 라캉적 뉘앙스에서의 기표이고, 자리는 그 기표와 연계되는 물리적 장소이다. '천하'는 이름-자리의 시스템이고 '강호'는 그것의 바깥이다. 물론 이름-자리의 바깥이 실제 존재하는 것은 아니다. 하지만 안의 바깥은 존재한다. 사막에 오아시스가 있듯이. 하지만 중요한 것은 안의 바깥은 어딘가에 있는 게 아니라 천하에 완전히 복속되지 않으려고 노력하면서 탈주하는 삶을 만들어 가는 과정 자체에, '되기'에 있다는 것이다. 지금의 맥락에서는, 공자는 방외와 방내가 서로 상관하지 않는다는 점을 강조하고 있다.

저 사람들은 조물자[道]와 벗하면서 천지의 일기(一氣)에서 노니는 이들이니, 삶을 혹이 달린 것으로 여길 뿐이고 죽음을 종기가 터지는 것으로 여길 뿐이다. 이런 이들이 어찌 사생(死生), 선후(先後)[3]에 대해 알고자 하겠는가. [그와 같은 이들은] 이런저런 물(物)들을 빌려와 잠시 한 몸이 되었을 뿐으로,[4] 간, 쓸개도 잊어버리고 귀, 눈도 내버리니, 삶과 죽음을 되풀이하면서 그 끝을 모른다. 그 무엇에도 얽매이지 않은 채, 더러운 세속의 바깥에서 방황하며, 무위의 경지에서 소요할 뿐. 하니 그들이 어찌 세속의 예에 구차하게 따를 것이며, 중인의 눈에 뜨이려 하겠는가.

일기(一氣)는 만물이 분화되어 다자(多者)가 되기 이전의 기, 반대로 말해 다자들이 그리로 돌아갈 하나의 기를 말한다. 궁극의 잠재성이라 할 수 있다. 한대(漢代)에 이르러 형이상학적 우주론이 형성되거니와, 이때 이 개념은 중요한 역할을 하게 된다.

죽음이라는 것은 결국 다자들 중 하나로 분화된 물(物)로서의 내가 '일기'로 돌아가는 것이다. 앞에 언급했던 혜시의 힐난에 대해 장자는 다음과 같이 답한다.

不然. 是其始死也 我獨何能無槪[慨]然. 察其始 而本無生. 非徒無生也, 而本無形. 非徒無形也 而本無氣. 雜乎芒芴之閒[間] 變而有氣. 氣變而有形 形變而有生, 今又變而之死. 是相與爲 春秋冬夏四時行也. 人且偃[安]然寢於巨室 而我噭噭然隨而哭之 自

---

3) 선후는 생전과 사후를 뜻한다.
4) 물화(物化)의 사유를 보다 미시적으로 논하고 있다.

以爲不通乎命. 故止也.(「至樂二」)

그렇지가 않네. 아내가 막 숨을 거두었을 때, 나라고 어찌 슬퍼하지 않을 수가 있었겠나. 하나 애초에 잘 생각해 보면, 원래 삶이란 없었던 거지. 단지 삶이 없었을 뿐만 아니라 형체도 없었던 거고, 형체가 없었다기보다 아예 기(氣)조차 없었던 거야. 그저 혼돈[雜]만이 있어 적료(寂寥)하다가, 변화가 일어나 기가 생겨났고, 기가 변하여 형태들이 생겨났고, 형태들이 변하여 생명체들/삶들이 생겨났고, 이제 다시 변화가 일어나 처가 죽은 것이라네. 이는 춘하추동이 서로 번갈아 가면서 운행하는 이치와 같은 것이 아니겠나. 저 사람이 이제 큰 방[천지/자연]에 편안히 누워 있는데, 나까지 꺼이꺼이 울면서 곡을 한다면 하늘의 뜻을 깨닫지 못하는 것이 되지 않겠나. 그래서 그친 것이라네.(「지락2」)

여기에는 역시 '물화'의 사상이 깔려 있다. 모든 '物'은 기가 분화되고 표현된 것들이므로 만물 사이의 차이는 본질적이지 않다는 것이다. 만물이 하나라는 표현은 이런 맥락에서 이해할 수 있다. 장자는, 이런 생각에 입각할 때, 만물제동의 경지, '一氣'의 경지에서 분별화된 개별성에 집착할 이유가 없다는 것을 말하고 있다.

이제 자공이 "하면 선생님은 어느 쪽에 서렵니까?" 하고 묻자, 공자는, "나는 하늘의 형륙(刑戮)을 받아 세상에 떨어진 존재이다. 하나 내 그대들과 이 세상을 함께할 것이다"라고 답한다. 장자가 볼 때 공자는 하늘에서 형륙을 받아 내려온 사람이다. 보살이 중생을 구제하기 위해서 깨달음을 포기하는 것을 연상시킨다.

자공 여쭙기를, "어찌하면 이 세상을 함께할 수 있겠습니까?"라 하자 공자는 답한다.

> 물고기들은 물에서 더불어 살아가며, 사람들은 道에서 더불어 살 아간다. 물속에서 살아갈 경우 연못을 파 주면 넉넉히 지낼 수 있고, 道에서 살아갈 경우 서로 간섭하지 않으면 삶이 안정된다. 그래서 '물고기는 강과 호수에서 서로를 잊고, 사람은 도술에서 서로를 잊 는다'(魚相忘乎江湖 人相忘乎道術)고 한 것이다.

도를 초월자, 절대자로 이야기하면 곤란하다. 도는 삶 속에 퍼져 있는 것이다. 마치 물고기가 물속에서 살듯이 우리는 도 안에서 진정 으로 살 수 있다. '강호상망'의 사상이다.

예 (禮)를 넘어서

여기에서도 앞의 대목과 같이, 공자의 입을 빌려 안회에게 도를 가르 치는 구도로 논의가 전개된다.

> 顏回問仲尼曰, "孟孫才 其母死, 哭泣無涕, 中心不戚[慼], 居喪不 哀. 無是三者 以善處喪蓋魯國. 固有無其實而得其名者乎, 回壹 怪之".
> 仲尼曰, "夫孟孫氏盡之矣, 進於知矣. 唯[雖]簡之而不得 夫己有

所簡矣. 孟孫氏不知所以生, 不知所以死, 不知就先, 不知就後. 若[順]化爲物, 以待其所不知之化已乎. 且方將化 惡知不化哉, 方將不化 惡知已化哉. 吾特與汝 其夢未始覺者邪.——且彼有 駭形而無損心 有旦[怛]宅而無情[精]死, 孟孫氏特覺 人哭亦哭 是自其所以乃.——且也相與吾之耳矣, 庸詎知吾所謂之非吾 乎.——且汝夢爲鳥而厲[戾]乎天, 夢爲魚而沒於淵, 不識. 今之言 者 其覺者乎 其夢者乎. 造適不及笑 獻笑不及排, 安排而去化 乃 入於寥天一".(「大宗師五」)

안회가 공자에게 여쭙기를, "맹손재(孟孫才)[5]는 어머니가 돌아가 셨을 때, 곡읍(哭泣)을 하면서도 눈물을 흘리지 않았고,[6] 마음에서 서러움이 우러나지도 않았으며, 상을 치르는 내내 슬퍼하지도 않았 습니다. 눈물도 서러움도 슬픔도 보이지 않았는데, 상례를 잘 치렀 다는 상찬이 노나라를 덮고 있습니다. 참으로 실(實)을 행하지 않았 는데도 명(名)을 얻었다고 할 만하니, 저는 정말이지 괴이하다는 느 낌입니다".

공자 답하여 가로되, "맹손재는 실(實)을 다한 것이고, 상례의 참뜻 을 실현한 것이다. 원했던 만큼은 아니었지만, 상례를 최대한 간소

---

5) 실존 인물인지는 불명. 『논어』「위정」에서 맹의자(孟懿子), 맹무백(孟武伯) 부자가 공자에게 효에 대해 물었다 하고, 「자장」에서는 공자가 맹장자(孟莊子)의 효를 칭찬했다고 한다. 이 일을 참조해 만든 이야기일 수 있다.
6) 문장만 놓고 볼 때는 모순이지만, 여기에서 '곡읍'을 의례의 한 절차의 의미로 썼다고 보면 될 것이다.

화했던 것이지. 그는 사는 이유도 몰랐고[잊었고], 죽는 이유도 몰랐고, 태어나기 이전을 알려고도 죽은 이후를 알려고도 하지 않았다. 그저 자연의 변화에 따라 물(物)이 된 것이고, 또 알기 어려운 앞으로의 변화를 기다릴 뿐. 이미 화(化)했거늘 화하기 이전을 어찌 알 것이며, 아직 화하지 않았거늘 화한 이후를 어찌 알 것인가. 유독 너와 나만이 꿈에서 깨어날 생각이 없는 듯하구나.──맹손재의 어머니는 몸이 변했을 뿐 마음이 스러진 것은 아니며 거처를 옮겼을 뿐 그 정기(精氣)가 죽은 것은 아니니, 맹손재만이 홀로 이를 깨달아 사람들과 더불어 곡을 하되 스스로 한결같은 모습을 보인 것이다.──또 내가 아는 지금의 내가 나라고 하나, 그 내가 사실은 내가 아닐지 어찌 알겠느냐.──또 네가 새가 되어 하늘에 닿고, 물고기가 되어 연못으로 들어갈지, 어찌 알겠느냐.[7] 이렇게 말하고 있는 나는 깨어 있는 것일까, 꿈속에 있는 것일까?[8] 잠시의 즐거움은 웃음에 미치지 못하고 겉으로 드러나는 웃음은 자연의 잔잔한 변화만 못하니, 자연에 따르면서 그 변화조차도 잊어버린다면 고요한 하늘[寥天]과 하나가 될지니".(「대종사 5」)

맹손재는 상례를 긍정적으로 여기지는 않았지만, 인간 세상에서 살기 때문에 자신으로서는 최소한의 상례를 치른 것이다. 도를 깨

---

7) 안회가 지금 꿈속에서 인간이지만, 사실은 새나 물고기여서 하늘, 연못으로 돌아갈 수도 있다는 뜻.
8) 공자 자신 또한 마찬가지라는 뜻.

달았다고 해서 인간세에 살지 않는 것은 아니므로, 인간세의 일들을 전혀 따르지 않을 수는 없다. 인간세를 넘어서는 세계에 들어가면 세상이라는 것과 어긋나고 충돌하게 된다. 깨달음의 차원과 일상의 차원이 알력을 벌이는 경우가 많다. 하지만 그럴 필요가 없다. 맹손재는 도를 깨달은 사람이지만 최소한의 할 바를 한 것이다.

> 그는 사는 이유도 몰랐고[잊었고], 죽는 이유도 몰랐고, 태어나기 이전을 알려고도 죽은 이후를 알려고도 하지 않았다. 그저 자연의 변화에 따라 물(物)이 된 것이고, 또 알기 어려운 앞으로의 변화를 기다릴 뿐. 이미 화(化)했거늘 화하기 이전을 어찌 알 것이며, 아직 화하지 않았거늘 화한 이후를 어찌 알 것인가.

에피쿠로스와 비교된다. 자연이나 어떤 이치를 지식으로 완벽하게 알아내서 표상으로 정복하고 인간적 주체성을 강화하려는 것이 근대 문명의 중요한 추동력이다. 푸코식으로 표현하면 지식에의 의지(volonté du savoir)이다. 장자의 관점은 이런 관점과 대비된다.

공자가 "유독 너와 나만이 꿈에서 깨어날 생각이 없는 듯하구나"라 한 것은 그가 자신과 안회의 삶을 부정적으로 묘사하고 있는 것처럼 들리기도 하지만, 앞에서 공자가 "나는 하늘의 형륙을 받아 세상에 떨어진 존재이다. 하나 내 그대들과 이 세상을 함께할 것이다"라고 했던 말과 통한다. 단순히 부정적인 표현이라기보다는 너와 나는 도의 경지로 들어가기를 포기했기 때문에 이 세상에서 헤매고 있구나라는, 슬프기도 하고 숭고하기도 한 이중적 뉘앙스를 띤 말이다. 나아가 공자는 「제물론」의 마지막을 장식한 물화의 사상을 피력한다.

도의 세계에 노닐기

이 대목에서는 허유를 주인공으로 하여 도의 한량없는 위대함을 설파하고 있다.

意而子見許由, 許由曰, "堯何以資[給]汝".

意而子曰, "堯謂我 汝必躬服仁義 而明言是非".

許由曰, "而[汝]奚來爲軹. 夫堯旣已黥汝以仁義 而劓汝以是非矣. 汝將何以遊夫遙蕩恣睢轉徙之塗[道]乎".

意而子曰, "雖然, 吾願遊於其藩".

許由曰, "不然. 夫盲者無以與乎眉目顔色之好, 瞽者無以與乎靑黃黼黻之觀".

意而者曰, "夫無莊之失其美 據梁之失其力 黃帝之亡其知, 皆在鑪捶之間耳. 庸詎知夫造物者之不息我黥 而補我劓, 使我乘成以隨先生邪".

許由曰, "噫, 未可知也. 我爲汝言其大略. 吾師乎 吾師乎. 齏[碎]萬物而不爲義, 澤及萬世而不爲仁, 長於上古而不爲老, 覆載天地刻雕衆形而不爲巧, 此所遊已". (「大宗師六」)

의이자(意而子)[9]가 허유를 만났을 때 허유 묻기를, "요 임금에게서 무엇을 배웠소?"

의이자가 답하여 가로되, "요 임금에게서 '인의에 따르고 시비를 밝히라'라고 배웠습니다".

허유 듣고서 이르길, "그대는 어째서 내게로 온 거요. 요 임금이 이미 인의로써 그대 이마에 경(黥)을 치고, 시비로써 코를 베어버렸으니 말이오. 그래서야 어찌 자유자재로 천변만화하는 道[10]를 따를 수 있겠소".

의이자 답하여 가로되, "하오만 나는 그 도의 언저리에서라도 노닐고 싶군요".

허유 다시 가로되, "그렇지가 않소. 자고로 눈이 어두운 사람은 아름다운 얼굴[11]을 누릴 수가 없고, 눈이 먼 사람은 아름다운 옷[12]을 감상할 수가 없다 하지 않더이까".

의이자 답하여 가로되, "하나 무릇 무장(無莊)[13]이 미모를 잃은 것, 거량(據梁)[14]이 용력을 잃어버린 것, 황제(黃帝)가 지식을 잃어버린

---

9) 가공의 인물.

10) 원어는 "遙蕩恣睢轉徙之塗[道]"이다. 요탕, 자휴, 전도를 하나로 묶어서 "자유자재로 천변만화하는"이라 번역했다.

11) "눈과 눈썹, 그리고 안색"을 간단히 번역함.

12) 원어는 "靑黃黼黻"로서, 푸른색, 누른색 등으로 수놓은 옷을 뜻한다. 원래는 흰색과 검은색으로 수놓은 것이 보(黼)이고, 검은색과 푸른색으로 수놓은 것이 불(黻)이다.(『주례』, 『논어』 「위정」)

13) 미인의 이름. 「제물론」에 나왔던 모장과 동일 인물일 수도 있다.

14) 장사의 이름. 춘추 시대 제나라의 용사라는 설이 있다.

것, 이 모두가 조물자가 빚어낸 결과 아니겠습니까.[15] 하니 조물자가 제 얼굴에서 먹물을 빼내고 코를 다시 붙여 주어, 온전한 몸으로 선생을 따르지 않을지 어찌 알겠습니까?"

허유 답하여 가로되, "허, 글쎄요. 하면 내 그 대략을 말해 드리리다. 나의 스승이여, 나의 스승이여! 만물을 펼쳐 놓고도 의(義)라 아니하고, 만물에 혜택을 주고도 인(仁)이라 아니하며, 상고(上古)보다도 오래 살고도 늙었다 아니하고, 천지를 감싸고 만물을 조형[刻彫]하고도 빼어난 솜씨라 아니하니, 바로 이것이 [道의] 노닒이로세".(「대종사 6」)

경(黥)을 치는 것은 얼굴에 묵을 뜨는 것을 말한다. 코를 베는 것도 마찬가지이다. 경을 치고 코를 베어버렸다는 것은 마음에 유가적이고 법가적인 틀을 심어 놓아 거기에 사로잡히게 했다는 것을 뜻한다. 이렇게 되면, 일정한 틀에 얽매이기 때문에 "자유자재로 천변만화하는 道를 따를 수" 없게 된다는 것이다.

의이자는 무장, 거량, 황제의 예를 들면서, "조물자가 제 얼굴에서 먹물을 빼내고 코를 다시 붙여 주어, 온전한 몸으로 선생을 따르지 않을지 어찌 알겠습니까?"라고 말한다. 도를 찾기 위해 무장은 자신의 미모를 잃어버렸고, 엄청난 장사인 거량은 용력을 잃어버렸고, 지식이 빼어난 황제는 지식을 잃어버렸다. 무장의 미모, 거량의 용

---

15) 직역하면 "풀무와 망치 사이". 조물자를 대장장이에 비유하고 있다.

력, 황제의 지식이 모두 버려야 할 것이듯이, 의이자에게서 버려야
할 것은 먹물 새겨진 얼굴과 베어진 코처럼 불필요한 부가물이다. 의
이자의 마음속에 새겨진 인의와 시비가 빼어난 것 같지만 사실은 그
것이 바로 버려야 할 것이다. 그런데 무장, 거량, 황제에게서 미모, 용
력, 지식을 떼어내 준 것은 조물자가 한 일이다. 그러니 마찬가지로
조물자가 의이자 자신의 얼굴과 코도 원래대로 만들어 줄 것이고, 그
렇게 하여 온전한 몸으로 선생을 따를 수 있을 것이다. 인의와 시비
가 대단한 줄 알았지만 이제 나도 그것을 버리고 도를 깨달을 수 있
지 않겠는가 하고 의이자가 묻고 있다는 것이다. 이런 간청에 허유는
도의 위대함을 설파한다.

> 나의 스승이여, 나의 스승이여! 만물을 펼쳐 놓고도 의(義)라 아니
> 하고, 만물에 혜택을 주고도 인(仁)이라 아니하며, 상고(上古)보다
> 도 오래 살고도 늙었다 아니하고, 천지를 감싸고 만물을 조형[刻彫]
> 하고도 빼어난 솜씨라 아니하니, 바로 이것이 [道의] 노닒이로세.

"만물에 혜택을 주고도 仁이라 아니하며"라는 구절은 앞의 요
임금의 가르침과 대비적이다. "天地不仁 以萬物為芻狗, 聖人不仁
以百姓為芻狗"(하늘은 어질지 않으니 만물을 지푸라기 개처럼 대하며,
성인은 어질지 않으니 백성을 지푸라기 개처럼 대한다, 5장)와 통한다.

좌망(坐忘)

顔回曰, "回益矣".

仲尼曰, "何謂也".

<顔回>曰, "回忘禮樂矣".

<仲尼>曰, "可矣. 猶未也".

它[他]日 復見, <顔回>曰, "回益矣".

<仲尼>曰, "何謂也".

<顔回>曰, "回忘禮樂矣".

<仲尼>曰, "可矣. 猶未也".

它日 復見, <顔回>曰, "回益矣".

<仲尼>曰, "何謂也".

<顔回>曰, "回坐忘矣".

仲尼蹴然曰, "何謂坐忘".

顔回曰, "墮枝[肢]體 黜聰明, 離形去知, 同於大通 此謂坐忘".

仲尼曰, "同則無好也, 化則無常也. 而[汝]果其賢乎. 丘也請從而

[汝]後也".(「大宗師七」)

안회가 [공자에게] 말씀드리길, "제게 진전이 있었습니다".

공자 묻기를, "어떤 진전이 있었느냐?"

안회 답하여 가로되, "예악을 잊었습니다".

공자 가로되, "좋구나. 하나 아직 충분치는 않구나".

얼마 후 안회는 공자를 다시 뵈옵고 말씀드리길, "제게 진전이 있었습니다".

공자 묻기를, "어떤 진전이 있었느냐?"

안회 답하여 가로되, "인의까지도 잊었습니다".

공자 가로되, "좋구나. 하나 아직 충분치는 않구나".

얼마 후 안회는 공자를 다시 뵈옵고 말씀드리길, "제게 진전이 있었습니다".

공자 묻기를, "어떤 진전이 있었느냐?"

안회 답하여 가로되, "저는 좌망(坐忘)에 도달했습니다".

공자가 얼굴색이 바뀌어 물었다. "좌망이란 무엇이더냐?"

안회 답하여 가로되, "지체(肢體)를 떠나고 이목(耳目)을 버림으로써 형체를 떠나고 지식을 버리는 것, 그로써 모든 것이 통(通)하는 경지와 같아지는 것, 이것을 일러 좌망이라 합니다".

공자 가로되, "같아지면 호오(好惡)가 없어지고, 화(化)하면 집착이 없어지니, 과연 너는 현명하구나. 청컨대 네 너를 따르련다".(「대종사 7」)

'좌망'(坐忘)은 이후 불교에서의 좌선(坐禪)으로 이어진다. 좌망은 지금까지도 동북아 문명의 독특한 요소 중 하나로 남아 있는, 장자가 남긴 가장 중요한 유산 중 하나이다.

'좌망'은 「제물론 1」에서의 "吾喪我", 「인간세 1」에서의 '심재'와 통한다. 유가에서의 '수양'과 비교되며, 오늘날에도 사용되는 "도를 닦는다"는 표현의 유래이다.

안회가 "인의까지도 잊었습니다"라 한 구절은 의미심장한 구절이다. 공자는 예악에 집착하지 말라는 말은 했어도 인의에 집착하지 말라는 말은 한 적이 없다. 공자에게 인의는 최상의 가치이다. 인의도 잊었다고 말하는 대목은 장자의 입장이 공자의 인조차도 벗어난다는 것을 보여준다. 도와 덕을 잃으면 인의가 생겨난다고 했다.("失道而後德 失德而後仁 失仁而後義 失義而後禮." 도가 무너지자 덕이 나타났고, 덕이 무너지자 인이 나타났고, 인이 무너지자 의가 나타났고, 의가 무너지자 예가 나타났다, 38장) 도와 덕이 있으면 '강호상망'하여 인의가 필요 없다. 인의가 무너지면 예악이 생긴다. 순수한 인의가 통하지 않게 되면 객관적인 틀을 만들어서 세상을 통치해야 한다. 이것이 순자의 생각이다. 예악이 무너질 때 등장하는 것이 법이고, 법으로조차도 안 되면 폭력, 전쟁이 등장한다. 동북아에서 가치론적인 위계가 도덕, 인의, 예악, 법, 폭력, 다섯 단계가 있다. 도가는 도덕을, 유가는 인의예악을, 법가는 법을 강조한 것이다.

안회는 좌망을 "지체(肢體)를 떠나고 이목(耳目)을 버림으로써 형체를 떠나고 지식을 버리는 것, 그로써 모든 것이 통(通)하는 경지와 같아지는 것"이라 설명한다. '물화'나 '기화', '만물제동'의 경지에서 보면 내 지체도 일시적으로 붙어 있는 것이다. 그것을 깨달았기에 지체를 떠나는 것이다. 그리고 눈과 귀를 가지고 있기 때문에 분별지가 성립한다. 그래서 지체를 떠나기 때문에 형체를 떠나는 것이고 이목을 버리기 때문에 지식을 버리는 것이다. 지체를 떠나고 이목을 버리면 모든 것이 통하는 경지와 같아진다. '통'하는 것이다. 지체의 부분들에 대한 집착이나 분별지에 대한 집착을 넘어서면 모든 것이 통하는 경지에 들어선다. 그것이 바로 만물제동의 경지이다.

"공자 가로되, '같아지면 호오(好惡)가 없어지고, 화(化)하면 집착이 없어지니, 과연 너는 현명하구나. 청컨대 네 너를 따르련다'."

「대종사」의 전반부는 대종사가 다다른 도의 위대한 경지를 이야기했고, 후반부는 인생의 비참한 상황에서 어떻게 대종사처럼 죽음을 달관하고 자연에 순응하는가를 이야기했다.

이 마지막 부분 '좌망'에서는 그 둘을 엮어서, 잊어버리는 차원을 세 단계로 나아가면서 정돈하고 마지막 단계로서 좌망을 이야기한 것이다.

7부
'허'를 품고 다스리는 이

「응제왕」(應帝王)은 도에 응해서 세상을 다스리는 왕을 다룬다. 장자 시대에는 '帝王'이 하나의 개념으로 성립해 있지 않았다. '帝'는 상나라의 신이었다. 때문에 '帝'를 '道'의 또 다른 표현으로 보고, 도에 응해서 다스리는 왕이라고 볼 수 있다. 제목을 어떻게 이해하든 도가 철학의 관점에 서서 세상을 다스리는 법을 다룬 편이라고 할 수 있다. 핵심 개념은 '虛' 개념이다.

이 편은 「인간세」와 비교된다. 「인간세」가 신하, 외교관, 왕자사부에게 하는 이야기라면, 이 편은 왕에게 하는 이야기다. 또 이 편은 플라톤의 『국가』와도 비교된다. 물론 플라톤의 이상국가는 왕이 통치하는 곳이 아니며('철인-왕'이라는 표현은 오류이다. 그리스에는 왕이라는 존재 자체가 없었다), 또 플라톤이 생각한 통치계층은 엄격한 과정을 통과한 인물들의 집단이기 때문에, 직접적 비교는 어렵다. 그러나 한 철학자가 자신이 생각하는 경지(장자의 도, 플라톤의 이데아)를 구현한 인물의 정치가 어떠한 것이어야 하는가를 피력하고 있다는 점에서는 서로 통한다.

이 편은 장자의 맥락만이 아니라 노자의 맥락도 담고 있다. 그리고 이 노자는 법가의 왜곡을 거쳐 황로지학으로 이어지는 노자이다. 전체적으로 장자의 순정한 사상과는 다소 거리가 있다.

1장 명왕의 정치

이 대목은 도를 터득한 왕[明王]이 행해야 할 정치를 희구하고 있다. 장자 본인의 글과 이후 가필된 글들이 섞여 있는 듯싶다.

참된 지(知)의 경지

지금까지 줄곧 보았듯이, 장자에게서 '知'는 극복해야 할 것으로서 부정적인 뉘앙스를 띤다. 그러나 여기에서는 진정한 지, 참된 지에 대해 말하고 있다.

> 齧缺問於王倪 四問而四不知. 齧缺因躍而大喜, 行以告蒲衣子.
> 蒲衣子曰, "而[汝]乃今知之乎. 有虞氏不及泰氏. 有虞氏其猶藏
> [懷]仁以要人, 亦得人矣, 而未始出於非人. 泰氏其臥徐徐 其覺
> 于于. 一以己爲馬 一以己爲牛. 其知情信 其德甚眞, 而未始入於
> 非人".(「應帝王一」)

설결이 왕예에게 네 번 여쭈었으나, 설결은 네 번 다 모른다고 했다.[1] 이에 설결은 뛸 듯이 기뻐하면서, 포의자(蒲衣子)[2]에게 가 이를 알렸다.

포의자 가로되, "자네는 이제야 그걸 깨달았는가. [그 점에 관해서라면] 유우씨(有虞氏)도 태씨(泰氏)[3]에게 미치지 못했다. 유우씨는 인(仁)을 마음속에 품음으로써 사람들을 계도(啓導)하려 했고, 그로써 사람들을 얻을 수 있었다. 하나 그런 것은 애초에 사람-너머[하늘]에서 나온 것이 아니다. 태씨는 잠잘 때면 평온했고, 깨어 있을 때는 담담했다. 어떨 때는 말이 되기도 하고, 어떨 때는 소가 되기도 했다. 그 지(知)는 참으로 신실하고 그 덕은 참으로 진실하니, 애초에 사람-너머로 들어가는 것이 아니다".(「응제왕 1」)

설결이 기뻐한 까닭은 부지(不知)가 바로 진지(眞知)임을 깨달았기 때문이다. 이에 대해 포의자는 유우씨와 태씨를 대비시킨다. 그

---

1) 「제물론 9」에 나왔던 "설결(齧缺)이 왕예(王倪)에게 여쭈었다. "선생께서는 '사물들이 똑같이 그러한 바'에 대해 아십니까?" 왕예 답하여 가로되, '내 어찌 그걸 알겠는가?' 설결이 다시 여쭙기를, "선생께서는 선생께서 모른다는 것에 대해서는 아십니까?" 왕예 답하길, "내 어찌 그걸 알겠는가?" 설결 다시 여쭙기를, "그렇다면 만물은 지(知)라는 것을 가지고 있지 않은 것입니까?" 왕예 답하길, "내 그것을 어찌 알겠는가? 하나 시험 삼아 말해 보자…"고 했던 문단과 연결된다. 뒤에 "설결이 여쭙기를, "선생께서 이로움과 해로움을 알지 못하신다면…"이라 했으니, 네 번이 된다.

2) 가공의 인물로 다른 곳에서는 피의자(被衣子)라는 이름으로 나온다.

3) 유우씨는 순 임금으로 추정되고, 태씨는 태호(太昊) 복희씨(伏羲氏)로 추정된다. 굳이 도식적으로 대비시킨다면, 순 임금은 유가적인 이상형이고 복희씨는 도가적인 인물이라고 할 수 있다.

러면서 인(仁)이라고 하는 것은 인간 세계 자체 내의 문제이지 하늘/도에서 나온 것이 아님을 가르친다.

태씨가 "잠잘 때면 평온했고, 깨어 있을 때는 담담했다"는 것은 「대종사 1」에서 "옛 진인은 잘 때에도 꿈을 꾸지 않고, 깨어 있을 때에도 우환이 없으며…"라 했던 것과 통한다. 그리고 "어떨 때는 말이 되기도 하고, 어떨 때는 소가 되기도 했다"는 구절은 이미 여러 번 보았던 '物化'를 뜻한다.

"그 지(知)는 참으로 신실하고 그 덕은 참으로 진실하니, 애초에 사람-너머로 들어가는 것이 아니다"라 한 것은 앞에서 인이 하늘에서 나온 것이 아니라고 하면서 순 임금을 비판한 것과 상반되는 말처럼 보이지만, 사실은 공자가 자신은 하늘의 형륙을 받아 땅으로 내려온 사람이지만 하늘로 돌아가지 않고 이 땅에서 그대들과 함께하겠다고 한 것(「대종사 4」)과 통한다고 보아야 할 것이다.

자발성의 정치

위 대목이 「대종사」 전반부의 내용과 통한다면, 여기에서는 본격적으로 「응제왕」의 기본 주제를 다룬다. 즉, 유가적 통치(와 법가적 통치)를 비판하면서 도가적 통치를 설파하고 있다. 이런 내용은 앞에서도 이야기했듯이, 한초의 황로지학에 큰 영향을 끼친다.[4] 외편과 잡

---

4) 성립 연대를 한초로 잡을 경우, 황로지학의 영향을 받아 또는 황로지학의 맥락에서 쓰인 것으로 볼 수도 있다.

편에 수록된 글들은 장자 이후 천하통일 전후에 저술된 글들로서, 이 글들 중 여러 편(예컨대 「천지」, 「천도」, 「천운」)에 이런 점이 두드러지게 나타난다.

肩吾見狂接輿, 狂接輿曰, "日中始何以語汝".

肩吾曰, "告我君人者以己出經式義[儀]度, 人孰敢不聽而化諸".

狂接輿曰, "是欺德也, 其於治天下也 猶涉海鑿河 而使蚊負山也. 夫聖人之治也 治外乎. 正而後行 確乎能其事者而已矣. 且鳥高飛以避矰弋之害 鼹鼠深穴乎神丘之下以避熏鑿之患, 而[汝]曾[乃]二蟲之無如".(「應帝王二」)

견오가 광접여(狂接輿)를 만났을 때, 광접여가 묻기를, "일전에 중시(中始)를 만났다던데, 자네에게 뭘 말해 주던가?"

견오 답하여 가로되, "그분은 제게 '군주 된 사람이 스스로 예의와 법도5)를 마련하면, 어느 누가 그것을 듣고서 교화되지 않겠는가' 라 하시더군요".

광접여 이를 듣고서 가로되, "그것은 기만적인 덕일 뿐이니, 그따위로 천하를 다스리려 하는 것은 바다를 걸어서 건너려 한다거나 강바닥을 다 파내려 한다거나 모기가 산을 짊어지려는 것과도 같은 짓들이다. 성인의 다스림이 어디 그런 외면적인 것이겠느냐. 성인이 스스로를 바르게 하면 [자연스럽게] 다스려지는 법이니, 그는 이

5) "經式義[儀]度"를 예의와 법도로 해석했다.

접을 분명히 함으로써 스스로의 일을 잘할 뿐이다. 또 새는 높이 날아오름으로써 화살을 피하고, 생쥐는 사단(社壇) 아래로 깊이 파 내려감으로써 삽질과 연기를 피하는데, 자네는 그래 이 두 동물의 지혜에도 못 미치는가?"(「응제왕2」)

접여는 공자에게 노래를 불러 준 사람이다. "봉황이여, 봉황이여! 어찌 그리 도가 쇠퇴했는가! … 그만둘지어다, 그만둘지어다!" 하고 공자를 안타까워하면서도 비판한 사람이다. 광자(狂者)는 세속의 잣대를 벗어난 사람이다. 접여가 광자로 통했기 때문에 광접여라고 한 것이다.

견오가 중시에게 유가적인 통치술을 배웠다고 하자, 광접여는 그것을 비웃는다. 타인을 다스리려 하기 전에 우선 자기를 다스려야 한다는 뜻이다. 그리고 새와 생쥐의 예를 듦으로써 유가적인 통치체제에서는 제 몸 하나 건사하기 힘들 것임을 경고하고 있다.

장자가 활동하던 시기는 유가 사상과 묵가 사상이 널리 퍼졌던 시대이다. 법가 사상도 형성되어 전개되고 있었지만 아직 두드러지지는 않았다. 그래서 장자의 붓끝은 유가와 묵가를 향하고 있다. 그러나 그 시대에 법가 사상이 두드러져 있었다면, 장자의 붓끝은 이 사상을 향했을 것이다. 그리고 비판의 강도는 훨씬 더 컸을 것이다.

무위지치 (無爲之治)

이제 이 대목에서는 도가적 통치의 요체가 설파된다.

天根遊於殷陽 至蓼水之上, 適遭無名人而問焉曰, "請問爲天下".

無名人曰, "去汝鄙人也, 何問之不豫[悅]也. 予方將與造物者爲人[偶], 厭[飽]則又乘夫莽眇之鳥 以出六極之外, 而遊無何有之鄕 以處壙埌之野. 汝又何帠[何以]以治天下感予之心爲".

<天根>又復問, 無名氏曰, "汝遊心於淡, 合氣於漠, 順物自然而無容私焉. 而天下治矣".(「應帝王三」)

천근(天根)이 은양(殷陽)에서 노닐고 요수(蓼水)의 가에 이르렀다. 그때 마침 무명인(無名人)을 만나게 되어,[6] 그에게 물었다. "천하를 어떻게 다스리면 좋겠습니까?"

무명인 답하여 가로되, "가 보시오, 그대는 비루하구려. 어찌 그리 기분 나쁜 질문을 한단 말이오. 나는 이제 조물자와 벗이 되어 노닐고, 그도 물리면 까마득히 멀리 나는 새를 타고서 육극의 바깥으로 나아가 무하유지향, 광량지야(壙埌之野)에서 방황하려는데, 그대는 또 어찌 그따위 정치 이야기로 내 마음을 흔드는 것이오".

천근은 포기하지 않고 물었고, 그러자 할 수 없이 무명씨가 이르기를, "마음을 담담한 경지에서 노닐게 하고, 기를 적막한 경지에 맞추어, 물(物)의 스스로 그러함에 따르면서 사사로움을 떨쳐내시오. 하면 천하는 잘 다스려질 것이오".(「응제왕 3」)

---

6) 천근, 무명인은 가공의 인물들. 은양과 요수는 지명.

"마음을 담담한 경지에서 노닐게 하고, 기를 적막한 경지에 맞추어, 물(物)의 스스로 그러함에 따르면서 사사로움을 떨쳐내시오"라는 충고는 왕에게 하는 충고라고 할 수 있다. 처음에는 정치 자체를 거부하다가 천근이 집요하게 묻자, 무명인은 도가적인 제왕학을 제시하고 있는 것이다. 현대인에게는 무척이나 막연한 이야기로 들리겠지만, 생각해 보면 살벌한 정치판에서 마음을 담담한 경지에서 노닐게 할 수만 있다면, 기를 적막한 경지에 맞추어, 물의 스스로 그러함에 따르면서 사사로움을 떨쳐낼 수만 있다면, 할 수 없는 일이 없을 것이다. 왕의 현능(賢能)함이 국가를 좌우했던 전통 시대에 결정적으로 중요한 정치철학이었다고 해야 할 것이다.

성취는 있으되 이름은 없다

이 편은 노담/노자의 이름을 빌려 도가적 정치, 즉 '명왕'의 정치를 피력하고 있다.

陽子居見老聃曰, "有人於此, 嚮疾強梁 物徹疏[通]明 學道不倦. 如是者 可比明王乎".

老聃曰, "是於聖人也, 胥易技係 勞形[身]怵心者也. 且也虎豹之文[紋]來田[獵] 猿狙之便執狸之狗來藉[籍]. 如是者 可比明王乎".

陽子居蹴然曰, "敢問明王之治".

老聃曰, "明王之治, 功蓋天下而似不自己 化貸[施]萬物而民弗恃, 有莫擧名 使物自喜, 立乎不測, 而遊於無有者也".(「應帝王四」)

양자거(陽子居)[7]가 노담을 만났을 때 말하길, "여기 한 사람이 있는데, 그는 민첩한 데다가 강건하며, 매사를 통관하면서도 또한 세세하게 밝히고, 道 배우기를 게을리 하지 않습니다. 이런 이야말로 명왕(明王)에 비할 수 있지 않겠습니까?"

노담 답하여 가로되, "그런 사람은 성인에 비하면 그저 세속적인 일이나 잘하고, 몸을 고단케 하고 마음을 놀라게 하는 자에 불과할 뿐이라오. 게다가 호랑이와 표범의 멋진 무늬는 사냥꾼을 불러오고, 재빠른 원숭이나 삵 사냥을 잘하는 개는 밧줄에 묶이기 마련이 아니겠소. 하니 그러한 자를 어찌 명왕에 비교할 수 있겠소이까?"

양자거가 얼굴빛이 달라져 청하기를, "감히 명왕의 정치에 대해 묻습니다".

노담 답하여 가로되, "명왕의 정치는 그 공이 천하를 덮어도 자기로 인한 것으로 하지 않으며, 만물에 교화(教化)를 베풀어도 백성들은 느끼지 못하며, 하여 그 성취는 있되 그 이름은 없으니, 가없는 곳[육극(六極)의 바깥]에 살면서 무(無)의 경지를 향유하는 이라오".(「응제왕 4」)

---

7) 양주(楊朱)라고 보기도 하나 분명하지 않다.

호랑이와 표범처럼 멋진 무늬를 가지고 있으면 정치가들의 눈에 띄게 되고, 그래서 정치를 하다가 결국에는 유배를 떠나거나 죽임을 당하게 된다. 마찬가지로 사냥개는 주인을 위해 열심히 일하지만, 나중에는 결국 팽(烹)을 당한다. '공성불거'(功成不去)의 이치를 말하고 있다.

도가 철학이 생각하는 왕은 '무'로서의 왕이었다. 왕은 만인과 만물의 중심에 있는 존재이다. 그런데 그 중심은 '텅 빈 중심'이어야 한다. "서른 개의 바퀴살이 하나의 바퀴통에 모이되, 그 한가운데가 비어 있어야 수레가 제구실을 한다"고 했던 것을 상기하자. 왕이 유, 그것도 가장 거대한 유일 경우 만인과 만물이 그 그림자 안에 들어가 제약을 받게 된다. 텅 빈 중심이 만인과 만물의 가능성을 보듬어 주는 중심이 될 때에, 그 왕은 명왕이 될 수 있다. 이것이 도가 철학자들이 생각한 왕의 이미지였다.

2장 사이비 도사를 물리치다

이 대목은 『열자』「황제」(黃帝)에도 실려 있다. 장자의 순정한 사상과는 다소 결이 다른 이야기이다. 장자의 이야기가 아니라 열자의 이야기라고 해야 할 것이다.

鄭有神巫 曰季咸. 知人之死生存亡禍福壽夭, 期以歲月旬日若神. 鄭人見之 皆棄而走. 列子見之而心醉歸, 以告壺子曰, "始吾以夫子之道爲至矣, 則又有至焉者矣". 壺子曰, "吾與汝旣其文[紋] 未旣其實, 而固得道與. 衆雌而无雄 而又奚卵焉. 而以道與世亢[抗]必信夫, 故使人得而相汝. 嘗試與來 以予示之".

明日 列子與之見壺子. <季咸>出而謂列子曰, "噫! 子之先生死矣. 弗活矣, 不以旬數矣. 吾見怪焉, 見濕灰焉". 列子入, 泣涕沾襟以告壺子. 壺子曰, "鄕[嚮]吾示之以地文[紋]. 萌[芒]乎不震不正[止], 是殆見吾杜德機也. 嘗又與來".

明日 又與之見壺子, 出而謂列子曰, "幸矣. 子之先生遇我也 有瘳

矣. 全然有生矣, 吾見其杜權矣". 列子入 以告壺子, 壺子曰, "鄉
吾示之而天壤. 名實不入 而機發於踵, 是殆見吾善者機也. 嘗又
與來".

明日 又與之見壺子, 出而謂列子曰, "子之先生不齊, 吾無得而相
焉. 試齊 且復相之". 列子入 以告壺子, 壺子曰, "鄉吾示之以太沖
莫勝, 是殆見吾衡氣機也. 鯢[鯨]桓[旋]之審[深/蟠]爲淵 止水之
審爲淵 流水之審爲淵, 淵有九名 此處三焉. 嘗又與來".

明日 又與之見壺子, 立未定 自失[逸]而走. 壺子曰, "追之!" 列子
追之不及 反以報<於>壺子曰, "已滅矣, 已失矣. 吾弗及已". 壺子
曰, "鄉吾示之以未始出吾宗[道]. 吾與之虛而委蛇 不知其誰何.
因以爲弟靡 因以爲波流 故逃也".

然後列子自以爲未始學而歸, 三年不出. 爲其妻爨, 食豕如食人,
於事無與親 雕琢復朴, 塊然獨以其形立 紛而封哉. 一以是終.(「應
帝王五」)

정나라에 앞일을 잘 맞히는 신들린 무당이 있었는데, 이름을 계함
(季咸)이라 했다.[1] 사람들의 삶과 죽음, 성공과 실패, 행복과 불행,
장수와 요절을 그 연, 월, 일까지 귀신같이 맞히었기 때문에, 사람들
이 그를 보면 모두 버리고 도망가기 바빴다.[2] 열자는 그를 만나 보

---

1) 계함은 무함(巫咸)이라는 이름으로 『서경』(書經)「군석」(君奭), 『초사』(楚辭)「이소」(離騷) 등
   에 보인다.
2) 미래의 고통스러운 일(특히 죽음)을 미리 알기 싫어서 도망갔다는 뜻.

고서는 심취하게 되었고, 돌아와 스승인 호자(壺子)[3]에게 말씀드리길, "저는 지금까지 선생님의 도가 지극하다고 생각했었지만, 뜻밖에 더 지극한 경지에 달한 이가 있었습니다". 호자 답하여 가로되, "내가 너에게 도의 껍데기만 가르치고 아직 그 알맹이는 가르쳐 주지를 못했는데, 너는 이미 도를 얻었다고 생각하는 모양이구나. 암탉이 여러 마리 있어도 수탉이 없다면, 어떻게 알을 낳을 수 있겠느냐. 한데도 그런 껍데기 도로써 세상에 맞서 기어이 평판을 얻으려 하니, 결국 남이 너의 관상을 알아맞히도록 만든 것이 아니더냐. 어디 시험 삼아 그 사람을 데려와 내 관상을 한번 보게 하여라".

다음 날 열자는 계함을 데리고 와서 스승의 관상을 보게 하였다. 계함이 보고 나와서 열자에게 이르기를, "아! 당신 선생은 죽을 것이오. 생기가 하나도 없어 열흘을 넘기지 못할 것 같구려. 내 아주 괴이한 것을 보았는데, 흡사 젖어버린 재와도 같았소". 열자가 방에 들어와, 눈물로 옷섶을 적시며 계함의 말을 전하니, 호자 가로되, "방금 내가 그에게 지문(地文)이라는 상(相)을 보여 주었다. 멍하니 움직이지도 않고 멈추지도 않았으니, 그는 필시 내 덕기(德機)[4]가 막힌 것으로 보았을 것이다. 시험 삼아 다시 한번 데리고 와 보거라".

다음 날 다시 관상을 본 계함이 방에서 나와 말하길, "다행이로세.

---

3) 호자 곧, 호구자림(壺丘子林)은 『열자』「천서」(天瑞),「황제」,「중니」(仲尼),「설부」(說符) 등에 등장한다.
4) 「계사전 하」에서 "천지의 대덕을 생이라 한다"(天地之大德曰生)고 했다. 덕(德)은 생(生)과 통하며, 덕기란 생명의 기틀이라고 할 수 있다.

당신 선생은 나를 만나는 바람에 겨우 소생했소이다. 이제 겨우 생기가 살짝 돌아왔구려. 하나 내 보기에 아직 활기가 막혀 있소". 열자가 방에 들어와 호자에게 고하니, 호자 가로되, "방금 내가 그에게 천양(天壤)이라는 상[5]을 보여 주었다. 하니 거기에서는 명(名)도 실(實)도 들어설 곳이 없고, 나는 오로지 발꿈치로만 숨을 쉬고 있었을 뿐. 그는 필시 내가 생기만 겨우 돌아왔다고 느꼈을 것이다. 어디 시험 삼아 다시 한번 데리고 와 보거라".

다음 날 다시 관상을 본 계함이 방에서 나와 말하길, "당신 선생의 관상은 일정치가 않아서, 내가 도무지 관상을 볼 수가 없구려. 일정하도록 해보시면, 내가 다시 와서 보도록 하리다". 열자가 방에 들어가 이 말을 호자에게 전하니, 호자 가로되, "방금 내가 그에게 태충막승(太沖莫勝)의 상[6]를 보여주었는데, 그는 필시 내 음양의 기틀이 가지런한 것[7]을 보았을 것이다. 고래가 유유히 헤엄치는 깊은 물, 고요히 멈추어 있는 깊은 물, 흐르고 있는 깊은 물, 깊은 물에는 아홉 가지가 있는데 그 중 세 가지가 이것들이다.[8] 어디 시험 삼아 다시 한번 데리고 와 보거라".

---

5) 후쿠나가 미츠지는 '천양의 상'을 "천지음양의 이기(二氣)가 처음으로 서로 섞여, 차츰 만물이 살아나려고 하는 상태를 나타내는" 상으로 풀었다.

6) "太沖莫勝"에서 충은 음기와 양기가 섞여 균형을 이룬 상태를 뜻한다. '태충'(太沖)은 가능한 모든 형태의 음기와 양기가 섞여 균형을 이룬 상태를 가리킨다고 볼 수 있다. 그래서 어떤 기도 다른 것을 누르고 주도적일 수 없는 상태이다. 현실성이 없고 잠재성만 있기에 계함이 관상을 읽어낼 수가 없었던 것이다.

7) "음양의 기틀이 가지런한 것"은 "衡氣機"를 번역한 것. 형은 균형, 평형의 형. 기기는 기의 기틀. 음기와 양기의 기틀이 평형을 이룬 상태.

8) 여기에서 깊은 물이란 태충막승을 가리킨다.

다음 날 다시 관상을 보고 나온 계함은 제대로 서 있지도 못하다가 얼이 빠져서 달아났다. 호자가 외치길, "따라가 잡아라!" 열자가 쫓아갔으나 잡지 못하고, 돌아와 호자에게 고하기를, "벌써 사라져버려 잡지를 못했습니다". 호자 가로되, "방금 나는 그에게 미시출오종(未始出吾宗)의 상을 보여주었는데, 필시 그는 내게서 허(虛)하고 지순(至順)한 모습만을 접했을 것이다. 해서 모든 게 무너져 내리고 무섭게 흘러간다고 느껴 [두려워] 달아난 것이다".

그런 일이 있은 후 열자는 자신의 배움이 아직 미진하다고 생각해, 집으로 돌아가 삼년간을 바깥으로 나오지 않았다. 그는 아내를 위해서 밥을 짓고, 돼지 먹이기를 사람 먹이듯 했다.[9] 매사에 친소(親疏)를 따지지 않았고, 의례를 깎아내버리고 소박함으로 귀의했다. 고요히 홀로 서서, 분별을 벗어나 만물과 하나가 되었다. 한결같이 그렇게 살다가 삶을 마쳤다.(「응제왕 5」)

---

9) 밖에 나오지 않은 것은 세상을 잊어버린 것이고, 아내를 위해 밥을 한 것은 예를 잊어버린 것이고, 돼지 먹이기를 사람 먹이듯 했다는 것은 사람과 짐승의 경계를 잊었다는 뜻이다.

3장 허와 혼돈

이 대목은 맥락이 분명치가 않다. 앞에서 한 이야기들의 결론으로 읽을 수 있을 것 같다. 장자 자신의 글이거나, 장자의 사유를 요약하고자 한 사람의 글일 것이다. 내용상으로는 중요한 대목이다.

오로지 허(虛)일 뿐

無爲名尸 [主], 無爲謀府, 無爲事任, 無爲知主. 體盡無窮 而遊無朕 [迹], 盡其所受乎天 而無見得. 亦虛而已. 至人之用心若鏡 不將 [送]不迎. 應而不藏 故能勝物而不傷.(「應帝王六」)

명예의 주인공이 되지 말고, 모략의 창고가 되지 말고, 일의 책임자가 되지 말고, 지식의 주창자가 되지 말라. 무궁한 道를 온전히 체득해 자취도 없는 경지에서 노닐라. 하늘로부터 받은 것에 정성을 다하고, 그로부터 어떤 이익도 취하려 하지 말라. 오로지 '허'(虛)일 뿐. 지인(至人)의 마음 씀은 거울과도 같아서, 보내지도 않고 맞이하지도 않는다. 응할 뿐 잡아 두지 않으니, 능히 사물을 이겨내고 훼손되지 않는다.(「응제왕 6」)

명예의 주인공이 되지 말라는 것은 명예를 얻으면 타인의 질시를 함께 얻게 되어 세상의 표적이 된다는 뜻이다. 세상은 경쟁과 질시로 가득 차 있기 때문에, 명예의 주인공이 된다는 것은 곳곳에 저격수들이 배치되어 있는 곳에서 머리를 비쭉 내미는 것과 같은 짓이다. 일의 책임자가 되지 말라는 것은 권력자의 모사가 되지 말라는 뜻이다. 꾀를 내어 사람들을 죽이는 업을 쌓지 말라는 것이다. 일의 책임자가 되지 말라는 것은 보상을 바라고서 행하기 힘든 일을 맡는 바람에 결국 형벌을 받는 우를 범하지 말라는 뜻이다. 지식의 주창자가 되지 말라는 것은 「인간세 1」에서 "名也者 相軋也, 知也者 爭之器也"(명예란 상호 알력이고 지식은 싸움의 무기이니)라 했듯이, 지식을 창출해내어 다툼의 무기를 만들지 말라는 뜻이다.

"무궁한 道를 온전히 체득해 자취도 없는 경지에서 노닐라. 하늘로부터 받은 것에 정성을 다하고, 그로부터 어떤 이익도 취하려 하지 말라. 오로지 '허'(虛)일 뿐. 지인(至人)의 마음 씀은 거울과도 같아서, 보내지도 않고 맞이하지도 않는다. 응할 뿐 잡아 두지 않으니, 능히 사물을 이겨내고 훼손되지 않는다." 자취가 없다는 것은 도의 은미(隱微)함을 뜻한다. 어떤 이익도 취하지 말라는 것은 「제물론 2」에서 "一受其成形 不亡以待盡"(한번 몸을 받으면, 죽지 않으려 해도 어차피 그 힘 소진되길 기다리는 것일 뿐)이라 한 것을 떠올리면 될 것

이다. 그리고 마음이 거울과도 같다는 것은 '虛'를 말함이며, 응할 뿐
잡아두지 않는다는 것은 있으면 비추고 없어지면 비추지 않는다는
뜻이고, 능히 사물을 이겨내고 훼손되지 않는다는 것은 사물이 비춘
다고 거울이 훼손되지도 않고 비치던 사물이 없어진다고 훼손되지
도 않는다는 것을 뜻한다. 허는 사물들 사이의 상대성을 넘어서기 때
문에, 그 상대성에서 오는 한계들을 극복한다. 그리고 '허'이기에 모
든 것을 품으면서도 그 자신은 훼손되지 않는다.

혼돈(渾沌)을 죽이지 마라

유명한 혼돈 이야기이다. 카오스를 죽여야지만 코스모스가 태어날
수 있다는 생각과 정확히 대조적이다. 유가와 법가는 카오스를 죽이
고 코스모스를 세우려는 사상이며, 통나무를 깎아 인간세를 세우려
는 사상이다. 반면 장자는 코스모스가 덮고 있는 카오스의 본래 모습
을 지향한다. 때문에 혼돈에 구멍을 뚫음으로써 그것을 죽여버린 문
명의 질서를 고발한다.

> 南海之帝爲儵, 北海之帝爲忽, 中央之帝爲混沌. 儵與忽時相與
> 遇於渾沌之地 混沌待之甚善. 儵與忽謀報混沌之德曰, "人皆有
> 七竅以視聽食息 此獨無有 嘗試鑿之." 日鑿一竅, 七日而混沌
> 死.(「應帝王七」)

남해의 제왕은 숙(儵)이고, 북해의 제왕은 홀(忽)이고, 중앙의 제왕

은 혼돈(渾沌)이었다. 어느 날 숙과 홀이 혼돈의 나라에서 우연히 만나게 되었고, 혼돈은 이들을 지극히 대접해 주었다. 숙과 홀은 혼돈의 정성에 어떻게 보답할지를 논하면서, "사람에게는 모두 일곱 개의 구멍이 있어 보고 듣고 먹고 숨쉴 수가 있는데, 혼돈은 이런 구멍들이 하나도 없으니 우리가 구멍을 뚫어 주자"고 말했다. 하루에 하나씩 뚫었는데, 일곱째 되던 날 혼돈은 죽어버렸다. (『응제왕7』)

숙과 홀은 어느 한 방향으로 치우쳤기 때문에 허가 아닌 유위의 존재들이고, 한가운데에 있는 혼돈은 유위의 존재가 아닌 허이다. 우리의 그림에서 두 반원 사이는 곧 카오스이다. 그 카오스가 두 반원을 가능케 한다. 무가 유들을 가능케 한다. 그 무를 유로 만들어버린다면, 카오스를 코스모스로 만들어버린다면, 유들, 코스모스들 자체가 붕괴하게 된다.

사람통소에는 구멍들이 있다. 그 구멍들로 온갖 소리들이 나온다. 그러나 허에는 구멍들이 없다. 하늘통소의 소리는 소리 없는 소리이다. 그것에 인간의 기준을 적용해 구멍을 뚫는다면 하늘통소의 소리는 죽어버릴 것이다. 달걀의 작은 곳이 남고 큰 곳은 썩어버린다. 그럴 경우 작은 부분 역시 썩어버릴 것이다. 장자는 인간의 틀로 자연을 죽이는 행위를 강력하게 경고하고 있다.

감사의 말

본 저작은 2020년에 소운서원에서 강의한 내용을 토대로 작성되었다. 강의 내용을 녹취해 준 고영혜 씨에게 각별한 감사를 드린다. 건강을 돌보아 주신 심양근 원장님께 역시 각별한 감사를 드린다. 강의에 참여해 좋은 이야기 나누어 준 제자들과도 출간의 기쁨을 함께하고 싶다.

2021년 가을

逍雲

참고문헌

1. 『장자』의 판본들

『장자』, 안동림 역주, 현암사, 1992

『장자』, 안병주·전호근 역주, 전통문화연구회, 2001~2006

『장자』, 김창환 옮김, 을유문화사, 2012

『장자』, 이강수·이권 옮김, 길, 2019

『장자 내편』, 후쿠나가 미츠지 역주, 정우봉·박상영 옮김, 문진, 2020

『莊子解』, 王夫之 解, 船山全書, 1993

『莊子』, 阿部吉雄 譯註, 明治書院, 1965

『莊子集釋』, 郭慶藩 撰, 王孝魚 點校, 中華書局, 2010

『莊子』, 池田知久 全譯注, 講談社, 2014

『莊子今注今譯』, 陳鼓應 注釋, 商務印書館, 2009

『莊子歧解』, 崔大華 撰, 中華古籍出版社, 1988

『莊子』, 福永光司 譯注, 朝日新聞社, 1978

2. 고전 판본들

공손룡, 『공손룡자』, 염정삼 옮김, 서울대학교출판문화원, 2018

공자 외, 『현토완역 논어집주』, 성백효 지음, 전통문화연구회, 2011

굴원 외, 『초사』, 권영호 옮김, 글항아리, 2015

맹자 외, 『맹자』, 우재호 옮김, 을유문화사, 2007

묵자 외, 『묵경』, 염정삼 옮김, 한길사, 2012

박제가, 『북학의』, 안대회 교감역주, 돌베개, 2016

사마천, 『사기』, 정범진 외 옮김, 까치, 1995

순자 외, 『순자』, 김학주 옮김, 을유문화사, 2012

열자 외, 『열자』, 김학주 옮김, 연암서가, 2011

『시경』, 정상홍 옮김, 을유문화사, 2014

『황제내경 영추 집주』, 장지총 집주, 박태민 옮김, 책밥풀, 2019

管子 外, 『管子校注』, 黎翔鳳 撰, 梁運華整理, 中華書局, 2004

尸佼, 『尸子譯注』, 朱海雷 撰, 上海古籍出版社, 2007

王弼, 『王弼集校釋』, 樓宇烈 校釋, 華正書局, 1992

劉向, 『說苑校證』, 向宗魯 校證, 中華書局, 1987

『爾雅校箋』, 周祖謨 撰, 雲南人民出版社, 2004

『淮南子校釋』, 張雙棣撰, 北京大學出版社, 1997

3. 현대의 저작들

그레이엄, 앵거스, 『장자』, 김경희 옮김, 이학사, 2014

김학목, 『장자 곽상주 해제』, 학고방, 2020

들뢰즈, 질, 『의미의 논리』, 이정우 옮김, 한길사, 1999

이정우, 『사건의 철학』, 그린비, 1999/2001

_____, 『신족과 거인족의 투쟁』, 한길사, 2008

_____, 『소은 박홍규와 서구 존재론사』, 길, 2016

카프카, 프란츠, 『카프카 전집 1』, 이주동 옮김, 솔, 2002

Bergson, Henri, *Introduction à la métaphysique*, Presses universitaires de France, 2011

_____, *Les deux sources de la morale et de la religion*, Presses universitaires de France, 2013

Kafka, Franz, *Die Verwandlung*, Suhrkamp, 1999

Lacan, Jacques, *Les quatres concepts fondamentaux de la psychanalyse*, Éditions du Seuil, 1973

Merleau-Ponty, Maurice, *Le visible et l'invisible*, Gallimard, 1964

인명 색인

개념 색인